Jörg Polster

Wie inklusiv ist Deutschland?
Ein kritischer Blick

Jörg Polster

Wie inklusiv ist Deutschland?
Ein kritischer Blick

Kleiner Denkanstoß für alle, die einen Blick auf Barrierefreiheit und Inklusion haben sollten

Bibliografische Information der Deutschen
Nationalbibliothek: Die Deutsche Nationalbibliothek
verzeichnet diese Publikation in der Deutschen
Nationalbibliografie; detaillierte bibliografische Daten
sind im Internet über dnb.dnb.de abrufbar

Verlag: BoD · Books on Demand GmbH, In de Tarpen 42,
22848 Norderstedt
Druck: Libri Plureos GmbH, Friedensallee 273,
22763 Hamburg

ISBN: 978-3-7693-1539-4

Ich widme dieses Buch meiner Frau,

die sehr viel Verständnis für meine

ehrenamtliche Arbeit hat und mir immer

die passende Zeit und Kraft gibt.

Inhalt

1 Einführung in das Buch

Ein wichtiger Aspekt der Inklusion ist die Schaffung einer barrierefreien Umgebung, die es Menschen mit unterschiedlichen Fähigkeiten ermöglicht, gleichberechtigt teilzuhaben. Dies betrifft sowohl physische Barrieren wie Zugänglichkeit von Gebäuden und Verkehrsmitteln, als auch soziale Barrieren, die durch Vorurteile und Diskriminierung entstehen können. Durch gezielte Maßnahmen zur Beseitigung dieser Barrieren können wir ein Umfeld schaffen, in dem jeder Mensch sein volles Potenzial entfalten kann. Dies erfordert ein Umdenken in vielen Bereichen, insbesondere in der Bildung, am Arbeitsplatz und im öffentlichen Leben sowie in den Köpfen. Sie sind zentrale Bausteine einer gerechten und menschenwürdigen Gesellschaft. Sie stehen für die Vision, dass alle Menschen – unabhängig von körperlichen, geistigen oder sozialen Voraussetzungen – gleichberechtigt an allen Lebensbereichen teilhaben können.

Die Bedeutung der Inklusion erstreckt sich über viele Lebensbereiche und ist ein zentrales Anliegen in der modernen Gesellschaft. Inklusion bedeutet nicht nur, Menschen mit Behinderungen in die Gesellschaft zu integrieren, sondern vielmehr, allen Menschen selbstbestimmt die gleichen Chancen und Möglichkeiten zu bieten, unabhängig von ihren individuellen Bedürfnissen. Diese Philosophie fördert eine Gesellschaft, in der Vielfalt geschätzt wird und jeder Einzelne einen wertvollen Beitrag leisten kann. Inklusion ist somit ein Schlüssel zu sozialer Gerechtigkeit und Chancengleichheit.

In Deutschland wurde diese Vision mit der Ratifizierung der UN-Behindertenrechtskonvention 2009 bekräftigt und in nationale Gesetze und Strategien überführt. Inklusion und Barrierefreiheit sollen nun nicht nur auf dem Papier existieren, sondern im Alltag erfahrbar und selbstverständlich werden. Doch wie gut gelingt dies nun tatsächlich?

Vorab zum Inhalt des Buches kann an dieser Stelle festgestellt werden, dass die Umsetzung der Inklusion in Deutschland bislang in weiten Teilen immer noch unzureichend ist und oft hinter den gesellschaftlichen und politischen Zielsetzungen zurückbleibt. Trotz der Ratifizierung der UN-Behindertenrechtskonvention im Jahr 2009 und der daraus resultierenden gesetzlichen Vorgaben mangelt es vielerorts an einer konsequenten Umsetzung. Zwar gibt es Fortschritte, doch sie sind häufig oberflächlich und symbolischer Natur – Inklusion wird in Deutschland viel zu oft als bloße Pflicht verstanden, nicht als zentrales Anliegen einer modernen Gesellschaft.

Besonders im Bildungsbereich, der als Grundstein für die gesellschaftliche Teilhabe gilt, zeigt sich die Defizite deutlich: Schülerinnen mit Förderbedarf werden häufig weiterhin in Förderschulen separiert und nicht in Regelschulen integriert. Dabei fehlen in vielen Regelschulen sowohl personelle als auch finanzielle Mittel, um inklusives Lernen in der Praxis umzusetzen. Lehrerinnen sind leider oft nicht ausreichend für den Umgang mit inklusiven Lerngruppen qualifiziert, und die notwendige Unterstützung durch zusätzliche Fachkräfte ist vielerorts nicht gewährleistet.

Auch auf dem Arbeitsmarkt bleibt die Situation für Menschen mit Behinderungen problematisch. Die Arbeitslosigkeit unter Menschen mit Behinderungen ist in Deutschland signifikant höher als im Durchschnitt, und Arbeitgeber*innen setzen gesetzliche Vorgaben zur Beschäftigung von Menschen mit Behinderungen nur zögerlich um. Statt echter Teilhabe wird die Inklusion hier oft zur Ausnahme und nicht zur Regel.

Im Bereich der öffentlichen Infrastruktur gibt es ebenfalls große Defizite. Öffentliche Verkehrsmittel, Behörden und viele Gebäude sind nach wie vor nicht barrierefrei zugänglich. Die Umrüstung und Anpassung der bestehenden Infrastruktur verlaufen schleppend, und der Mangel an durchgängigen barrierefreien Angeboten beeinträchtigt die Bewegungsfreiheit und Selbstbestimmung vieler Menschen.

In der Digitalisierung zeigt sich das gleiche Bild: Trotz der enormen Chancen, die digitale Barrierefreiheit bieten könnte, bleiben viele staatliche und private Webseiten, Apps und digitale Dienstleistungen für Menschen mit Behinderungen schwer zugänglich. Auch hier wird Barrierefreiheit meist erst nachträglich implementiert, wenn überhaupt, und selten als Grundprinzip eingeplant.

Zusammenfassend lässt sich sagen, dass die Umsetzung der Inklusion in Deutschland zwar formal durch gesetzliche Verpflichtungen gestützt wird, diese jedoch in der Praxis oft nur zögerlich oder halbherzig umgesetzt werden. Ohne ein echtes Umdenken und die Bereitschaft, Inklusion und Barrierefreiheit als Selbstverständlichkeit zu begreifen und die notwendigen Mittel zu mobilisieren, wird Deutschland weiterhin weit von der angestrebten inklusiven Gesellschaft entfernt bleiben.

Auch die Umsetzung der Barrierefreiheit in Deutschland ist nach wie vor stark defizitär und wird vielfach den Anforderungen an eine inklusive Gesellschaft nicht gerecht. Obwohl die Barrierefreiheit im Zusammenhang mit der UN-Behindertenrechtskonvention und im Behinderten-gleichstellungsgesetz verankert ist, bleibt sie in vielen Bereichen ein leeres Versprechen. Statt einer proaktiven Gestaltung und umfassenden Zugänglichkeit wird Barrierefreiheit oft halbherzig, verzögert oder als kostspielige Sondermaßnahme betrachtet.

Im Bereich der öffentlichen Infrastruktur zeigt sich ein erschreckend langsamer Fortschritt. Zahlreiche Gebäude, darunter Ämter, Arztpraxen, Schulen und sogar Krankenhäuser, sind weiterhin für Menschen mit Mobilitätseinschränkungen schwer oder gar nicht zugänglich. Auch der öffentliche Nahverkehr ist nach wie vor ein großes Problem: Bahnhöfe, Haltestellen und Transportmittel sind viel zu oft nicht barrierefrei gestaltet, und notwendige Umbauten werden häufig auf unbestimmte Zeit verschoben. Die Umsetzung der Barrierefreiheit hängt stark von regionalen Gegebenheiten und dem Engagement einzelner Verwaltungen ab, was zu einem Flickenteppich von Lösungen führt und die Bewegungsfreiheit vieler Menschen stark einschränkt.

Im digitalen Bereich ist die Situation ebenso unzureichend. Trotz gesetzlicher Vorgaben zur digitalen Barrierefreiheit sind viele staatliche und private Websites, Apps und digitale Dienstleistungen nach wie vor für Menschen mit Behinderungen schwer zugänglich. Diese Vernachlässigung schafft digitale Barrieren, die insbesondere in einer zunehmend digitalisierten Gesellschaft erhebliche Auswirkungen auf den Zugang zu Informationen, Bildung und sozialen Diensten haben.

Auch in der Arbeitswelt bleibt Barrierefreiheit vielfach unerreicht. Arbeitsplätze und Arbeitsstätten, Fortbildungsangebote und Arbeitsprozesse sind häufig nicht auf die Bedürfnisse von Menschen mit Behinderungen abgestimmt. Arbeitgeber sehen in barrierefreien Maßnahmen oft eher eine Belastung als eine Bereicherung und setzen die notwendigen Anpassungen nur schleppend oder gar nicht um. In der Wirtschaft wird also Barrierefreiheit oft als kostspieliger Zusatz betrachtet, den viele Unternehmen nur dann berücksichtigen, wenn gesetzliche Verpflichtungen sie dazu zwingen. Besonders kleine und mittlere Unternehmen zeigen sich häufig wenig motiviert, in barrierefreie Maßnahmen zu investieren, da sie die Notwendigkeit und die Vorteile für das Unternehmen selbst nicht erkennen. Eine echte Inklusion von Menschen mit Behinderungen am Arbeitsplatz oder eine kundenfreundliche Gestaltung von barrierefreien Zugängen wird daher eher selten proaktiv umgesetzt. Diese Haltung trägt erheblich dazu bei, dass Menschen mit Behinderungen auf dem Arbeitsmarkt benachteiligt bleiben.

Zusammenfassend lässt sich ebenso also hier auch bedauerlicherweise feststellen, dass die Umsetzung der Barrierefreiheit in Deutschland immer noch als „Zusatzaufgabe" gesehen wird, die im Spannungsfeld zwischen rechtlichen Verpflichtungen und finanziellen Argumenten oft ins Hintertreffen gerät. Anstelle eines systematischen, flächendeckenden Ansatzes herrscht ein inkonsequentes Flickwerk, das vielen Menschen den Zugang zu grundlegenden gesellschaftlichen Bereichen verwehrt. Ohne eine deutliche Erhöhung der Investitionen, ein gesellschaftliches Umdenken und die Durchsetzung gesetzlicher Standards wird Deutschland die Ziele einer barrierefreien und inklusiven Gesellschaft kaum erreichen.

Ebenso ist die Sensibilität der breiten deutschen Bevölkerung sowie der wirtschaftlichen und politischen Akteure für Inklusion und Barrierefreiheit nach wie vor unzureichend und oft von Oberflächlichkeit geprägt. Zwar gibt es auf allen Ebenen immer wieder Bekenntnisse zur Wichtigkeit der Inklusion, doch die tatsächliche Bereitschaft, diese Werte auch konsequent in die Praxis umzusetzen, ist vielfach kaum vorhanden. Hier zeigt sich oft eine mangelhafte Sensibilisierung für die Belange von Menschen mit Behinderungen. Viele Menschen betrachten Inklusion und Barrierefreiheit als Themen, die sie nicht direkt betreffen. Entsprechend gering ist häufig die Bereitschaft, sich für eine barrierefreie Gestaltung des öffentlichen Raums oder für inklusive Strukturen in Schulen und Arbeitsstätten einzusetzen. Das Wissen um die Bedeutung von Barrierefreiheit und die alltäglichen Herausforderungen von Menschen mit Behinderungen bleibt vielerorts gering, und Vorurteile sowie Unverständnis sind immer noch weit verbreitet.

Auch auf der politischen und verwaltungstechnischen Ebene mangelt es an einer tiefen Sensibilität für die Anliegen der Inklusion und Barrierefreiheit. Zwar sind entsprechende Gesetzestexte und Absichtserklärungen vorhanden, doch in der Praxis bleibt die Umsetzung oft halbherzig und verzögert oder geschieht zum Teil gar nicht. Entscheidungen werden häufig aufgeschoben oder aufgrund von Kostenerwägungen verwässert, ohne die langfristigen Vorteile eines inklusiven Ansatzes zu erkennen. Barrierefreiheit wird hier oft als „Bonus" gesehen, der aus politischen Erwägungen „bei Gelegenheit" integriert wird, anstatt als unumstößliches Menschenrecht, das gesellschaftlich essenziell ist.

Insgesamt lässt sich sagen, dass eine echte Sensibilisierung für Inklusion und Barrierefreiheit in Deutschland bislang nur unzureichend vorhanden ist. Ohne ein grundlegendes Umdenken, das Inklusion als selbstverständliches gesellschaftliches Ziel anerkennt, wird es kaum gelingen, die Barrieren in Köpfen und Strukturen zu überwinden. Sowohl die Bevölkerung als auch Wirtschaft und Politik müssen den Wert der Barrierefreiheit und der gleichberechtigten Teilhabe nicht nur anerkennen, sondern auch aktiv fördern.

Solange dies nicht geschieht, bleibt Inklusion in Deutschland vor allem ein theoretisches Ideal, das im Alltag nur unzureichend verwirklicht wird.

Auch bleibt mir an dieser Stelle noch zusätzlich zu den bisherigen Ausführungen festzustellen, dass Ableismus und die Diskriminierung von Menschen mit Behinderungen in Deutschland nach wie vor tief verwurzelt und allgegenwärtig sind – oft subtil, aber auch offen und systematisch. Menschen mit Behinderungen sind in nahezu allen Lebensbereichen strukturellen Benachteiligungen ausgesetzt, sei es im Bildungswesen, auf dem Arbeitsmarkt, in der Gesundheitsversorgung oder im öffentlichen Raum. Gesellschaftlich wird ihnen häufig das Gefühl vermittelt, eine „Last" oder eine „Abweichung" von der Norm zu sein, was zu weit verbreiteten Vorurteilen und einem defizitorientierten Blick auf Behinderung führt.

In Bildung und Ausbildung beginnt die Diskriminierung früh: Kinder mit Förderbedarf werden noch immer in Sonder- oder Förderschulen separiert, was sie aus dem regulären Schulalltag ausgrenzt und ihnen das Gefühl vermittelt, nicht „dazuzugehören." Dies erschwert nicht nur ihre soziale Integration, sondern auch ihren Zugang zu höheren Bildungsabschlüssen und Berufsperspektiven, was langfristige Auswirkungen auf ihr Leben hat.

Auch auf dem Arbeitsmarkt zeigt sich Ableismus in Deutschland in Form von Vorurteilen und Barrieren. Menschen mit Behinderungen werden oft nicht als gleichwertige Arbeitskräfte betrachtet, und die gesetzlichen Vorgaben zur Beschäftigung von Menschen mit Behinderungen werden nur widerwillig oder oberflächlich umgesetzt. Das Ergebnis ist eine deutlich höhere Arbeitslosenquote bei Menschen mit Behinderungen und eine mangelnde berufliche Aufstiegsperspektive für diejenigen, die eine Anstellung finden. Arbeitgeber sehen Behinderung häufig als Hindernis und übersehen dabei die Kompetenzen und Potenziale, die Menschen mit Behinderungen in ein Unternehmen einbringen können.

Im Gesundheitswesen zeigt sich Ableismus in Form von Vorurteilen und unzureichender Versorgung. Menschen mit Behinderungen haben oft Schwierigkeiten, angemessene medizinische Versorgung zu erhalten, sei es durch bauliche Barrieren, fehlende kommunikative Hilfen oder die Abwertung ihrer Gesundheitsbedürfnisse. Sie werden nicht selten als „schwierige" oder „aufwändige" Patienten betrachtet, was zu einer schlechteren Behandlung und einer eingeschränkten Gesundheitsversorgung führt.

Im öffentlichen und digitalen Raum wird die Diskriminierung besonders deutlich durch fehlende Barrierefreiheit. Viele Gebäude, Verkehrsmittel, Websites und Dienstleistungen sind nicht barrierefrei, was die Bewegungsfreiheit und Teilhabe von Menschen mit Behinderungen massiv einschränkt und sie aus dem öffentlichen Leben ausschließt. Die Gesellschaft ignoriert oder unterschätzt die Notwendigkeit dieser Maßnahmen und reproduziert so eine Struktur, die Menschen mit Behinderungen systematisch benachteiligt.

Zusammengefasst ist somit Ableismus in Deutschland immer noch ein tief verwurzeltes Problem, das Menschen mit Behinderungen alltägliche Teilhabe erschwert und sie auf vielfältige Weise ausgrenzt. Vorurteile und strukturelle Diskriminierung bleiben trotz gesetzlicher Regelungen gegen Diskriminierung weit verbreitet. Ohne ein radikales Umdenken und eine aktive Bekämpfung des Ableismus auf gesellschaftlicher und institutioneller Ebene wird Deutschland weiterhin eine Gesellschaft bleiben, die Menschen mit Behinderungen ungleich behandelt und ihnen den Zugang zu einem selbstbestimmten Leben erheblich erschwert.

Dieses Buch nimmt sich nun der Aufgabe an, die aktuelle Umsetzung der Inklusion und Barrierefreiheit in Deutschland ausführlicher kritisch zu beleuchten. Dabei wird das Ideal der Inklusion – die umfassende und gleichberechtigte Teilhabe aller Menschen in allen Lebensbereichen – in Bezug auf verschiedene gesellschaftliche Felder wie Bildung, Arbeitsmarkt, Mobilität und den digitalen Raum untersucht. Ebenso werden der Inklusionsgedanke und Umsetzung bei den Parteien sowie ansatzweise für die Regierungen beleuchtet. Ausgehend von theoretischen Konzepten und normativen Vorgaben werde ich einen Blick auf konkrete Maßnahmen und deren Wirksamkeit werden. Wo sind Fortschritte erkennbar, und wo bleiben Barrieren bestehen? Welche Hürden gibt es, und wie könnte man diese überwinden?

Durch eine umfassende Betrachtung der bestehenden Herausforderungen, Chancen und Defizite möchte in diesem Buch einen Denkanstoß für die Diskussion um die Zukunft der Inklusion und Barrierefreiheit in Deutschland geben. Es richtet sich an Fachleute, Entscheidungsträger, Betroffene und alle, die daran interessiert sind, wie Inklusion praktisch umgesetzt werden kann und möchte Hinweise liefern, welche Schritte nötig sein sollten, um das Versprechen einer wirklich inklusiven Gesellschaft einzulösen.

Die Zielgruppe dieses Buches umfasst in erster Linie Menschen mit Behinderungen, die täglich mit den Herausforderungen der Barrierefreiheit konfrontiert sind. Sie sind die Hauptakteure in der Diskussion um Zugänglichkeit und Inklusion. Die Erfahrungen, Bedürfnisse und Wünsche dieser Menschen stehen im Mittelpunkt der Analyse. Darüber hinaus richtet sich das Buch auch an Behörden und Entscheidungsträger, die für die Gestaltung und Umsetzung von barrierefreien Maßnahmen verantwortlich sind. Diese Zielgruppe spielt eine entscheidende Rolle dabei, die rechtlichen Rahmenbedingungen und Infrastruktur zu schaffen, die für eine inklusive Gesellschaft notwendig sind.

2   Was ist Inklusion

Inklusion wird oft als ein umfassendes Konzept verstanden, das darauf abzielt, die Teilhabe aller Menschen an der Gesellschaft zu fördern, unabhängig von ihren individuellen Fähigkeiten, Hintergründen oder Lebensumständen. Der Begriff umfasst insbesondere die Integration von Menschen mit Behinderungen, schließt jedoch auch Minderheiten, verschiedene Kulturen und soziale Gruppen ein. Inklusion erfordert nicht nur die physische Anwesenheit in bestimmten Räumen oder Institutionen, sondern auch die aktive Teilhabe und Mitgestaltung an gesellschaftlichen Prozessen. Es geht darum, Barrieren abzubauen und ein Umfeld zu schaffen, in dem jeder Mensch wertgeschätzt wird und selbstbestimmt die gleichen Chancen hat.

Die Bedeutung der Inklusion in Deutschland ist vielschichtig und betrifft alle Lebensbereiche von Menschen mit Behinderungen. Inklusion bedeutet nicht nur die physische Anwesenheit von Menschen mit Behinderungen in verschiedenen Einrichtungen, sondern auch ihre aktive Teilhabe und Mitgestaltungsmöglichkeit. Dies beginnt bereits in der frühkindlichen Bildung, wo Kinder mit und ohne Behinderungen gemeinsam spielen und lernen. Diese frühen Erfahrungen sind entscheidend, um Vorurteile abzubauen und ein Verständnis für Vielfalt zu entwickeln. Bildungseinrichtungen sind gefordert, inklusive Konzepte zu entwickeln, die die Bedürfnisse aller Kinder berücksichtigen und fördern.

In der Schule bedeutet Inklusion, dass Lernende mit unterschiedlichen Bedürfnissen und Fähigkeiten gemeinsam unterrichtet werden. Dies erfordert eine Anpassung der Lehrmethoden, der Unterrichtsmaterialien und der Schulräumlichkeiten, um sicherzustellen, dass alle Schüler, unabhängig von ihren Voraussetzungen, die Möglichkeit haben, am Bildungsprozess teilzunehmen. Inklusion im schulischen Kontext fördert nicht nur das Lernen, sondern auch das soziale Miteinander, indem Schülerinnen und Schüler gegenseitiges Verständnis und Empathie entwickeln. Lehrkräfte spielen dabei eine zentrale Rolle, indem sie inklusive Praktiken in ihren Unterricht integrieren und sich kontinuierlich fortbilden. In Schulen und Bildungseinrichtungen zeigt sich die Bedeutung der Inklusion besonders in der Gestaltung von Lehrplänen und Unterrichtsformen. Lehrkräfte müssen geschult werden, um inklusive Ansätze zu implementieren, die auf die unterschiedlichen Lernbedürfnisse aller Schüler eingehen.

Dies erfordert eine enge Zusammenarbeit zwischen Lehrern, Sonderpädagogen und Eltern, um individuelle Förderpläne zu erstellen und umzusetzen. Eine inklusive Schulbildung ermöglicht es nicht nur den Schülern mit Behinderungen, ihre Potenziale zu entfalten, sondern bereichert auch das Lernen aller anderen Schüler durch den Austausch unterschiedlicher Perspektiven und Erfahrungen.

Am Arbeitsplatz spielt Inklusion eine entscheidende Rolle für die Chancengleichheit von Menschen mit Behinderungen. Unternehmen, die inklusive Arbeitsplätze schaffen, profitieren von einem vielfältigen Team, das innovative Lösungen entwickeln kann. Es ist wichtig, dass Arbeitgeber die entsprechenden Rahmenbedingungen schaffen, um Barrieren abzubauen und die Zugänglichkeit zu erhöhen. Dies umfasst nicht nur physische Anpassungen, sondern auch die Sensibilisierung der Belegschaft für die Stärken und Herausforderungen von Menschen mit Behinderungen. Eine inklusive Unternehmenskultur fördert nicht nur das Wohlbefinden der Mitarbeiter, sondern steigert auch die Produktivität und das Betriebsklima. Am Arbeitsplatz zeigt sich Inklusion in der Schaffung eines Arbeitsumfelds, das Vielfalt wertschätzt und fördert. Unternehmen, die Inklusion ernst nehmen, implementieren Strategien zur Rekrutierung und Förderung von Mitarbeitenden aus unterschiedlichen Hintergründen und mit verschiedenen Fähigkeiten. Dies kann durch flexible Arbeitsmodelle, Schulungen zur Sensibilisierung für Diversität und die Schaffung von Unterstützungsnetzwerken geschehen. Inklusive Arbeitsplätze tragen nicht nur zur Zufriedenheit der Mitarbeitenden bei, sondern steigern auch die Kreativität und Innovationskraft des Unternehmens, da verschiedene Perspektiven und Ideen zusammenkommen.

Digitale Inklusion ist ein zunehmend wichtiges Thema in unserer technisierten Welt. Sie bezieht sich darauf, allen Menschen den Zugang zu digitalen Technologien und dem Internet zu ermöglichen. Dies ist insbesondere relevant für Menschen mit Behinderungen, die möglicherweise spezielle Hilfsmittel oder barrierefreie Plattformen benötigen. Die Förderung digitaler Inklusion umfasst auch die Schulung in digitalen Fähigkeiten, damit alle Personen in der Lage sind, die Vorteile der digitalen Welt zu nutzen. Durch digitale Inklusion kann die gesellschaftliche Teilhabe erheblich gesteigert werden, da Informationen und Dienstleistungen online zugänglich sind. Digitale Inklusion ist ein weiterer zentraler Aspekt, der in der heutigen Zeit an Bedeutung gewinnt. Der Zugang zu digitalen Technologien und Informationen muss für alle Menschen gewährleistet sein, insbesondere für Menschen mit Behinderungen. Dies erfordert die Entwicklung barrierefreier digitaler Inhalte sowie die Schulung von Menschen mit Behinderungen im Umgang mit diesen Technologien. Politische Rahmenbedingungen sind entscheidend, um diese Ziele zu erreichen. Sensibilisierung und Aufklärung über Inklusion sind notwendig, um ein gemeinsames Verständnis zu schaffen und die Gesellschaft für die Themen der Inklusion zu öffnen. Erfahrungen und Best Practices aus verschiedenen Bereichen können als wertvolle Ressourcen dienen, um die Inklusion weiter voranzutreiben und eine inklusive Gesellschaft im Sinne der Chancengleichheit zu gestalten.

Im Bereich Sport und Freizeit ist Inklusion von großer Bedeutung, da sie Menschen mit Behinderungen die Möglichkeit bietet, aktiv am gesellschaftlichen Leben teilzunehmen. Sport verbindet und fördert das Gemeinschaftsgefühl, weshalb es wichtig ist, inklusive Sportangebote zu schaffen, die für alle zugänglich sind. Durch die Integration von Menschen mit Behinderungen in sportliche Aktivitäten können nicht nur soziale Kontakte geknüpft werden, sondern auch das Bewusstsein für die Fähigkeiten und Potenziale dieser Menschen geschärft werden. Dies trägt dazu bei, eine inklusive Gesellschaft zu fördern, in der jeder die gleichen Chancen hat, sich zu engagieren und Spaß zu haben. Inklusion in der Freizeitgestaltung, im Sport sowie in Kunst und Kultur ist ebenfalls von großer Bedeutung. Diese Bereiche bieten Möglichkeiten für Begegnungen und den Austausch zwischen Menschen unterschiedlicher Herkunft und Fähigkeiten. Sportvereine, kulturelle Institutionen und Freizeitangebote sollten aktiv darauf hinarbeiten, Barrieren abzubauen und einladend für alle zu sein. Dies kann durch spezielle Programme, inklusive Veranstaltungen und die Förderung von interkulturellen Projekten geschehen. Inklusion in diesen Bereichen trägt dazu bei, das Gemeinschaftsgefühl zu stärken und Vorurteile abzubauen, was letztlich zu einer harmonischeren Gesellschaft führt.

Inklusion im Wandel von damals zu heute

Die historische Entwicklung der Inklusion ist ein komplexer Prozess, der sich über viele Jahrzehnte erstreckt und von gesellschaftlichen, politischen und rechtlichen Veränderungen geprägt ist. In den frühen Jahren wurde das Konzept der Inklusion oft missverstanden und auf die Integration von Menschen mit Behinderungen in reguläre Institutionen beschränkt. Der Fokus lag häufig darauf, Menschen mit besonderen Bedürfnissen lediglich in bestehende Strukturen einzufügen, ohne die zugrundeliegenden Barrieren zu hinterfragen. Diese Sichtweise hat sich jedoch im Laufe der Zeit gewandelt, da das Verständnis von Inklusion immer umfassender und differenzierter wurde.

Ein entscheidender Wendepunkt in der Inklusionsbewegung war die Verabschiedung der UN-Behindertenrechtskonvention im Jahr 2006. Dieses internationale Abkommen stellte einen Paradigmenwechsel dar, indem es das Recht auf gleichberechtigte Teilhabe für alle Menschen, unabhängig von ihren Fähigkeiten, betonte. Die Konvention forderte Staaten dazu auf, inklusivere Systeme in Bildung, Arbeit und weiteren Lebensbereichen zu schaffen. Damit wurde Inklusion nicht nur als eine Angelegenheit für Menschen mit Behinderungen angesehen, sondern als eine gesamtgesellschaftliche Verantwortung, die alle Bereiche des Lebens betrifft.

In der Schule begann die Umsetzung inklusiver Ansätze in den 1990er Jahren. Vorher waren viele Schüler mit Behinderungen in Sonderschulen untergebracht, was zu sozialer Isolation führte. Mit dem Aufkommen inklusiver Bildung wurde erkannt, dass alle Kinder, unabhängig von ihren individuellen Bedürfnissen, das Recht auf eine gemeinsame Erziehung haben. Schulen wurden zunehmend dazu angehalten, inklusive Lehrmethoden zu entwickeln, um den unterschiedlichen Lernbedürfnissen gerecht zu werden. Diese Entwicklung förderte nicht nur die soziale Integration, sondern auch das Bewusstsein für Diversität in der Schulgemeinschaft.

Am Arbeitsplatz hat sich die Inklusion ebenfalls stark gewandelt. Während in der Vergangenheit Menschen mit Behinderungen häufig vom Arbeitsmarkt ausgeschlossen wurden, gibt es heute langsam eine wachsende Anerkennung der Vielfalt als wertvolle Ressource. Unternehmen und Organisationen implementieren zunehmend - aber immer noch zu wenig - Programme zur Förderung von Diversität und Inklusion, um ein breiteres Spektrum an Talenten zu nutzen. Dies geschieht nicht nur aus ethischen Überlegungen, sondern auch aus wirtschaftlichen Gründen, da diverse Teams nachweislich innovativer und leistungsfähiger sind.

Die digitale Inklusion hat in den letzten Jahren ebenfalls an Bedeutung gewonnen. Der Zugang zu digitalen Technologien ist entscheidend für die Teilhabe an vielen gesellschaftlichen Bereichen. Initiativen zur Verbesserung der digitalen Kompetenzen und zur Schaffung barrierefreier digitaler Inhalte sind notwendig, um sicherzustellen, dass niemand zurückgelassen wird. Inklusion im Sport, in der Kunst und Kultur sowie in der Freizeitgestaltung sind weitere Schlüsselelemente, die zeigen, wie wichtig es ist, eine inklusive Gesellschaft zu schaffen, in der alle Menschen die gleichen Chancen haben, ihre Fähigkeiten und Talente zu entfalten.

Historische Entwicklung der Inklusion in Deutschland

Die historische Entwicklung der Inklusion in Deutschland ist geprägt von einem langen Weg, der von gesellschaftlichen Veränderungen, rechtlichen Rahmenbedingungen und einem stetigen Umdenken in Bezug auf Menschen mit Behinderungen begleitet wurde. Bis in die 1970er Jahre war die vorherrschende Praxis, Menschen mit Behinderungen in speziellen Einrichtungen zu isolieren. Diese Exklusion führte zu einer massiven Diskriminierung und einem geringen gesellschaftlichen Bewusstsein für die Fähigkeiten und Potenziale dieser Menschen. Mit der Einführung der UN-Behindertenrechtskonvention im Jahr 2006 begann jedoch ein grundlegender Wandel, der die Inklusion als ein Menschenrecht etablierte.

In den letzten Jahrzehnten hat sich die Wahrnehmung von Inklusion in verschiedenen gesellschaftlichen Bereichen gewandelt. In der frühkindlichen Bildung wurde erkannt, dass bereits im Vorschulalter die Grundlagen für ein inklusives Miteinander gelegt werden können. Dies führte zur Entwicklung von Konzepten, die die Integration von Kindern mit Behinderungen in reguläre Kindergärten fördern. Durch gezielte Fortbildungsangebote für Erzieherinnen und Erzieher wurde die Sensibilisierung für die Bedürfnisse dieser Kinder gestärkt, was zu einer positiven Veränderung der Bildungslandschaft führte.

Im schulischen Bereich hat die Inklusion ebenfalls Fortschritte gemacht. Der Anspruch, dass alle Kinder unabhängig von ihren Fähigkeiten gemeinsam lernen können, wurde in den letzten Jahren immer stärker in den Fokus gerückt. Die Umsetzung erfordert jedoch umfassende Maßnahmen, darunter die Anpassung von Lehrplänen, die Ausbildung von Lehrkräften und die Bereitstellung von Ressourcen. Erfolgreiche Beispiele aus verschiedenen Bundesländern zeigen, dass durch innovative Ansätze und die Zusammenarbeit aller Beteiligten inklusive Schulen geschaffen werden können, die den Bedürfnissen aller Schülerinnen und Schüler gerecht werden.

Ein weiterer wichtiger Aspekt der Inklusion ist die Integration von Menschen mit Behinderungen in den Arbeitsmarkt. Hier hat sich in den letzten Jahren ein deutlicher Wandel vollzogen. Unternehmen erkennen zunehmend den Wert von Diversität und inklusiven Arbeitsplätzen. Durch gesetzliche Regelungen und Förderprogramme wird die berufliche Teilhabe unterstützt, was nicht nur den betroffenen Personen zugutekommt, sondern auch den Unternehmen selbst. Best Practices aus verschiedenen Branchen belegen, dass inklusives Arbeiten nicht nur möglich, sondern auch profitabel ist.

Schließlich spielt die digitale Inklusion eine entscheidende Rolle in der modernen Gesellschaft. Der Zugang zu digitalen Technologien ist für die Teilhabe an vielen Lebensbereichen essenziell. In den letzten Jahren wurden wichtige Fortschritte erzielt, um digitale Barrieren abzubauen und die Zugänglichkeit zu erhöhen. Dies betrifft nicht nur die Entwicklung barrierefreier Software und Hardware, sondern auch die Schulung von Menschen mit Behinderungen im Umgang mit digitalen Medien. Eine inklusive Gesellschaft erfordert, dass alle Menschen die gleichen Chancen haben, sich in der digitalen Welt zu entfalten und aktiv teilzunehmen.

3   Umsetzung der Inklusion in Deutschland

Gesetzliche Grundlagen und Rahmenbedingungen

Die gesetzlichen Grundlagen für Inklusion in Deutschland sind in mehreren zentralen Dokumenten und Gesetzen verankert, die den Rahmen für die Umsetzung einer inklusiven Gesellschaft bieten. Das Grundgesetz garantiert in Artikel 3 die Gleichheit aller Menschen vor dem Gesetz und verbietet Diskriminierung aufgrund von Behinderung. Darüber hinaus ist die UN-Behindertenrechtskonvention seit 2009 für Deutschland verbindlich und stellt einen wesentlichen rechtlichen Rahmen dar, der die Rechte von

Menschen mit Behinderungen stärkt und die Verpflichtung zur Schaffung einer inklusiven Gesellschaft bekräftigt.

Ein weiterer wichtiger Aspekt ist das Bundesteilhabegesetz, das 2017 in Kraft trat. Es zielt darauf ab, die Teilhabe von Menschen mit Behinderungen am gesellschaftlichen Leben zu verbessern und ihnen mehr Selbstbestimmung zu ermöglichen. Durch dieses Gesetz sollen Barrieren abgebaut und die Integration in Bildung, Arbeit und Freizeit gefördert werden. Es schafft zudem neue Rahmenbedingungen für die Unterstützung von Menschen mit Behinderungen, sei es in der frühkindlichen Bildung, in Schulen oder am Arbeitsplatz.

Im Bereich der frühkindlichen Bildung wird die Inklusion durch das Kinderförderungsgesetz und die jeweiligen Landesgesetze gefördert. Diese Gesetze legen fest, dass alle Kinder, unabhängig von ihren individuellen Bedürfnissen, gleichberechtigt Zugang zu Bildungsangeboten haben müssen. Hierbei spielt die Sensibilisierung von Fachkräften eine entscheidende Rolle, um ein inklusives Umfeld zu schaffen, das die Vielfalt der Kinder anerkennt und wertschätzt.

Die schulische Inklusion wird durch das Schulgesetz und spezifische Regelungen in den einzelnen Bundesländern unterstützt. Diese Gesetze fordern die Schulen auf, individuelle Förderpläne zu erstellen und geeignete Maßnahmen zu ergreifen, um allen Schülern gerecht zu werden. Die Umsetzung erfordert jedoch auch eine enge Zusammenarbeit zwischen Lehrkräften, Eltern und Fachkräften, um eine erfolgreiche Integration und Unterstützung der Schüler sicherzustellen.

Abschließend ist die Inklusion nicht nur eine rechtliche Verpflichtung, sondern auch eine gesellschaftliche Aufgabe.

Die Schaffung von Barrierefreiheit im öffentlichen Raum, die Förderung inklusiver Sport- und Freizeitangebote sowie die digitale Zugänglichkeit sind entscheidende Schritte, um die Teilhabe von Menschen mit Behinderungen zu gewährleisten. Politische Rahmenbedingungen und Sensibilisierungskampagnen tragen dazu bei, das Bewusstsein in der Gesellschaft zu schärfen und Best Practices zu teilen, um die Inklusion nachhaltig zu fördern.

Herausforderungen bei der Umsetzung

Die Umsetzung von Inklusion in Deutschland steht vor vielfältigen Herausforderungen, die sowohl struktureller als auch gesellschaftlicher Natur sind. Eine der zentralen Schwierigkeiten liegt in der unzureichenden Anpassung der physischen und digitalen Infrastruktur. Viele Bildungseinrichtungen und Arbeitsplätze sind nach wie vor nicht barrierefrei gestaltet, was die Teilhabe von Menschen mit Behinderungen erheblich einschränkt. Um Inklusion erfolgreich zu leben, ist es notwendig, dass alle öffentlichen und privaten Einrichtungen die notwendigen Anpassungen vornehmen, um eine gleichberechtigte Teilhabe zu ermöglichen.

Ein weiterer bedeutender Aspekt ist die Sensibilisierung der Gesellschaft für das Thema Inklusion. Häufig bestehen Vorurteile und Unsicherheiten im Umgang mit Menschen mit Behinderungen, die durch gezielte Aufklärungsarbeit abgebaut werden müssen. Bildungseinrichtungen sollten bereits in der frühkindlichen Bildung damit beginnen, ein inklusives Bewusstsein zu fördern. Durch Projekte und Kooperationen zwischen Kindern mit und ohne Behinderung kann ein wertvoller Beitrag zur Akzeptanz und zum

Verständnis geleistet werden. Dies erfordert ein Umdenken in der Erziehung und eine enge Zusammenarbeit zwischen Eltern, Lehrkräften und Fachkräften.

Im Bereich der Arbeitswelt zeigt sich, dass viele Unternehmen noch nicht die notwendigen Rahmenbedingungen geschaffen haben, um Inklusion zu fördern. Hier sind oft nicht nur bauliche, sondern auch kulturelle Hürden zu überwinden. Unternehmen müssen eine inklusive Unternehmenskultur entwickeln, die Vielfalt wertschätzt und die individuellen Stärken von Mitarbeiterinnen und Mitarbeitern mit Behinderungen erkennt. Schulungen zur Sensibilisierung und die Schaffung von Mentoring-Programmen können helfen, Barrieren abzubauen und das Potenzial von Menschen mit Behinderungen im Berufsleben zu fördern.

Die digitale Inklusion stellt ein weiteres wichtiges Thema dar. In einer zunehmend digitalen Welt müssen digitale Angebote und Dienstleistungen für alle zugänglich sein. Dies erfordert nicht nur technische Anpassungen, sondern auch Schulungen für die Nutzer, um die digitale Kompetenz zu fördern. Die Verantwortung liegt hierbei nicht nur bei den Anbietern digitaler Inhalte, sondern auch bei den politischen Entscheidungsträgern, die klare Richtlinien und Standards für die Barrierefreiheit in digitalen Anwendungen festlegen müssen.

Schließlich sind politische Rahmenbedingungen entscheidend für die Umsetzung von Inklusion. Es bedarf einer umfassenden Strategie, die alle gesellschaftlichen Bereiche berücksichtigt und klare Ziele definiert. Der Austausch von Best Practices und Erfahrungen zwischen verschiedenen Akteuren, wie z.B. Behörden, Bildungseinrichtungen und zivilgesellschaftlichen

Organisationen, ist unerlässlich. Nur durch eine koordinierte Zusammenarbeit und das Engagement aller Beteiligten kann Inklusion in Deutschland nachhaltig umgesetzt und gelebt werden.

Erfolgreiche Modelle und Ansätze

In Deutschland gibt es zahlreiche erfolgreiche Modelle und Ansätze, die als Vorbilder für eine inklusive Gesellschaft dienen können. Ein besonders bemerkenswertes Beispiel ist das "Gemeinschaftsorientierte Wohnmodell", das Menschen mit Behinderungen ermöglicht, in integrativen Wohnformen zu leben. Diese Wohnmodelle fördern nicht nur die Selbstbestimmung und Unabhängigkeit der Bewohner, sondern schaffen auch eine lebendige Nachbarschaft, in der Vielfalt geschätzt wird. Solche Initiativen zeigen, wie wichtig es ist, Barrieren abzubauen und Räume zu schaffen, in denen Menschen mit unterschiedlichen Fähigkeiten gleichberechtigt zusammenleben können.

Ein weiterer erfolgreicher Ansatz ist die inklusive frühkindliche Bildung. Einrichtungen, die auf die Bedürfnisse aller Kinder eingehen, haben sich als besonders effektiv erwiesen. Durch gezielte Förderprogramme und die Schulung des pädagogischen Personals gelingt es, eine Atmosphäre zu schaffen, in der Kinder mit und ohne Behinderungen gemeinsam lernen und spielen können. Diese frühen Erfahrungen sind entscheidend, um Vorurteile abzubauen und die Akzeptanz von Vielfalt in der Gesellschaft zu fördern.

In Schulen und Bildungseinrichtungen hat sich das Konzept des "Team-Teachings" als wirkungsvoll herausgestellt. Dabei arbeiten Lehrkräfte und Sonderpädagogen eng zusammen, um individuelle Lernbedürfnisse zu berücksichtigen. Diese Zusammenarbeit ermöglicht es, Differenzierung im Unterricht zu fördern und jedem Schüler, unabhängig von seinen Fähigkeiten, gerecht zu werden. Durch die Schaffung eines unterstützenden Lernumfelds profitieren nicht nur die Schüler mit Behinderungen, sondern die gesamte Klassengemeinschaft.

Im Bereich der beruflichen Integration haben Unternehmen, die inklusive Arbeitsmodelle implementiert haben, positive Erfahrungen gesammelt. Diese Unternehmen bieten nicht nur Arbeitsplätze für Menschen mit Behinderungen, sondern schaffen auch ein Bewusstsein für Vielfalt und Inklusion innerhalb ihrer Belegschaft. Programme zur Sensibilisierung und Schulung von Führungskräften und Mitarbeitern tragen dazu bei, ein inklusives Betriebsklima zu fördern, in dem jeder wertgeschätzt wird.

Schließlich spielt die digitale Inklusion eine entscheidende Rolle in unserer zunehmend vernetzten Welt. Die Entwicklung barrierefreier Technologien und digitaler Angebote ermöglicht es Menschen mit Behinderungen, gleichberechtigt am gesellschaftlichen Leben teilzunehmen. Initiativen zur Förderung der digitalen Zugänglichkeit sind daher unerlässlich, um sicherzustellen, dass niemand zurückgelassen wird. Diese Ansätze verdeutlichen, dass Inklusion nicht nur ein Ziel, sondern ein fortlaufender Prozess ist, der durch das Engagement und die Zusammenarbeit aller gesellschaftlichen Akteure vorangetrieben werden muss.

Bedeutung der Inklusion für die Gesellschaft

Inklusion spielt eine entscheidende Rolle für die Entwicklung einer gerechten und vielfältigen Gesellschaft. Sie ermöglicht es, dass alle Menschen, unabhängig von ihren Fähigkeiten, ihrem Hintergrund oder ihrer Herkunft, gleichberechtigt an der Gesellschaft teilnehmen können. Dies fördert nicht nur das individuelle Wohlbefinden, sondern auch den sozialen Zusammenhalt. Inklusion bedeutet, Barrieren abzubauen und eine Umgebung zu schaffen, in der jeder Einzelne die Möglichkeit hat, seine Potenziale zu entfalten. Diese gemeinsame Wertschätzung stärkt das Gefühl der Zugehörigkeit und fördert den Respekt vor Differenz.

In Schulen stellt Inklusion einen fundamentalen Grundsatz dar, der die Basis für eine integrative Bildungskultur bildet. Durch inklusive Lehrmethoden und -ansätze können Lehrerinnen und Lehrer auf die unterschiedlichen Bedürfnisse ihrer Schülerinnen und Schüler eingehen und jedem Kind die Chance geben, erfolgreich zu lernen. Inklusion im Bildungssystem fördert nicht nur die individuelle Entwicklung, sondern leistet auch einen Beitrag zur sozialen Integration und Toleranz, indem Kinder bereits früh lernen, Vielfalt zu akzeptieren und wertzuschätzen.

Am Arbeitsplatz ist Inklusion ebenso von großer Bedeutung, da sie die Schaffung eines Umfelds fördert, in dem Vielfalt als Stärke angesehen wird. Unternehmen, die Inklusion aktiv fördern, profitieren von einer breiteren Palette an Perspektiven und Ideen, die zu innovativen Lösungen führen können. Ein inklusiver Arbeitsplatz steigert nicht nur die Mitarbeiterzufriedenheit und -motivation, sondern auch die Produktivität. Zudem senden Unternehmen, die sich für Inklusion einsetzen, ein starkes Signal an die Gesellschaft, dass sie Verantwortung übernehmen und ein positives Vorbild sein möchten.

Digitale Inklusion ist ein weiterer zentraler Aspekt in der heutigen Gesellschaft. Der Zugang zu digitalen Technologien und Informationen ist für die Teilhabe an vielen gesellschaftlichen Bereichen unerlässlich. Durch den Abbau digitaler Barrieren können Menschen mit Behinderungen, ältere Menschen und andere benachteiligte Gruppen gleichberechtigt an der digitalen Welt teilnehmen. Dies trägt nicht nur zur Chancengleichheit bei, sondern stärkt auch die Selbstständigkeit und Lebensqualität dieser Personen.

Inklusion ist nicht nur eine Frage der Rechte, sondern auch eine Frage der sozialen Verantwortung. Sie betrifft alle Lebensbereiche, einschließlich Sport, Kunst und Kultur sowie Freizeitgestaltung und Gesundheitssystem. Inklusion ermöglicht es Menschen, unabhängig von ihren Fähigkeiten, aktiv am gesellschaftlichen Leben teilzunehmen und ihre Interessen zu verfolgen. Eine inklusive Gesellschaft ist eine, in der jeder Mensch wertgeschätzt wird und die Möglichkeit hat, seine Talente und Leidenschaften auszuleben, was letztendlich zu einem harmonischeren und gerechteren Miteinander führt.

4 Inklusion in der frühkindlichen Bildung

Bedeutung der frühkindlichen Förderung

Die frühkindliche Förderung spielt eine wesentliche Rolle in der Entwicklung von Kindern und ist ein zentrales Element der Inklusion. In den ersten Lebensjahren werden grundlegende Fähigkeiten und soziale Kompetenzen gebildet, die entscheidend für die spätere Integration in die Gesellschaft sind. Eine inklusive frühkindliche Bildung ermöglicht es Kindern mit und ohne Behinderung, gemeinsam zu lernen und voneinander zu profitieren. Durch gezielte Fördermaßnahmen können Barrieren abgebaut werden, sodass alle Kinder in ihrer Individualität anerkannt und unterstützt werden.

Ein inklusives Bildungssystem fördert nicht nur die kognitive Entwicklung, sondern auch das soziale Miteinander. Kinder lernen, Unterschiede zu akzeptieren und Empathie zu entwickeln. In einer Umgebung, die Vielfalt schätzt, werden Vorurteile abgebaut und das Verständnis füreinander gestärkt. Die frühkindliche Förderung sollte daher nicht nur auf die akademische Leistung abzielen, sondern auch auf die Entwicklung sozialer und emotionaler Kompetenzen. Dies schafft eine Basis für ein harmonisches Zusammenleben in einer inklusiven Gesellschaft.

Die Zusammenarbeit zwischen Eltern, Fachkräften und Institutionen ist entscheidend für den Erfolg inklusiver Bildungsangebote. Eine enge Kommunikation und ein gemeinsames Verständnis der Förderbedarfe ermöglichen es, individuelle Lernpläne zu entwickeln, die auf die Stärken und Schwächen jedes Kindes eingehen. Auch die Schulung von Fachkräften ist von großer Bedeutung, um sicherzustellen, dass sie die notwendigen Fähigkeiten und Kenntnisse besitzen, um inklusive Praktiken umzusetzen. Hierbei sollten auch Erfahrungen und Best Practices aus anderen Ländern und Kontexten berücksichtigt werden.

Zusätzlich muss die politische Rahmenbedingung für die frühkindliche Förderung gestärkt werden. Gesetzliche

Grundlagen, die Inklusion fördern, sind unerlässlich, um eine gerechte und gleichberechtigte Teilhabe aller Kinder zu gewährleisten. Fördermittel sollten gezielt eingesetzt werden, um inklusive Konzepte in Kitas und Vorschulen zu unterstützen. Auch die Sensibilisierung der Gesellschaft für die Bedeutung der frühkindlichen Förderung muss verstärkt werden, um ein Bewusstsein für die Chancen und Herausforderungen, die mit Inklusion verbunden sind, zu schaffen.

Insgesamt zeigt sich, dass die frühkindliche Förderung einen entscheidenden Beitrag zur Umsetzung der Inklusion leisten kann. Indem wir bereits im frühen Kindesalter Inklusion leben, legen wir den Grundstein für eine inklusive Gesellschaft, in der jeder Mensch, unabhängig von seinen Fähigkeiten, die gleichen Chancen erhält. Es liegt in der Verantwortung aller Akteure, diesen Weg konsequent zu beschreiten und ein Umfeld zu schaffen, das Vielfalt wertschätzt und fördert.

Strategien für inklusive Kindertagesstätten

Inklusive Kindertagesstätten sind ein zentraler Baustein für die Umsetzung von Inklusion in Deutschland. Um eine inklusive Bildung zu fördern, ist es entscheidend, dass bereits in der frühkindlichen Bildung die Diversität der Kinder in den Mittelpunkt gestellt wird. Fachkräfte sollten regelmäßig geschult werden, um ein tiefes Verständnis für die Bedürfnisse von Kindern mit Behinderungen zu entwickeln. Dies umfasst nicht nur die Anpassung von Lernmaterialien, sondern auch die Schaffung eines Umfelds, in dem sich alle Kinder akzeptiert und wertgeschätzt fühlen. Die Zusammenarbeit mit Eltern und Fachleuten ist hierbei unerlässlich, um individuelle Förderpläne zu erstellen und das Kind in seiner Ganzheit zu unterstützen.

Ein weiteres wichtiges Element ist die Gestaltung der Räumlichkeiten in Kindertagesstätten. Barrierefreie Zugänge und multifunktionale Spiel- und Lernbereiche sind notwendig, um allen Kindern die Teilhabe zu ermöglichen. Spielgeräte und Lernmaterialien sollten so ausgewählt werden, dass sie unterschiedliche Fähigkeiten ansprechen und die Neugier sowie die Kreativität aller Kinder fördern. Zudem ist es wichtig, dass das pädagogische Personal regelmäßig den Austausch mit anderen Einrichtungen sucht, um Erfahrungen und Best Practices zu teilen und voneinander zu lernen.

Die Sensibilisierung der Gesellschaft für die Belange von Kindern mit Behinderungen beginnt bereits in der Kindertagesstätte. Durch gemeinsame Projekte und Aktivitäten können Vorurteile abgebaut und ein Verständnis für Vielfalt gefördert werden. Veranstaltungen, die die Eltern und die Gemeinschaft einbeziehen, können eine Plattform bieten, um über Inklusion zu informieren und den Austausch zu fördern. Dies trägt dazu bei, dass Kinder mit Behinderungen nicht nur in der Einrichtung, sondern auch im sozialen Umfeld akzeptiert werden.

Politische Rahmenbedingungen spielen eine entscheidende Rolle für die Umsetzung von Inklusion in Kindertagesstätten. Es ist notwendig, dass auf politischer Ebene klare Leitlinien und Förderprogramme entwickelt werden, die die Inklusion unterstützen. Dazu gehört auch die Bereitstellung finanzieller Mittel für die Ausbildung von Fachkräften sowie für die Anpassung der Infrastruktur. Ein verstärkter Austausch zwischen verschiedenen Akteuren, wie z.B. Schulen,

Behörden und Eltern, ist unerlässlich, um die Herausforderungen der Inklusion gemeinsam zu meistern.

Schließlich ist es wichtig, die Erfahrungen und Erfolge von inklusiven Kindertagesstätten zu dokumentieren und zu verbreiten. Best Practices sollten nicht nur in Fachkreisen bekannt gemacht werden, sondern auch in der breiten Öffentlichkeit Gehör finden. Durch den Austausch von positiven Beispielen kann das Bewusstsein für die Notwendigkeit und die Vorteile von Inklusion geschärft werden. Dies wird nicht nur der frühkindlichen Bildung zugutekommen, sondern auch der gesamten Gesellschaft, die von einer inklusiven Haltung profitiert.

Weiterbildung für Fachkräfte

Weiterbildung für Fachkräfte spielt eine entscheidende Rolle in der Umsetzung von Inklusion in Deutschland. Fachkräfte in Bildungseinrichtungen, am Arbeitsplatz und in sozialen Diensten benötigen spezifisches Wissen und Fähigkeiten, um die Bedürfnisse von Menschen mit Behinderungen zu verstehen und zu unterstützen. Durch gezielte Fortbildungsangebote können Fachkräfte lernen, wie sie inklusive Praktiken in ihren Alltag integrieren können, um Barrieren abzubauen und ein unterstützendes Umfeld zu schaffen. Eine kontinuierliche Weiterbildung fördert nicht nur das individuelle Wachstum der Fachkräfte, sondern auch die gesamte inklusive Kultur innerhalb ihrer Institutionen.

In der frühkindlichen Bildung ist es besonders wichtig, dass Fachkräfte über die erforderlichen Kenntnisse verfügen, um die Vielfalt der Kinder zu erkennen und wertzuschätzen. Schulungen sollten sich auf die individuellen

Entwicklungsbedürfnisse von Kindern mit Behinderungen konzentrieren und darauf, wie eine inklusive Lernumgebung gestaltet werden kann. Dies umfasst den Einsatz von differenzierten Lehrmethoden und die Schaffung eines sicheren Raums, in dem alle Kinder gleichberechtigt teilnehmen können. Die Weiterbildung sollte zudem die Zusammenarbeit mit Familien und anderen Fachleuten fördern, um ein ganzheitliches Unterstützungsnetzwerk zu schaffen.

In Schulen und Bildungseinrichtungen ist die Sensibilisierung für inklusive Praktiken von großer Bedeutung. Fachkräfte sollten nicht nur über die rechtlichen Rahmenbedingungen der Inklusion informiert sein, sondern auch über die praktischen Aspekte der Umsetzung. Workshops und Seminare können dazu beitragen, das Bewusstsein für die Herausforderungen und Chancen der Inklusion zu schärfen. Best Practices aus erfolgreichen inklusiven Schulen sollten als Modelle dienen, um anderen Einrichtungen zu zeigen, wie Inklusion effektiv umgesetzt werden kann. Die Weiterbildung sollte auch Raum für den Austausch von Erfahrungen bieten, um voneinander zu lernen und innovative Ansätze zu entwickeln.

Am Arbeitsplatz ist Weiterbildung ebenfalls unerlässlich, um ein inklusives Arbeitsumfeld zu schaffen. Unternehmen sollten Schulungen anbieten, die sich mit den Rechten von Menschen mit Behinderungen und den Vorteilen von Diversität im Team befassen. Fachkräfte aus Personalabteilungen und Führungskräfte sollten lernen, wie sie eine inklusive Unternehmenskultur fördern können, in der alle Mitarbeiter Wertschätzung erfahren und ihre Stärken einbringen können. Die Weiterbildung muss auch die Bedeutung des Zugangs zu digitalen Technologien betonen, um sicherzustellen, dass Menschen mit Behinderungen in allen Bereichen des Arbeitslebens erfolgreich sein können.

Die Weiterbildung für Fachkräfte in den Bereichen Sport und Freizeit, sowie zur digitalen Inklusion, ist ebenso wichtig. Hier sollten Fachkräfte lernen, wie sie inklusive Aktivitäten gestalten können, die Menschen mit unterschiedlichen Fähigkeiten ansprechen. Schulungen sollten auch die Bedeutung der Zugänglichkeit von Sporteinrichtungen und digitalen Plattformen betonen. Eine umfassende Weiterbildung kann dazu beitragen, die Kompetenzen der Fachkräfte zu erweitern und die Inklusion in der Gesellschaft zu stärken. Letztendlich sind engagierte und informierte Fachkräfte der Schlüssel zur Schaffung einer inklusiven Gesellschaft, in der alle Menschen die gleichen Chancen und Möglichkeiten haben.

5 Inklusion in der Schule

Schulische Rahmenbedingungen

Inklusion in schulischen Rahmenbedingungen ist ein grundlegendes Element, um Chancengleichheit und Teilhabe für alle Schüler zu gewährleisten. Schulen sind nicht nur Lernorte, sondern auch Lebensräume, in denen soziale Interaktionen und persönliche Entwicklungsprozesse stattfinden. Um Inklusion zu fördern, müssen diese Rahmenbedingungen sowohl physischer als auch organisatorischer Natur sein. Dazu zählen barrierefreie Gebäude, geeignete Lehrmaterialien und eine Schulstruktur, die Vielfalt als Bereicherung ansieht und nicht als Herausforderung.

Ein entscheidender Aspekt der schulischen Rahmenbedingungen ist die Ausbildung und Sensibilisierung des Lehrpersonals. Lehrerinnen und Lehrer müssen nicht nur über Fachwissen verfügen, sondern auch Kompetenzen im Umgang mit heterogenen Lerngruppen entwickeln. Fortbildungsangebote und regelmäßiger Austausch unter den Lehrkräften sind essenziell, um inklusive Didaktik zu verankern. Zudem sollten Schulen eine Atmosphäre schaffen, die Akzeptanz und Wertschätzung für unterschiedliche Fähigkeiten und Hintergründe fördert.

Die Zusammenarbeit mit Eltern und externen Fachkräften spielt ebenfalls eine zentrale Rolle. Schulen sollten aktive Partnerschaften mit Familien und Institutionen eingehen, um individuelle Förderpläne zu erstellen und Ressourcen zu bündeln. Diese Kooperationen stärken nicht nur die schulische Gemeinschaft, sondern tragen auch dazu bei, dass alle Beteiligten ein gemeinsames Verständnis von Inklusion entwickeln. Ein offener Dialog zwischen Schule und Elternhaus ist daher unerlässlich, um die Bedürfnisse der Schüler bestmöglich zu berücksichtigen.

Ein weiterer wichtiger Punkt sind die Ressourcen, die Schulen zur Verfügung stehen. Dazu gehören nicht nur finanzielle Mittel, sondern auch personelle Unterstützung durch Sonderpädagogen und Integrationshelfer. Schulen müssen darauf achten, dass diese Ressourcen gerecht verteilt sind und gezielt eingesetzt werden, um eine inklusive Lernumgebung zu schaffen. Die Bereitstellung von Technologien und Materialien, die den unterschiedlichen Bedürfnissen der Schüler gerecht werden, ist ebenfalls von großer Bedeutung.

Schließlich müssen schulische Rahmenbedingungen auch durch eine klare politische und gesellschaftliche Unterstützung gestärkt werden. Bildungspolitische Maßnahmen sowie gesellschaftliche Initiativen sollten darauf abzielen, Inklusion in Schulen nicht nur als Ziel, sondern als grundlegenden Wert unserer Gesellschaft zu verankern. Durch eine umfassende Strategie, die alle Akteure – von der Politik über Bildungseinrichtungen bis hin zur Zivilgesellschaft – einbezieht, kann Inklusion nachhaltig gefördert werden. Nur so kann eine inklusive Gesellschaft entstehen, in der jeder Einzelne die Möglichkeit hat, seine Potenziale voll zu entfalten.

Pädagogische Ansätze für Inklusion

Pädagogische Ansätze für Inklusion sind essenziell für die Schaffung einer Gesellschaft, die Vielfalt wertschätzt und jeden Einzelnen einbezieht. Inklusion bedeutet nicht nur die physische Anwesenheit von Menschen mit unterschiedlichen Bedürfnissen, sondern auch die aktive Teilhabe aller an Bildungsprozessen. Dies erfordert ein Umdenken in der Unterrichtsorganisation, der Lehrmethoden und der sozialen Interaktionen. Ein inklusives Bildungssystem fördert die individuelle Entwicklung und berücksichtigt die unterschiedlichen Lernvoraussetzungen und -stile der Schülerinnen und Schüler.

Ein zentraler Ansatz zur Förderung der Inklusion in Schulen ist die differenzierte Didaktik. Hierbei werden Lehrinhalte so aufbereitet, dass sie für alle Lernenden zugänglich sind. Lehrerinnen und Lehrer gestalten ihre Unterrichtsmaterialien und -methoden flexibel, um verschiedenen Bedürfnissen gerecht zu werden. Dazu gehört auch der Einsatz von unterstützenden Technologien, die den Lernprozess erleichtern können. Durch kooperative Lernformen wird zudem der soziale Austausch gefördert, was die Gemeinschaft und den Zusammenhalt in der Klasse stärkt.

Inklusion am Arbeitsplatz stellt eine weitere wichtige Dimension dar. Unternehmen müssen sich aktiv mit der Schaffung inklusiver Arbeitsumgebungen auseinandersetzen. Dies umfasst nicht nur die Anpassung von Arbeitsplätzen, sondern auch die Sensibilisierung von Führungskräften und Mitarbeitenden für die Belange von Menschen mit Behinderungen. Ein inklusiver Arbeitsplatz fördert nicht nur die Chancengleichheit, sondern nutzt auch die Vielfalt der Mitarbeitenden als Innovationsquelle. Programme zur beruflichen Weiterbildung können helfen, Barrieren abzubauen und die Integration zu erleichtern.

Digitale Inklusion spielt in unserer zunehmend vernetzten Welt eine zentrale Rolle. Der Zugang zu digitalen Medien und Technologien muss für alle Gruppen der Gesellschaft gewährleistet sein. Bildungsinstitutionen und Unternehmen sind gefordert, digitale Kompetenzen zu vermitteln und sicherzustellen, dass alle Menschen die Möglichkeit haben, an digitalen Angeboten teilzuhaben. Hierbei sollten auch die besonderen Bedürfnisse von Menschen mit Behinderungen berücksichtigt werden, um digitale Barrieren abzubauen und aktive Teilhabe zu ermöglichen.

Die Förderung von Inklusion in der Freizeitgestaltung, im Sport sowie in Kunst und Kultur ist ebenso entscheidend. Sportvereine sollten inklusive Angebote schaffen, die es Menschen mit unterschiedlichen Fähigkeiten ermöglichen, gemeinsam aktiv zu sein. Kulturelle Einrichtungen sind gefragt, Zugänge zu schaffen und Programme zu entwickeln, die die Teilhabe aller fördern. Solche Ansätze tragen nicht nur zur individuellen Entwicklung bei, sondern stärken auch das Gemeinschaftsgefühl und den sozialen Zusammenhalt in der Gesellschaft. Ein inklusives Verständnis von Freizeit und Kultur bereichert das gesellschaftliche Leben und fördert den Austausch zwischen verschiedenen Gruppen.

Unterstützung für Lehrkräfte

Lehrkräfte spielen eine entscheidende Rolle bei der Umsetzung von Inklusion in Schulen und Bildungseinrichtungen. Um eine inklusive Bildungsumgebung zu schaffen, benötigen sie nicht nur spezifisches Wissen über die Bedürfnisse von Schülerinnen und Schülern mit Behinderungen, sondern auch praktische Unterstützung und Ressourcen. Ein umfassendes Fortbildungsprogramm, das Lehrkräfte in den Bereichen Differenzierung, individuelle Förderpläne und adaptive Lehrmethoden schult, ist daher unerlässlich. Solche Programme sollten nicht nur theoretisches Wissen vermitteln, sondern auch Raum für den Austausch von Erfahrungen und Best Practices bieten, um Lehrkräfte in ihrem täglichen Umgang mit Vielfalt zu stärken.

Darüber hinaus ist die Bereitstellung von Lehrmaterialien und Hilfsmitteln entscheidend für den Erfolg inklusiver Bildung. Schulen sollten Zugang zu Materialien haben, die für alle Lernenden zugänglich sind, wie zum Beispiel digitale Inhalte mit Anpassungsoptionen oder interaktive Lernplattformen. Dies fördert nicht nur die Teilhabe von Schülerinnen und Schülern mit Behinderungen, sondern bereichert auch das Lernen aller. Eine enge Zusammenarbeit zwischen Lehrkräften, Sonderpädagogen und Fachleuten für Medienbildung kann dabei helfen, geeignete Materialien zu entwickeln und zu implementieren.

Ein weiterer wichtiger Aspekt ist die Förderung eines positiven Schulklimas, das Vielfalt wertschätzt und Inklusion aktiv unterstützt. Lehrkräfte sollten geschult werden, wie sie ein solches Umfeld schaffen können, in dem sich alle Schülerinnen und Schüler sicher und respektiert fühlen. Dazu gehört auch, Diskriminierung aktiv entgegenzuwirken und ein Bewusstsein für Vorurteile zu schaffen. Der Aufbau von Peer-Unterstützungsnetzwerken innerhalb der Schulen kann Lehrkräfte dabei unterstützen, ein unterstützendes Umfeld zu fördern, in dem Inklusion gelebt wird.

Die Einbeziehung von Familien in den inklusiven Bildungsprozess stellt einen weiteren wichtigen Baustein dar. Lehrkräfte sollten ermutigt werden, regelmäßig den Austausch mit Eltern und Angehörigen zu suchen, um deren Perspektiven und Anliegen zu verstehen. Eltern können wertvolle Informationen über die individuellen Bedürfnisse ihrer Kinder bereitstellen und somit die Lehrkräfte in ihrer Arbeit unterstützen. Informationsabende und Workshops können helfen, die Zusammenarbeit zwischen Schule und Familie zu stärken und ein gemeinsames Verständnis für Inklusion zu entwickeln.

Schließlich ist die politische Unterstützung für Lehrkräfte von großer Bedeutung. Eine klare politische Rahmenbedingung, die Inklusion als verbindliches Ziel definiert, ist notwendig, um die Ressourcen und die Unterstützung bereitzustellen, die Lehrkräfte benötigen. Eine angemessene Finanzierung für inklusive Programme, kontinuierliche Weiterbildungsmöglichkeiten sowie die Schaffung von Netzwerken zur Unterstützung von Lehrkräften sind zentrale Punkte, die die erfolgreiche Umsetzung von Inklusion in Schulen und Bildungseinrichtungen sichern können. Nur durch eine umfassende Unterstützung können Lehrkräfte befähigt werden, Inklusion aktiv zu leben und somit einen wichtigen Beitrag zu einer inklusiven Gesellschaft zu leisten.

Rolle der Eltern und Gemeinschaft

Auch die Rolle der Eltern und der Gemeinschaft ist entscheidend für die erfolgreiche Umsetzung von Inklusion in Deutschland. Eltern sind oft die ersten Fürsprecher ihrer Kinder und spielen eine zentrale Rolle bei der Förderung einer inklusiven Umgebung. Indem sie die Bedürfnisse ihrer Kinder artikulieren und sich aktiv in den Bildungs- und Betreuungseinrichtungen engagieren, tragen sie dazu bei, Barrieren abzubauen und das Bewusstsein für die Rechte von Menschen mit Behinderungen zu schärfen. Ihre Erfahrungen und Perspektiven sind wertvoll, um eine inklusive Kultur zu schaffen, die Vielfalt nicht nur toleriert, sondern aktiv feiert.

Gemeinschaften, die Vielfalt als Stärke begreifen, können eine entscheidende Unterstützung für Familien bieten. Lokale Initiativen, wie Selbsthilfegruppen und Netzwerke, fördern den Austausch von Erfahrungen und Informationen. Diese Gemeinschaftsstrukturen sind wichtig, um den Dialog über Inklusion zu fördern und um sicherzustellen, dass alle Stimmen gehört werden. Wenn Eltern und Angehörige von Menschen mit Behinderungen in diesen Prozessen eingebunden sind, entstehen stärkere und resilientere Gemeinschaften, die Inklusion auf allen Ebenen unterstützen.

Inklusion in der frühkindlichen Bildung erfordert ein dynamisches Zusammenspiel zwischen Eltern, Erziehern und der Gemeinschaft. Eltern sollten ermutigt werden, aktiv an der Gestaltung von Bildungsangeboten teilzunehmen, während Fachkräfte in der frühkindlichen Bildung regelmäßig geschult werden müssen, um die Vielfalt der Kinder zu verstehen und zu respektieren. Eine enge Zusammenarbeit zwischen Familien und Bildungseinrichtungen ermöglicht es, individuelle Förderpläne zu entwickeln, die auf die spezifischen Bedürfnisse der Kinder zugeschnitten sind. Dies schafft eine Grundlage für eine positive Entwicklung und Integration in die Gesellschaft.

In Schulen und Bildungseinrichtungen ist die Rolle der Eltern ebenfalls von großer Bedeutung. Sie sollten in Entscheidungsprozesse einbezogen werden und die Möglichkeit haben, ihre Meinungen und Vorstellungen zu äußern. Gemeinsame Veranstaltungen, wie Workshops und Informationsabende, stärken die Zusammenarbeit und fördern das Verständnis für Inklusion. Schulen können so zu Orten werden, an denen Diversität als Bereicherung wahrgenommen wird und in denen alle Schülerinnen und Schüler, unabhängig von ihren Fähigkeiten, wertgeschätzt und gefördert werden.

Der Einfluss der Gemeinschaft erstreckt sich auch auf den Arbeitsplatz und die Freizeitgestaltung. Arbeitgeber und Vereine, die Inklusion aktiv unterstützen, tragen dazu bei, ein Umfeld zu schaffen, in dem Menschen mit Behinderungen gleichberechtigt teilnehmen können. Eltern können hier als Bindeglied fungieren, indem sie die Bedürfnisse ihrer Kinder in die Öffentlichkeit tragen und für mehr Sensibilisierung und Aufklärung sorgen. Gemeinsam können Eltern und die Gemeinschaft daran arbeiten, eine inklusive Gesellschaft zu gestalten, in der jeder Mensch die Chance hat, sein volles Potenzial zu entfalten und aktiv am gesellschaftlichen Leben teilzunehmen.

Herausforderungen und Lösungsansätze

Die Herausforderungen auf dem Weg zur Inklusion sind vielfältig und betreffen alle Bereiche des Lebens. Insbesondere in der Schule zeigt sich, dass Lehrpläne und Unterrichtsmethoden oft nicht ausreichend auf die Bedürfnisse von Schülerinnen und Schülern mit Behinderungen ausgerichtet sind. Dies führt zu einem Ungleichgewicht, das die Teilhabe dieser Kinder am Bildungsprozess einschränkt. Um diese Hürden zu überwinden, ist es notwendig, inklusive Bildungsansätze zu entwickeln, die sowohl Lehrer als auch Schüler in den Mittelpunkt stellen. Fortbildungen für Lehrkräfte und die Anpassung von Lehrmaterialien sind entscheidende Schritte, um eine inklusive Lernumgebung zu schaffen.

Im Arbeitsumfeld sind es oft Vorurteile und stereotype Vorstellungen, die die Integration von Menschen mit Behinderungen erschweren. Arbeitgeber befürchten häufig, dass die Einstellung von Menschen mit besonderen Bedürfnissen zusätzliche Kosten und Herausforderungen mit sich bringt. Um diese Wahrnehmungen zu ändern, ist es wichtig, Aufklärung und Sensibilisierung zu fördern. Programme zur beruflichen Rehabilitation und individuelle Anpassungen am Arbeitsplatz können dazu beitragen, dass Menschen mit Behinderungen ihr Potenzial entfalten und aktiv am Arbeitsleben teilnehmen können.

Die digitale Inklusion stellt eine weitere Herausforderung dar, da der Zugang zu Technologien nicht für alle gleich ist. Viele Menschen mit Behinderungen haben Schwierigkeiten, digitale Plattformen zu nutzen, sei es aufgrund von Barrieren in der Software oder mangelhaften Schulungsangeboten. Innovative Lösungen wie barrierefreie Webdesigns und spezifische Schulungsprogramme sind notwendig, um sicherzustellen, dass jeder die Vorteile der digitalen Welt nutzen kann. Zudem sollte die digitale Infrastruktur so gestaltet sein, dass sie den Bedürfnissen aller Nutzer gerecht wird.

Im Bereich des Sports zeigt sich eine ähnliche Problematik. Die Teilhabe von Menschen mit Behinderungen an sportlichen Aktivitäten ist häufig durch mangelnde Angebote und fehlende Ressourcen eingeschränkt. Sportvereine müssen inklusivere Strukturen schaffen und geeignete Programme entwickeln, die allen Menschen, unabhängig von ihren Fähigkeiten, die Teilnahme ermöglichen. Kooperationen zwischen verschiedenen Sportanbietern und die Schaffung von inklusiven Sportevents können dazu beitragen, Barrieren abzubauen und das Bewusstsein für die Bedeutung von Inklusion im Sport zu stärken.

Schließlich ist die gesellschaftliche Akzeptanz von Inklusion ein zentraler Aspekt. Vorurteile und Diskriminierung müssen aktiv bekämpft werden, um eine inklusive Gesellschaft zu fördern. Öffentlichkeitsarbeit und Kampagnen sind notwendig, um das Bewusstsein für die Vielfalt der Menschen und deren Bedürfnisse zu schärfen. Kulturelle Veranstaltungen und Projekte, die die Interaktion zwischen verschiedenen Gruppen fördern, können eine wichtige Rolle spielen, um Vorurteile abzubauen und ein inklusives gesellschaftliches Klima zu schaffen. Die Förderung von Inklusion erfordert das Engagement aller – nur so kann eine gerechtere und integrativere Gesellschaft entstehen.

Inklusive Schulkonzepte

Inklusive Schulkonzepte stellen einen zentralen Bestandteil der Umsetzung von Inklusion in Deutschland dar. Sie zielen darauf ab, allen Kindern, unabhängig von ihren individuellen Fähigkeiten oder Behinderungen, eine gleichwertige Bildungschance zu bieten. Inklusive Schulen fördern eine Lernumgebung, die Vielfalt wertschätzt und die Bedürfnisse aller Schüler berücksichtigt. Dabei werden nicht nur die physischen Rahmenbedingungen angepasst, sondern auch die Lehrmethoden und das Schulklima so gestaltet, dass eine aktive Teilnahme aller Schüler am Unterricht möglich ist.

Ein wichtiges Element inklusiver Schulkonzepte ist die individuelle Förderung. Lehrkräfte werden geschult, um auf die unterschiedlichen Lernbedürfnisse ihrer Schüler einzugehen und differenzierte Unterrichtsformen zu entwickeln. Dies kann durch den Einsatz von assistiver Technologie, durch kooperative Lernformen oder durch die Entwicklung von individuellen Förderplänen geschehen. Durch diese Maßnahmen wird sichergestellt, dass alle Schüler, einschließlich derjenigen mit Behinderungen, die Unterstützung erhalten, die sie benötigen, um ihr volles Potenzial auszuschöpfen.

Zusätzlich spielt die Zusammenarbeit mit Eltern und Fachleuten eine entscheidende Rolle. Inklusive Schulen sollten ein Netzwerk schaffen, das den Austausch zwischen Lehrkräften, Eltern, Therapeuten und anderen Fachleuten fördert. Durch regelmäßige Kommunikation und gemeinsame Planung von Unterstützungsmaßnahmen können die spezifischen Bedürfnisse der Schüler besser erfasst und adressiert werden. Diese Zusammenarbeit trägt dazu bei, ein unterstützendes Umfeld zu schaffen, in dem sich alle Beteiligten einbringen können.

Ein weiterer Aspekt inklusiver Schulkonzepte ist die Sensibilisierung und Aufklärung über Inklusion. Schulen sollten nicht nur als Bildungsstätten fungieren, sondern auch als Orte, an denen das Bewusstsein für Diversität und Inklusion gefördert wird. Durch Projekte, Workshops und Informationsveranstaltungen kann das Verständnis für die Herausforderungen von Menschen mit Behinderungen geschärft und Vorurteile abgebaut werden. Eine inklusiv gestaltete Schule wirkt somit nicht nur im schulischen Kontext, sondern hat auch Einfluss auf die Gesellschaft insgesamt.

Schließlich ist es wichtig, dass inklusive Schulkonzepte durch politische Rahmenbedingungen unterstützt werden. Bildungseinrichtungen benötigen klare Richtlinien und ausreichende Ressourcen, um Inklusion effektiv umsetzen zu können. Die Politik sollte sich für die Bereitstellung von Fördermitteln, Schulungen für Lehrkräfte und die Entwicklung entsprechender Lehrpläne einsetzen. Nur durch ein starkes Engagement auf politischer Ebene kann Inklusion in Schulen nachhaltig verankert werden, um eine inklusive Gesellschaft zu fördern, in der jeder Mensch die gleichen Chancen erhält.

6   Inklusion am Arbeitsplatz

Rechtliche Grundlagen

Die rechtlichen Grundlagen der Inklusion bilden das Fundament für eine inklusive Gesellschaft, in der alle Menschen unabhängig von ihren Fähigkeiten oder Herkunft gleichberechtigt teilnehmen können. In Deutschland ist die Grundlage für die Inklusion im Allgemeinen Gleichbehandlungsgesetz verankert, das Diskriminierung aufgrund von Behinderung, Geschlecht, Rasse oder ethnischer Herkunft verbietet. Zusätzlich gibt es die UN-Behindertenrechtskonvention, die die Rechte von Menschen mit Behinderungen schützt und die Staaten zur Umsetzung von Maßnahmen zur Förderung der Inklusion verpflichtet. Diese rechtlichen Rahmenbedingungen sind entscheidend für die Schaffung einer inklusiven Umwelt in verschiedenen Lebensbereichen.

Im Bildungsbereich sind die rechtlichen Vorgaben zur Inklusion besonders bedeutend. Das Schulgesetz der einzelnen Bundesländer sieht vor, dass Kinder mit Behinderungen integrativ beschult werden müssen. Dies bedeutet, dass Schulen verpflichtet sind, geeignete Maßnahmen zu ergreifen, um allen Schülerinnen und Schülern, unabhängig von ihren individuellen Bedürfnissen, eine gleichwertige Bildung zu ermöglichen. Die Inklusion in der Schule trägt dazu bei, Vorurteile abzubauen und das Verständnis für Diversität zu fördern, was wiederum positive Auswirkungen auf die gesamte Gesellschaft hat.

Am Arbeitsplatz sind ebenfalls rechtliche Rahmenbedingungen entscheidend, um Inklusion zu gewährleisten. Das Sozialgesetzbuch IX verpflichtet Arbeitgeber, Menschen mit Behinderungen gleich zu behandeln und ihnen die notwendige Unterstützung zu bieten, um am Arbeitsleben teilzunehmen. Dies umfasst sowohl bauliche Anpassungen als auch Schulungen, um ein inklusives Arbeitsumfeld zu schaffen. Die Förderung von Diversität in Unternehmen ist nicht nur eine rechtliche Verpflichtung, sondern auch ein wirtschaftlicher Vorteil, da vielfältige Teams oft innovativer und leistungsfähiger sind.

Digitale Inklusion stellt eine weitere Herausforderung dar, die durch rechtliche Vorgaben angegangen werden muss. Mit dem Gesetz zur Gleichstellung von Menschen mit Behinderungen im digitalen Raum wurde ein wichtiger Schritt unternommen, um sicherzustellen, dass digitale Angebote für alle zugänglich sind. Dies betrifft sowohl öffentliche als auch private Dienstleister, die verpflichtet sind, ihre Websites und Anwendungen barrierefrei zu gestalten. Die digitale Teilhabe ist entscheidend für den Zugang zu Informationen und Dienstleistungen und somit für die vollständige Teilhabe an der Gesellschaft.

Die rechtlichen Grundlagen der Inklusion sind nicht nur auf bestimmte Bereiche beschränkt, sondern durchziehen alle Aspekte des gesellschaftlichen Lebens. Inklusion im Sport, in der Kunst und Kultur sowie in der Freizeitgestaltung wird durch verschiedene Gesetze und Initiativen unterstützt, die darauf abzielen, Barrieren abzubauen und Chancengleichheit zu schaffen. Die Gewährleistung von Inklusion in diesen Bereichen fördert nicht nur die Teilhabe von Menschen mit Behinderungen, sondern bereichert auch das gesamte gesellschaftliche Leben durch Vielfalt und Integration.

Bedeutung von Vielfalt am Arbeitsplatz

Vielfalt am Arbeitsplatz spielt eine entscheidende Rolle für die Förderung einer inklusiven Gesellschaft. In Deutschland ist es von großer Bedeutung, unterschiedliche Perspektiven und Fähigkeiten zu integrieren, insbesondere von Menschen mit Behinderungen. Unternehmen, die Vielfalt wertschätzen, profitieren nicht nur von einer breiteren Talentbasis, sondern auch von innovativen Ideen und Lösungsansätzen. Diese Diversität trägt zur Schaffung eines Arbeitsumfeldes bei, das Kreativität und Zusammenarbeit fördert, was letztendlich zu einer höheren Produktivität führt.

Ein inklusiver Arbeitsplatz ermöglicht es Menschen mit Behinderungen, ihre Fähigkeiten und Talente voll auszuschöpfen. Indem Barrieren abgebaut und individuelle Unterstützung angeboten wird, können diese Menschen aktiv am Arbeitsleben teilnehmen. Dies fördert nicht nur das Selbstbewusstsein und die persönliche Entwicklung, sondern auch die gesellschaftliche Teilhabe. Wenn Unternehmen Menschen mit unterschiedlichen Hintergründen und Erfahrungen einstellen, wird ein Umfeld geschaffen, das Respekt und Wertschätzung für jede Person fördert.

Darüber hinaus hat die Vielfalt am Arbeitsplatz positive Auswirkungen auf das Betriebsklima. Eine inklusive Unternehmenskultur, die Vielfalt anerkennt und schätzt, führt zu einer höheren Mitarbeiterzufriedenheit und verringert die Fluktuation. Wenn Mitarbeitende das Gefühl haben, dass ihre individuellen Unterschiede respektiert und geschätzt werden, sind sie motivierter und engagierter. Dies schafft eine starke Gemeinschaft innerhalb des Unternehmens, die sich positiv auf die Zusammenarbeit und die Teamdynamik auswirkt.

Die Integration von Vielfalt in den Arbeitsalltag erfordert jedoch auch eine bewusste Anstrengung seitens der Führungsebene. Es ist wichtig, konkrete Maßnahmen zur Förderung der Inklusion zu ergreifen, wie Schulungen zur Sensibilisierung für Vielfalt und die Schaffung barrierefreier Arbeitsplätze. Behörden und Unternehmen sollten zusammenarbeiten, um die richtigen Rahmenbedingungen zu schaffen, die es Menschen mit Behinderungen ermöglichen, erfolgreich zu sein. Eine klare Kommunikation und ein offenes Ohr für die Bedürfnisse aller Mitarbeitenden sind hierbei unerlässlich.

Schließlich ist die Bedeutung von Vielfalt am Arbeitsplatz nicht nur eine Frage der rechtlichen Vorgaben, sondern auch eine moralische Verpflichtung für die Gesellschaft. Die Förderung von Inklusion und Vielfalt ist ein Schritt in Richtung einer gerechteren Gesellschaft, in der jeder Mensch die Möglichkeit hat, seine Fähigkeiten zu entfalten und einen wertvollen Beitrag zu leisten. Indem wir Vielfalt am Arbeitsplatz leben, tragen wir aktiv dazu bei, Vorurteile abzubauen und ein respektvolles Miteinander zu fördern, was letztendlich allen zugutekommt.

Inklusive Unternehmenskultur

Inklusive Unternehmenskultur ist ein entscheidender Bestandteil einer modernen Gesellschaft, die Vielfalt und Chancengleichheit fördert. In der heutigen Arbeitswelt sind Unternehmen gefordert, eine Umgebung zu schaffen, in der alle Mitarbeiter unabhängig von Geschlecht, Herkunft, Alter, Behinderung oder anderen Merkmalen gleichwertig behandelt werden. Dies bedeutet nicht nur die Einhaltung gesetzlicher Vorgaben, sondern auch die aktive Förderung von Vielfalt als Wert an sich. Eine inklusive Unternehmenskultur trägt nicht nur zur Zufriedenheit der Mitarbeiter bei, sondern steigert auch die Innovationskraft und Wettbewerbsfähigkeit eines Unternehmens.

Ein zentraler Aspekt der inklusiven Unternehmenskultur ist die Sensibilisierung für Diversität. Unternehmen sollten Programme zur Schulung ihrer Mitarbeiter implementieren, die das Bewusstsein für unterschiedliche Perspektiven und Hintergründe schärfen. Diese Schulungen können helfen, Vorurteile abzubauen und ein respektvolles Miteinander zu fördern. Zudem sollte die Führungsebene als Vorbild fungieren und inklusive Werte vorleben, um eine positive Unternehmenskultur zu etablieren und zu verankern.

Ein weiterer wichtiger Punkt ist die Barrierefreiheit am Arbeitsplatz. Dies betrifft nicht nur physische Barrieren, wie beispielsweise den Zugang zu Gebäuden, sondern auch digitale Barrieren, die Menschen mit Behinderungen den Zugang zu Informationen und Kommunikationsmitteln erschweren. Die Implementierung von barrierefreien Technologien und Arbeitsplätzen ist unerlässlich, um allen Mitarbeitern die gleichen Chancen zu bieten. Unternehmen sollten zudem flexible Arbeitsmodelle anbieten, die auf die Bedürfnisse verschiedener Mitarbeitergruppen eingehen, um die Vereinbarkeit von Beruf und Privatleben zu fördern.

Die Bedeutung von interkultureller Inklusion kann nicht genug betont werden. In einer globalisierten Welt arbeiten immer mehr Unternehmen international und beschäftigen Mitarbeiter aus verschiedenen kulturellen Hintergründen. Eine inklusive Unternehmenskultur muss daher auch die unterschiedlichen Werte, Traditionen und Kommunikationsstile respektieren und integrieren. Dies fördert nicht nur das Verständnis und die Zusammenarbeit zwischen den

Mitarbeitern, sondern bereichert auch die Unternehmenskultur als Ganzes.

Letztlich ist die Schaffung einer inklusiven Unternehmenskultur ein fortlaufender Prozess, der Engagement und Reflexion erfordert. Unternehmen sollten regelmäßig ihre Strategien und Maßnahmen zur Inklusion überprüfen und anpassen, um den sich wandelnden Bedürfnissen ihrer Mitarbeiter gerecht zu werden. Ein kontinuierlicher Dialog innerhalb des Unternehmens sowie mit externen Experten und Organisationen kann wertvolle Impulse für die Weiterentwicklung einer inklusiven Kultur liefern. Durch die konsequente Umsetzung dieser Prinzipien können Unternehmen nicht nur zu einem besseren Arbeitsumfeld beitragen, sondern auch einen wichtigen Beitrag zu einer inklusiven Gesellschaft leisten.

Strategien für inklusive Personalpolitik

Strategien für inklusive Personalpolitik sind entscheidend, um eine nachhaltige und umfassende Inklusion in Deutschland zu gewährleisten. Eine inklusive Personalpolitik beginnt mit der Schaffung eines offenen und zugänglichen Rekrutierungsprozesses, der sicherstellt, dass Menschen mit Behinderung gleichberechtigt Zugang zu Stellenangeboten haben. Dies kann durch gezielte Ansprache in Jobbörsen, die sich auf inklusive Arbeitsplätze spezialisiert haben, sowie durch die Zusammenarbeit mit Organisationen, die Menschen mit Behinderungen unterstützen, geschehen. Darüber hinaus sollten Personalverantwortliche geschult werden, um Vorurteile abzubauen und eine wertschätzende Haltung zu fördern.

Ein weiterer wichtiger Aspekt ist die Anpassung der Arbeitsplätze selbst. Dies beinhaltet nicht nur physische Anpassungen wie barrierefreie Zugänge und ergonomische Arbeitsplätze, sondern auch die Implementierung flexibler Arbeitszeiten und -modelle. Die Möglichkeit von Homeoffice kann insbesondere für Menschen mit bestimmten Behinderungen eine erhebliche Erleichterung darstellen. Unternehmen sollten auch individuelle Unterstützungs- angebote bereitstellen, wie etwa Schulungen für neue Technologien, um die digitale Inklusion zu fördern und sicherzustellen, dass alle Mitarbeiter die notwendigen Werkzeuge zur Verfügung haben.

Um eine inklusive Unternehmenskultur zu fördern, ist es wichtig, ein Bewusstsein für Diversität und Inklusion in der gesamten Organisation zu schaffen. Regelmäßige Sensibilisierungs- und Schulungsmaßnahmen für alle Mitarbeiter können dazu beitragen, ein gemeinsames Verständnis für die Herausforderungen und Bedürfnisse von Menschen mit Behinderungen zu entwickeln. Unternehmen können auch Mentoring-Programme einführen, in denen erfahrene Kollegen Menschen mit Behinderungen unterstützen und ihnen helfen, sich in der Arbeitswelt zurechtzufinden.

Die Zusammenarbeit mit externen Partnern, wie NGOs und Bildungseinrichtungen, kann die Umsetzung einer inklusiven Personalpolitik weiter stärken. Durch den Austausch von Best Practices und das Lernen von anderen Organisationen können Unternehmen innovative Ansätze entwickeln, um Inklusion zu leben. Zudem können sie durch Praktika und Ausbildungsplätze für Menschen mit Behinderungen aktiv zur beruflichen Integration beitragen und so die Vielfalt im Unternehmen erhöhen.

Abschließend ist es wichtig, die Erfolge und Herausforderungen der inklusiven Personalpolitik kontinuierlich zu evaluieren. Regelmäßige Feedbackrunden und Umfragen unter den Mitarbeitern können wertvolle Einblicke geben und helfen, Maßnahmen anzupassen und zu optimieren. Nur durch eine transparente und anpassungsfähige Vorgehensweise kann langfristig eine inklusive Gesellschaft geschaffen werden, in der Menschen mit Behinderungen nicht nur integriert, sondern aktiv gefördert werden.

Barrierefreiheit im Arbeitsumfeld

Barrierefreiheit im Arbeitsumfeld ist ein zentrales Element, um Menschen mit Behinderungen die volle Teilhabe am Berufsleben zu ermöglichen. Eine inklusive Arbeitsumgebung fördert nicht nur die Gleichstellung, sondern auch die Vielfalt und Kreativität innerhalb eines Unternehmens. Der Zugang zu Arbeitsplätzen, Büros und den notwendigen Technologien muss so gestaltet sein, dass alle Mitarbeiter, unabhängig von ihren Fähigkeiten, gleichwertig teilnehmen können. Dies umfasst bauliche Maßnahmen wie Rampen, breite Türen und angepasste Sanitäranlagen sowie digitale Lösungen, die die Nutzung von Software und Online-Plattformen erleichtern.

Ein wichtiger Aspekt der Barrierefreiheit ist die Sensibilisierung der Arbeitgeber und Mitarbeiter. Schulungen und Workshops können helfen, das Bewusstsein für die Bedürfnisse von Menschen mit Behinderungen zu schärfen. Hierbei ist es entscheidend, dass alle Beteiligten verstehen, welche Anpassungen notwendig sind und welchen positiven Einfluss ein inklusives Arbeitsumfeld auf die Unternehmenskultur hat. Die Einbindung von Menschen mit Behinderungen in den Prozess der Gestaltung von Arbeitsplätzen kann wertvolle Perspektiven und Ideen liefern, die zu einer besseren Integration führen.

Die rechtlichen Rahmenbedingungen für Barrierefreiheit am Arbeitsplatz sind in Deutschland klar definiert. Das Allgemeine Gleichbehandlungsgesetz (AGG) sowie das Behindertengleichstellungsgesetz (BGG) setzen Standards für die Zugänglichkeit und den Schutz vor Diskriminierung. Behörden und Unternehmen sind aufgefordert, diese Vorgaben ernst zu nehmen und aktiv umzusetzen. Regelmäßige Überprüfungen und Audits können helfen, den Stand der Barrierefreiheit zu evaluieren und notwendige Verbesserungen zu identifizieren.

Darüber hinaus spielt die digitale Inklusion eine entscheidende Rolle in der modernen Arbeitswelt. Mit dem Anstieg von Homeoffice und digitalen Kommunikations-mitteln ist es unerlässlich, dass diese Technologien für alle zugänglich sind. Barrierefreie Websites, anpassbare Software und Schulungen im Umgang mit digitalen Tools sind notwendig, um Menschen mit Behinderungen die Teilnahme am Arbeitsleben zu erleichtern. Unternehmen sollten in die Schulung ihrer Mitarbeiter investieren und sicherstellen, dass alle digitalen Ressourcen den Standards der Barrierefreiheit entsprechen.

Abschließend lässt sich sagen, dass Barrierefreiheit im Arbeitsumfeld nicht nur eine rechtliche Verpflichtung, sondern auch eine gesellschaftliche Verantwortung ist. Die Förderung einer inklusiven Arbeitskultur bringt nicht nur Vorteile für Menschen mit Behinderungen, sondern bereichert auch die gesamte Gesellschaft. Es ist an der Zeit, dass wir gemeinsam daran arbeiten, Barrieren abzubauen und eine Umgebung zu schaffen, in der jeder Mensch sein volles Potenzial entfalten kann.

Erfolgsgeschichten und Best Practices

Erfolgsgeschichten und Best Practices sind entscheidend, um die Prinzipien der Inklusion in verschiedenen Lebensbereichen zu verankern. Diese Beispiele zeigen, wie Inklusion in der Schule umgesetzt werden kann, indem Lehrer und Schulen innovative Ansätze entwickeln, um eine lernfördernde Umgebung für alle Schüler zu schaffen. Inklusionskonzepte, die auf individuelle Bedürfnisse eingehen und Differenzierung fördern, haben sich als besonders wirksam erwiesen. Schulen, die auf Teamarbeit, offene Kommunikation und kontinuierliche Weiterbildung setzen, schaffen ein positives Klima, in dem Schüler mit unterschiedlichen Fähigkeiten erfolgreich zusammen lernen können.

Am Arbeitsplatz ist die Integration von Menschen mit Behinderungen ein wichtiger Schritt in Richtung einer inklusiven Gesellschaft. Unternehmen, die Diversität fördern, profitieren nicht nur von einem breiteren Talentpool, sondern auch von kreativeren Lösungen und einem positiven Arbeitsumfeld. Best Practices zeigen, dass flexible Arbeitszeitmodelle, barrierefreie Büros und Sensibilisierungstrainings für Mitarbeiter zu einer höheren Mitarbeiterzufriedenheit und Produktivität führen. Erfolgreiche Unternehmen haben erkannt, dass die Einbeziehung aller Mitarbeiter eine Stärke ist, die sich auf das gesamte Geschäft auswirkt.

Digitale Inklusion spielt eine zentrale Rolle in der heutigen Gesellschaft. Der Zugang zu digitalen Ressourcen muss für alle gewährleistet sein, um die Teilhabe an wichtigen gesellschaftlichen Prozessen zu ermöglichen. Best Practices aus verschiedenen Initiativen verdeutlichen, wie digitale Barrierefreiheit durch benutzerfreundliche Webdesigns und Schulungen für Menschen mit Behinderungen gefördert werden kann. Programme, die digitale Kompetenzen stärken, tragen dazu bei, soziale Isolation zu vermeiden und die Teilhabe am digitalen Leben zu fördern, was insbesondere für ältere Menschen von großer Bedeutung ist.

Im Bereich Sport zeigt sich, wie Inklusion Menschen mit unterschiedlichen Hintergründen zusammenbringen kann. Sportvereine, die integrative Programme anbieten, schaffen Räume für Begegnungen und fördern den Austausch zwischen Menschen mit und ohne Behinderungen. Erfolgsgeschichten aus verschiedenen Sportarten belegen, dass alle Beteiligten von einem inklusiven Ansatz profitieren. Solche Initiativen tragen nicht nur zur physischen Gesundheit bei, sondern stärken auch den sozialen Zusammenhalt und das Gemeinschaftsgefühl.

In der Kunst und Kultur ist Inklusion ein Schlüssel zur Vielfalt und Kreativität. Veranstaltungen, die bewusst Barrieren abbauen und die Teilnahme aller fördern, haben sich als besonders erfolgreich erwiesen. Kunst- und Kulturprojekte, die Menschen mit Behinderungen einbeziehen, bringen neue Perspektiven und bereichern das kulturelle Leben. Best Practices zeigen, wie interkulturelle Inklusion durch gemeinsame Projekte und Workshops gefördert werden kann, die den Austausch zwischen verschiedenen Kulturen und Lebensrealitäten ermöglichen. Diese Ansätze zeigen, dass Inklusion nicht nur eine gesellschaftliche Notwendigkeit ist, sondern auch eine Quelle der Inspiration und Innovation.

7   Digitale Inklusion

Zugang zu digitalen Medien

Zugang zu digitalen Medien ist ein entscheidender Aspekt der Inklusion, der sowohl die Teilhabe an der digitalen Gesellschaft als auch die Chancengleichheit fördert. In der heutigen Zeit sind digitale Medien allgegenwärtig und spielen eine zentrale Rolle in Bildung, Kommunikation und Freizeitgestaltung. Um Inklusion zu gewährleisten, müssen alle Menschen, unabhängig von ihren Fähigkeiten oder Hintergründen, uneingeschränkten Zugang zu digitalen Technologien haben. Dies bedeutet, dass Barrieren abgebaut werden müssen, die Menschen mit Behinderungen oder aus benachteiligten sozialen Gruppen den Zugang zu diesen Medien erschweren.

In der Schule ist der Zugang zu digitalen Medien besonders wichtig, um alle Schüler in den Lernprozess einzubeziehen. Digitale Lernmittel können helfen, unterschiedliche Lernstile zu berücksichtigen und individuelle Bedürfnisse zu adressieren. Lehrer müssen geschult werden, um inklusive digitale Werkzeuge effektiv einzusetzen. Dies erfordert nicht nur technische Kenntnisse, sondern auch ein Verständnis für die Vielfalt der Schüler und deren spezifische Herausforderungen. Eine inklusive Schule ist eine, die digitale Ressourcen nutzt, um Barrieren abzubauen und jedem Schüler die Möglichkeit zu geben, sein volles Potenzial zu entfalten.

Am Arbeitsplatz spielt der Zugang zu digitalen Medien eine ebenso bedeutende Rolle. Unternehmen sollten sicherstellen, dass ihre digitalen Plattformen und Tools für alle Mitarbeiter zugänglich sind. Dies umfasst die Bereitstellung barrierefreier Software, die Anpassung von Arbeitsplätzen und die Schulung von Mitarbeitern im Umgang mit diesen Technologien. Ein inklusiver Arbeitsplatz fördert nicht nur die Produktivität, sondern auch das Wohlbefinden der Mitarbeiter, indem er ein Umfeld schafft, in dem jeder die Möglichkeit hat, aktiv teilzunehmen und seine Fähigkeiten einzubringen.

Digitale Inklusion erstreckt sich auch auf den Freizeitbereich, wo digitale Medien zunehmend genutzt werden, um soziale Kontakte zu knüpfen und Freizeitaktivitäten zu gestalten. Sportvereine, Kulturinstitutionen und Freizeitangebote sollten digitale Plattformen nutzen, um sicherzustellen, dass alle Menschen, einschließlich Menschen mit Behinderungen, teilnehmen können. Dies kann durch die Bereitstellung von Informationen in unterschiedlichen Formaten, die Anpassung von Online-Angeboten oder die Entwicklung von Apps geschehen, die speziell für inklusive Freizeitgestaltung konzipiert sind.

Schließlich ist der Zugang zu digitalen Medien auch im Gesundheitswesen von entscheidender Bedeutung. Telemedizin und digitale Gesundheitsanwendungen müssen so gestaltet werden, dass sie für alle zugänglich sind. Dies bedeutet, dass Informationen klar und verständlich aufbereitet werden müssen und dass technische Lösungen entwickelt werden, die die Bedürfnisse aller Patienten berücksichtigen. Ein inklusives Gesundheitssystem nutzt digitale Medien, um den Zugang zu medizinischen Informationen und Dienstleistungen zu verbessern, was letztlich zu einer besseren Versorgung aller Menschen führt.

Barrierefreie digitale Inhalte

Barrierefreie digitale Inhalte sind ein wesentlicher Bestandteil der digitalen Inklusion, die zunehmend an Bedeutung gewinnt. In einer Welt, in der der Zugang zu Informationen und Dienstleistungen überwiegend über digitale Kanäle erfolgt, ist es von entscheidender Bedeutung, dass diese Inhalte für alle Menschen zugänglich sind, unabhängig von ihren individuellen Fähigkeiten oder Einschränkungen. Barrierefreiheit bedeutet, dass Technologien so gestaltet werden, dass sie von Menschen mit unterschiedlichen Bedürfnissen genutzt werden können. Dazu gehören Menschen mit Seh- oder Hörbehinderungen, kognitiven Einschränkungen oder motorischen Schwierigkeiten.

Ein zentraler Aspekt der barrierefreien digitalen Inhalte ist die Gestaltung von Websites und Anwendungen. Diese sollten so entwickelt werden, dass sie den Web Content Accessibility Guidelines (WCAG) entsprechen. Diese Richtlinien bieten einen umfassenden Rahmen für die Schaffung zugänglicher digitaler Inhalte. Dazu gehört die Verwendung von klaren, gut lesbaren Schriftarten, ausreichenden Farbkontrasten und der Bereitstellung von Alternativtexten für Bilder. Auch die Navigation sollte intuitiv und einfach gestaltet sein, um sicherzustellen, dass alle Nutzer problemlos auf Informationen zugreifen können.

Im schulischen Bereich spielt die digitale Inklusion eine entscheidende Rolle. Schülerinnen und Schüler mit unterschiedlichen Bedürfnissen profitieren von barrierefreien digitalen Lernmaterialien, die ihre individuelle Lernfähigkeit unterstützen. Durch den Einsatz von Technologien wie Bildschirmlesegeräten oder speziellen Lernplattformen können Lehrkräfte sicherstellen, dass alle Schüler am Unterricht teilnehmen können, unabhängig von ihren physischen oder kognitiven Einschränkungen. Dies fördert nicht nur den Lernerfolg, sondern auch das soziale Miteinander und die Chancengleichheit in der Bildung.

Am Arbeitsplatz ist die digitale Barrierefreiheit ebenfalls von großer Bedeutung. Unternehmen sind gefordert, ihre digitalen Dienstleistungen und Kommunikationskanäle so zu gestalten, dass sie für alle Mitarbeitenden zugänglich sind. Dies umfasst nicht nur die interne Kommunikation, sondern auch die Bereitstellung von Informationen für Kunden und Geschäftspartner. Eine inklusive digitale Arbeitsumgebung trägt dazu bei, dass Menschen mit Behinderungen gleichwertig am Berufsleben teilnehmen können, was wiederum die Vielfalt und Kreativität im Unternehmen fördert.

Die Gesellschaft als Ganzes profitiert von barrierefreien digitalen Inhalten. Sie ermöglichen nicht nur den Zugang zu Informationen und Dienstleistungen, sondern tragen auch zur Teilhabe am gesellschaftlichen Leben bei. Ob im Sport, in der Kunst und Kultur oder in der Freizeitgestaltung – barrierefreie digitale Angebote schaffen Möglichkeiten für alle, sich aktiv zu engagieren und ihre Interessen zu verfolgen. Indem wir digitale Inklusion vorantreiben und sicherstellen, dass alle Menschen Zugang zu den gleichen Ressourcen haben, fördern wir eine gerechtere und inklusivere Gesellschaft.

Technologien zur Unterstützung von Inklusion

Technologien zur Unterstützung von Inklusion spielen eine entscheidende Rolle bei der Schaffung einer inklusiven Gesellschaft. In der frühkindlichen Bildung können digitale Hilfsmittel, wie interaktive Lernsoftware, dazu beitragen, Kinder mit unterschiedlichen Bedürfnissen zu fördern. Diese Technologien ermöglichen es den Pädagogen, individuell auf die Lernvoraussetzungen der Kinder einzugehen und somit eine inklusive Lernumgebung zu schaffen. Besonders wichtig ist hierbei die Anpassungsfähigkeit der Software, welche verschiedene Lernstile und -geschwindigkeiten berücksichtigt. So wird nicht nur das Lernen erleichtert, sondern auch das soziale Miteinander gefördert.

In Schulen und Bildungseinrichtungen können moderne Technologien wie adaptive Lernplattformen und digitale Kommunikationshilfen die Inklusion vorantreiben. Diese Tools ermöglichen es Lehrkräften, den Unterricht differenziert zu gestalten und auf die Bedürfnisse von Schülern mit Behinderungen einzugehen. Beispielsweise können Schüler mit Sehbehinderungen durch Screenreader oder Braillezeilen unterstützt werden, während Schüler mit Sprachbehinderungen von Sprachsynthese-Programmen profitieren können. Solche Technologien tragen dazu bei, Barrieren abzubauen und eine aktive Teilnahme aller Schüler am Unterricht zu gewährleisten.

Am Arbeitsplatz ist die Integration von Menschen mit Behinderungen durch technologische Lösungen ebenfalls von großer Bedeutung. Assistive Technologien, wie Sprachsteuerung, Bildschirmvergrößerung oder spezielle Eingabegeräte, ermöglichen es Mitarbeitern mit unterschiedlichen Einschränkungen, ihre Aufgaben erfolgreich zu erfüllen. Unternehmen, die in solche Technologien investieren, zeigen nicht nur Verantwortung, sondern profitieren auch von der Vielfalt und den unterschiedlichen Perspektiven, die Menschen mit Behinderungen in die Arbeitswelt einbringen. Ein inklusives Arbeitsumfeld fördert die Motivation und Zufriedenheit aller Mitarbeiter und trägt somit zum Unternehmenserfolg bei.

Im Bereich Sport und Freizeit können digitale Plattformen und Apps dazu beitragen, inklusive Angebote zu schaffen und zu fördern. Diese Technologien ermöglichen es, Veranstaltungen und Aktivitäten für Menschen mit Behinderungen besser zu planen und zugänglich zu machen. Durch die Bereitstellung von Informationen über barrierefreie Sporteinrichtungen und inklusive Freizeitangebote wird es Menschen mit Behinderungen erleichtert, aktiv am gesellschaftlichen Leben teilzunehmen. Dies fördert nicht nur die körperliche Gesundheit, sondern auch den sozialen Zusammenhalt und die Integration in die Gemeinschaft.

Digitale Inklusion und Zugänglichkeit sind zentrale Themen, die in der heutigen Gesellschaft nicht vernachlässigt werden dürfen. Politische Rahmenbedingungen, die den Zugang zu digitalen Technologien fördern, sind notwendig, um eine inklusive Gesellschaft zu gewährleisten. Sensibilisierung und Aufklärung über die Möglichkeiten und Vorteile von Technologien zur Unterstützung von Inklusion sind ebenso wichtig. Erfahrungen und Best Practices aus verschiedenen Bereichen zeigen, dass durch gezielte technologische Maßnahmen nicht nur Barrieren abgebaut, sondern auch ein respektvolles und wertschätzendes Miteinander gefördert werden kann. Die Implementierung solcher Technologien ist ein wichtiger Schritt auf dem Weg zu einer inklusiven Gesellschaft in Deutschland.

Sensibilisierung für digitale Barrieren

In der heutigen digitalisierten Welt sind digitale Barrieren ein bedeutendes Hindernis für die Inklusion von Menschen mit Behinderungen. Sensibilisierung für diese Barrieren ist entscheidend, um sicherzustellen, dass alle Menschen gleichberechtigt am gesellschaftlichen Leben teilnehmen können. Digitale Inklusion bedeutet nicht nur, dass Technologien zugänglich sind, sondern auch, dass sie so gestaltet werden, dass sie die Bedürfnisse verschiedener Nutzergruppen berücksichtigen. Dies erfordert ein Umdenken bei der Entwicklung von digitalen Angeboten, um sicherzustellen, dass Barrierefreiheit von Anfang an mitgedacht wird.

Die frühkindliche Bildung spielt eine zentrale Rolle in der Sensibilisierung für digitale Barrieren. Bereits im Vorschulalter sollten Kinder für die Vielfalt der Nutzungsmöglichkeiten digitaler Medien sensibilisiert werden. Dies kann durch gezielte Bildungsangebote geschehen, die den Umgang mit digitalen Technologien fördern und gleichzeitig die Bedeutung von Zugänglichkeit und Inklusion hervorheben. Pädagogische Fachkräfte sind gefordert, sich mit dem Thema auseinanderzusetzen und geeignete Materialien und Methoden zu entwickeln, die alle Kinder einbeziehen.

In Schulen und Bildungseinrichtungen ist es ebenso wichtig, das Bewusstsein für digitale Barrieren zu schärfen. Lehrerinnen und Lehrer sollten geschult werden, um inklusiven Unterricht zu gestalten, der digitale Medien effektiv einsetzt. Dies umfasst die Auswahl von Lehrmaterialien, die für alle Schüler zugänglich sind, sowie die Integration von Technologien, die die unterschiedlichen Lernbedürfnisse berücksichtigen. Der Austausch von Best Practices und Erfahrungen kann dabei helfen, erfolgreiche Strategien zur Überwindung digitaler Barrieren zu identifizieren und zu verbreiten.

Am Arbeitsplatz ist die Sensibilisierung für digitale Barrieren ebenfalls von großer Bedeutung. Arbeitgeber sollten sich der Herausforderungen bewusst sein, die Menschen mit Behinderungen bei der Nutzung digitaler Technologien begegnen. Durch Schulungen und Sensibilisierungsmaßnahmen kann ein inklusives Arbeitsumfeld geschaffen werden, dass die Talente und Fähigkeiten aller Mitarbeitenden wertschätzt. Die Implementierung barrierefreier Technologien kann nicht nur die Produktivität erhöhen, sondern auch das Teamgefühl stärken und die Zufriedenheit am Arbeitsplatz steigern.

Die politische Dimension der digitalen Inklusion darf nicht vernachlässigt werden. Gesetzgeber und Behörden tragen die Verantwortung, klare Rahmenbedingungen zu schaffen, die digitale Barrierefreiheit fördern. Dies erfordert nicht nur die Entwicklung von Richtlinien, sondern auch die Bereitstellung von Ressourcen und Unterstützung für Unternehmen und Bildungseinrichtungen. Sensibilisierungskampagnen können helfen, das Bewusstsein in der Gesellschaft zu schärfen und die Bedeutung von digitaler Inklusion zu unterstreichen. Nur durch gemeinsames Handeln können wir eine inklusive Gesellschaft schaffen, in der jeder Mensch die Möglichkeit hat, sich gleichberechtigt zu entfalten.

Digitale Kompetenzen fördern

Digitale Kompetenzen sind heutzutage unerlässlich für die Teilhabe an der Gesellschaft. Insbesondere im Kontext der Inklusion ist es wichtig, dass alle Menschen, unabhängig von ihren Fähigkeiten oder Hintergründen, Zugang zu digitalen Technologien und den notwendigen Kompetenzen haben, um diese effektiv nutzen zu können. Digitale Inklusion bedeutet, Barrieren abzubauen, die Menschen mit Behinderungen oder anderen Benachteiligungen daran hindern, die Vorteile der digitalen Welt zu nutzen. Dies kann durch gezielte Bildungsangebote, Schulungen und den Einsatz geeigneter Technologien erreicht werden.

In Schulen sollte der Fokus darauf liegen, digitale Kompetenzen bereits frühzeitig zu fördern. Hierbei ist es entscheidend, dass Lehrkräfte in der Lage sind, die unterschiedlichen Bedürfnisse ihrer Schüler zu erkennen und individuell darauf einzugehen. Der Einsatz von adaptiven Lernplattformen und digitalen Hilfsmitteln kann dazu beitragen, dass alle Schüler, einschließlich derjenigen mit besonderen Bedürfnissen, die gleichen Chancen im Lernprozess erhalten. Zudem sollten Schulen die Möglichkeit bieten, digitale Medien als Werkzeug zur Förderung der Kreativität und des kritischen Denkens zu nutzen.

Am Arbeitsplatz ist die Förderung digitaler Kompetenzen ebenso von großer Bedeutung. Arbeitgeber sollten sicherstellen, dass alle Mitarbeiter Zugang zu Schulungen und Ressourcen haben, die ihnen helfen, ihre digitalen Fähigkeiten zu erweitern. Dies kann nicht nur die Produktivität steigern, sondern auch das Arbeitsumfeld inklusiver gestalten. Ein diverses Team, das über verschiedene digitale Kompetenzen verfügt, kann innovative

Lösungen entwickeln und die gesamte Organisation bereichern.

Im Bereich der Freizeitgestaltung und im Sport spielt die digitale Inklusion eine wichtige Rolle, um Barrieren abzubauen und Menschen mit Behinderungen die Teilnahme zu ermöglichen. Digitale Plattformen können genutzt werden, um Informationen über inklusive Sport- und Freizeitangebote bereitzustellen und um Netzwerke zu schaffen, die den Austausch und die Interaktion fördern. So wird die Teilhabe an unterschiedlichen Aktivitäten für alle zugänglich, wodurch das Gemeinschaftsgefühl gestärkt wird.

Abschließend ist festzustellen, dass die Förderung digitaler Kompetenzen ein zentraler Aspekt der Inklusion in unserer Gesellschaft darstellt. Es erfordert einen gemeinsamen Einsatz von Bildungseinrichtungen, Arbeitgebern, Sportverbänden und der gesamten Gesellschaft, um sicherzustellen, dass alle Menschen, unabhängig von ihren Fähigkeiten, die gleichen Chancen haben, ihre digitalen Kompetenzen zu entwickeln und zu nutzen. Nur durch einen solchen integrativen Ansatz kann eine wirklich inklusive Gesellschaft entstehen, in der jeder Einzelne das volle Potenzial entfalten kann.

8   Inklusion im Sport

Sportliche Angebote für alle

Sportliche Angebote sind ein essenzieller Bestandteil der Inklusion, da sie Menschen unabhängig von ihren Fähigkeiten oder Einschränkungen die Möglichkeit bieten, aktiv am gesellschaftlichen Leben teilzunehmen. Inklusion im Sport bedeutet, dass jeder Mensch die Chance hat, Sport zu treiben, sei es im Rahmen von Vereinsaktivitäten, Schulangeboten oder Freizeitevents. Die Vielfalt der Sportarten ermöglicht es, unterschiedliche Interessen und Fähigkeiten zu berücksichtigen und somit ein breites Spektrum an Teilhabe zu fördern. Es ist wichtig, dass diese Angebote niedrigschwellig und gut erreichbar sind, um Barrieren abzubauen und eine breite Akzeptanz zu schaffen.

Zugang zu sportlichen Aktivitäten ist ein grundlegender Bestandteil einer inklusiven Gesellschaft. Für Menschen mit Behinderung bieten sportliche Betätigungen nicht nur die Möglichkeit, ihre körperliche Fitness zu verbessern, sondern auch soziale Kontakte zu knüpfen und das Selbstbewusstsein zu stärken. Die Förderung des Zugangs zu Sport und Freizeit muss daher eine zentrale Rolle in der Umsetzung von Inklusion in Deutschland spielen. Es ist wichtig, Barrieren abzubauen und ein Bewusstsein für die Bedürfnisse und Potenziale von Menschen mit Behinderung zu schaffen.

Ein entscheidender Aspekt der sportlichen Inklusion ist die Schaffung von geeigneten Rahmenbedingungen. Dazu gehören barrierefreie Sporteinrichtungen, die nicht nur physische Zugänglichkeit bieten, sondern auch die notwendige Ausstattung, um Menschen mit unterschiedlichen Bedürfnissen gerecht zu werden.

Schulische Sportangebote sollten integrativ gestaltet sein, sodass Schülerinnen und Schüler mit und ohne Behinderungen gemeinsam trainieren und Wettkämpfe bestreiten können. Hierbei ist die Sensibilisierung von Lehrkräften und Trainerinnen und Trainern von großer Bedeutung, um ein inklusives Klima zu schaffen und Vorurteile abzubauen.

Ein weiteres wichtiges Element ist die frühzeitige Integration von Kindern mit Behinderung in sportliche Aktivitäten. Inklusive Sportangebote in Schulen und Kindergärten sind entscheidend, um soziale Interaktion und Teamarbeit zu fördern. Hierbei können spezielle Programme entwickelt werden, die sowohl die Bedürfnisse von Kindern mit Behinderung als auch von ihren nicht-behinderten Altersgenossen berücksichtigen. Solche Programme stärken nicht nur die körperliche Betätigung, sondern auch das Gemeinschaftsgefühl und die Akzeptanz von Vielfalt in der Gesellschaft.

Darüber hinaus spielt die Förderung von interkultureller Inklusion im Sport eine wesentliche Rolle. Sport hat das Potenzial, Menschen aus verschiedenen kulturellen Hintergründen zusammenzubringen und ein Gefühl der Gemeinschaft zu schaffen. Initiativen, die sich gezielt an migrantische Gruppen richten, können dazu beitragen, den Zugang zu sportlichen Aktivitäten zu erleichtern und den Austausch zwischen verschiedenen Kulturen zu fördern. Dabei ist es wichtig, kulturelle Besonderheiten zu respektieren und in die Gestaltung der Angebote einzubeziehen.

Die Rolle des Sports im Gesundheitswesen darf ebenfalls nicht unterschätzt werden. Sportliche Aktivitäten tragen nicht nur zur physischen Gesundheit bei, sondern haben auch positive Auswirkungen auf die psychische Gesundheit. Inklusion im Sport kann dazu beitragen, soziale Isolation zu verringern und das Wohlbefinden von Menschen mit Behinderungen zu steigern. Programme, die speziell auf die Bedürfnisse von Menschen mit gesundheitlichen Einschränkungen zugeschnitten sind, können einen wichtigen Beitrag zur Gesundheitsförderung leisten und den Zugang zu sportlichen Aktivitäten erleichtern.

Insgesamt ist die Inklusion im Sport ein vielschichtiges Thema, das verschiedene Dimensionen umfasst. Sie erfordert ein gemeinsames Engagement von Politik, Sportvereinen, Schulen und der Gesellschaft insgesamt. Nur durch die Schaffung eines inklusiven Umfelds, in dem alle Menschen die Möglichkeit haben, Sport zu treiben, kann eine echte Teilhabe und Gleichstellung erreicht werden. Sportliche Angebote für alle sind somit nicht nur eine Frage der Gerechtigkeit, sondern auch ein wichtiger Schritt hin zu einer inklusiveren Gesellschaft, in der Vielfalt geschätzt und gefördert wird.

Inklusion durch Sport

Inklusion durch Sport stellt eine zentrale Säule der gesellschaftlichen Inklusion dar. Sport bietet nicht nur eine Plattform für physische Betätigung, sondern auch für soziale Interaktionen und den Abbau von Barrieren. Durch gemeinsame sportliche Aktivitäten können Menschen unterschiedlicher Herkunft, Fähigkeiten und Lebensumstände zusammengebracht werden. Diese Begegnungen fördern das gegenseitige Verständnis und die Akzeptanz, wodurch Vorurteile abgebaut werden. Inklusion im Sport bedeutet, dass alle Menschen, unabhängig von Behinderung oder kulturellem Hintergrund, die gleichen Möglichkeiten haben, aktiv am Sportleben teilzunehmen.

Die Schulen spielen eine entscheidende Rolle bei der Förderung von Inklusion durch Sport. Hier können bereits frühzeitig Werte wie Teamgeist, Respekt und Fairness vermittelt werden. Inklusionskonzepte im Sportunterricht, die beispielsweise integrative Sportarten oder gemischte Teams fördern, tragen dazu bei, dass Schülerinnen und Schüler mit unterschiedlichen Fähigkeiten voneinander lernen. Solche Erfahrungen sind prägend und schaffen ein Umfeld, in dem das Gefühl der Zugehörigkeit gestärkt wird. Die Schule wird somit zu einem Ort, an dem Inklusion nicht nur theoretisch behandelt, sondern aktiv gelebt wird.

Am Arbeitsplatz ist Sport ein effektives Mittel, um Teamgeist und Kohäsion zu fördern. Betriebssportgruppen oder sportliche Veranstaltungen können dazu beitragen, dass Mitarbeitende aus verschiedenen Abteilungen und mit unterschiedlichen Hintergründen zusammenarbeiten. Diese Aktivitäten stärken nicht nur das Miteinander, sondern tragen auch zur physischen und psychischen Gesundheit der Mitarbeitenden bei. Durch sportliche Betätigung wird ein Raum geschaffen, in dem Unterschiede weniger ins Gewicht fallen und der Fokus auf gemeinsamen Zielen liegt. Die Integration durch Sport am Arbeitsplatz zeigt, dass Diversität eine Stärke ist, die das gesamte Team bereichert.

Digitale Inklusion findet auch im Sport ihren Platz. Online-Plattformen und soziale Medien ermöglichen es Menschen, sich über sportliche Aktivitäten zu vernetzen und gemeinsam Herausforderungen zu meistern, unabhängig von physischen Einschränkungen. Virtual Reality und digitale Trainingsangebote bieten neue Möglichkeiten, um Inklusion zu fördern. Sportliche Herausforderungen können so gestaltet werden, dass sie für alle zugänglich sind, was die Teilnahme von Menschen mit Behinderungen oder aus unterschiedlichen Kulturkreisen erleichtert. Diese digitale Dimension erweitert den Zugang zu Sport und schafft neue Formen der Interaktion.

Insgesamt zeigt sich, dass Integration durch Sport ein wirkungsvolles Mittel ist, um Inklusion in der Gesellschaft voranzutreiben. Die positiven Effekte, die aus gemeinsamer sportlicher Betätigung resultieren, wirken sich nicht nur auf die Einzelnen aus, sondern stärken auch die Gemeinschaft. Sport schafft Verbindungen, fördert den Austausch und ermöglicht es, Vorurteile abzubauen. Inklusion durch Sport ist daher nicht nur ein Ziel, sondern ein Weg, der alle Mitglieder der Gesellschaft einbeziehen und bereichern kann.

Vorbilder und Initiativen

Vorbilder und Initiativen spielen eine entscheidende Rolle auf dem Weg zur Inklusion in unserer Gesellschaft. Sie zeigen, wie erfolgreiche Integration und Teilhabe in verschiedenen Lebensbereichen möglich sind. Diese Vorbilder sind oft Einzelpersonen oder Gruppen, die durch ihr Engagement und ihre Innovationskraft dazu beitragen, Barrieren abzubauen und den Weg für andere zu ebnen. In Schulen, am Arbeitsplatz, im Sport oder in der Kultur sind es meist die Initiativen, die inspirierende Beispiele für gelungene Inklusion bieten und damit andere motivieren, ähnliche Wege zu gehen.

Ein besonders prägnantes Beispiel für Inklusion in der Schule ist die Initiative „Gemeinsam lernen". Diese Programme fördern die Zusammenarbeit von Schülern mit und ohne

Behinderungen, indem sie inklusive Unterrichtsformen und gemeinschaftliche Projekte implementieren. Durch den Austausch und das Miteinander werden Vorurteile abgebaut, und es entsteht ein respektvolles Lernen. Diese Ansätze zeigen, dass inklusive Bildung nicht nur möglich, sondern auch bereichernd für alle Beteiligten ist.

Im Bereich der Arbeitswelt gibt es zahlreiche Initiativen, die sich für die Inklusion von Menschen mit Behinderungen stark machen. Unternehmen wie „Diversity Works" setzen auf Vielfalt und Chancengleichheit, indem sie gezielt Menschen mit unterschiedlichen Hintergründen einstellen und ein inklusives Arbeitsumfeld schaffen. Solche Initiativen beweisen, dass Diversität nicht nur eine gesellschaftliche Verantwortung ist, sondern auch einen wirtschaftlichen Vorteil mit sich bringt. Der Austausch unterschiedlicher Perspektiven fördert Innovation und Kreativität innerhalb von Teams.

Auch im Bereich der digitalen Inklusion gibt es wegweisende Projekte, die zeigen, wie Technologie als Brücke zur Teilhabe dienen kann. Initiativen wie „Digital für alle" setzen sich dafür ein, dass digitale Angebote und Ressourcen für Menschen mit Behinderungen zugänglich sind. Diese Programme helfen, die digitale Kluft zu überwinden und ermöglichen eine gleichberechtigte Teilnahme an der digitalen Gesellschaft. Indem Barrieren in der digitalen Welt abgebaut werden, wird die Inklusion weiter vorangetrieben. Darüber hinaus können virtuelle Trainingsformen und Online-Kurse eine wertvolle Ergänzung zu herkömmlichen Sportangeboten darstellen und Barrieren weiter abbauen.

Schließlich sind auch im Sport zahlreiche Vorbilder und Initiativen zu finden, die Inklusion vorantreiben. Der Deutsche Behindertensportverband fördert die Integration von Menschen mit Behinderungen in den Breitensport und bietet zahlreiche Programme an, die sowohl inklusive Sportarten als auch gemeinsame Veranstaltungen umfassen. Diese Initiativen stärken das Gemeinschaftsgefühl und zeigen, dass Sport ein kraftvolles Medium für Inklusion ist. Vorbilder in diesen Bereichen inspirieren nicht nur, sie tragen auch aktiv zur Veränderung in der Gesellschaft bei und zeigen, dass Inklusion in allen Lebensbereichen möglich ist.

Um die Umsetzung der Inklusion im Sport nachhaltig zu gestalten, sind politische Rahmenbedingungen unerlässlich. Es bedarf klarer Richtlinien und Förderprogramme, die die Entwicklung inklusiver Sportstrukturen unterstützen. Zudem ist es wichtig, Best Practices zu identifizieren und weiterzugeben, damit erfolgreiche Ansätze in anderen Regionen und Bereichen angewendet werden können. Nur durch kollektives Handeln und den Austausch von Erfahrungen kann eine echte Veränderung erreicht werden, die den Zugang zu sportlichen Aktivitäten für alle Menschen in Deutschland sichert.

Förderung von inklusiven Sportvereinen

Die Förderung von inklusiven Sportvereinen ist ein zentraler Aspekt, um die Teilhabe von Menschen mit Behinderungen am gesellschaftlichen Leben zu stärken. Sportvereine bieten nicht nur die Möglichkeit zur körperlichen Betätigung, sondern auch zur sozialen Interaktion und Integration. Indem sie inklusive Angebote schaffen, können sie Barrieren abbauen und ein Umfeld fördern, in dem Menschen unabhängig von ihrer Behinderung gemeinsam aktiv sein können. Dies erfordert eine bewusste Planung und

Gestaltung von Sportprogrammen, die den Bedürfnissen aller Mitglieder gerecht werden.

Um inklusiven Sportvereinen den nötigen Rückhalt zu geben, sind finanzielle Förderungen und Unterstützung durch die öffentlichen Behörden unerlässlich. Die Bereitstellung von Mitteln für barrierefreie Sportstätten, inklusive Trainingsmaterialien und qualifizierte Trainer kann erheblich dazu beitragen, die Angebote zu diversifizieren. Darüber hinaus sollten auch Anreizsysteme geschaffen werden, die Vereine belohnen, die sich aktiv für die Inklusion einsetzen. Hierbei ist eine enge Zusammenarbeit zwischen Sportverbänden, Schulen und sozialen Einrichtungen von großer Bedeutung.

Ein weiterer wichtiger Aspekt ist die Sensibilisierung der Vereinsmitglieder und der Gesellschaft insgesamt für die Belange von Menschen mit Behinderungen. Schulungen und Workshops können dazu beitragen, Vorurteile abzubauen und das Verständnis für inklusive Praktiken zu fördern. Durch gemeinsame Sportveranstaltungen, an denen sowohl Menschen mit als auch ohne Behinderung teilnehmen, wird das Bewusstsein für die Vielfalt und die positiven Aspekte der Inklusion gestärkt. Solche Veranstaltungen bieten nicht nur die Möglichkeit zur aktiven Teilnahme, sondern auch zur Begegnung und zum Austausch.

Erfahrungen aus bestehenden inklusiven Sportvereinen sollten systematisch dokumentiert und als Best Practices geteilt werden. Diese Erfolgsgeschichten können als Inspirationsquelle für andere Vereine dienen und zeigen, wie Inklusion im Sport konkret umgesetzt werden kann. Die Verbreitung solcher Modelle sollte durch Netzwerke und Plattformen unterstützt werden, die den Austausch zwischen Vereinen fördern und Ressourcen bereitstellen. So können gute Ideen und Ansätze schnell adaptiert und umgesetzt werden.

Zudem ist es wichtig, politische Rahmenbedingungen zu schaffen, die die Inklusion im Sport langfristig sichern. Gesetze und Richtlinien müssen so gestaltet werden, dass sie die Schaffung und den Erhalt inklusiver Sportstrukturen unterstützen. Die Einbindung von Menschen mit Behinderungen in die Entscheidungsprozesse ist hierbei entscheidend. Nur wenn ihre Stimmen gehört werden, können Lösungen entwickelt werden, die den tatsächlichen Bedürfnissen der Betroffenen entsprechen. Die Förderung von inklusiven Sportvereinen ist somit nicht nur eine Frage der sozialen Gerechtigkeit, sondern auch eine Investition in eine vielfältige und inklusive Gesellschaft.

9 Inklusion in der Gesellschaft

Gesellschaftliche Teilhabe

Gesellschaftliche Teilhabe ist ein zentrales Element der Inklusion, das sowohl die physische als auch die soziale Integration aller Menschen in die Gemeinschaft fördert. Inklusion bedeutet, dass jeder, unabhängig von Herkunft, Geschlecht, Alter oder Behinderung, die Möglichkeit hat, aktiv am gesellschaftlichen Leben teilzunehmen. Dies umfasst nicht nur den Zugang zu Bildung und Arbeitsplätzen, sondern auch die Teilhabe an kulturellen, sportlichen und sozialen Aktivitäten. Eine inklusive Gesellschaft erkennt die Vielfalt als Bereicherung und schafft

Räume, in denen sich alle Menschen gleichwertig einbringen können.

Teilhabe und Mitbestimmung sind zentrale Aspekte der Inklusion, die sicherstellen, dass Menschen mit Behinderungen aktiv am gesellschaftlichen Leben teilnehmen können. In Deutschland ist es von großer Bedeutung, dass diese Prinzipien nicht nur theoretisch verankert sind, sondern auch praktisch in allen Lebensbereichen umgesetzt werden. Der Zugang zu Bildung, Beruf und Freizeitgestaltung muss so gestaltet werden, dass er für alle Menschen zugänglich ist und individuelle Bedürfnisse anerkennt. Eine inklusive Gesellschaft fördert die Vielfalt und bereichert das soziale Miteinander.

In der frühkindlichen Bildung spielt die Teilhabe eine entscheidende Rolle. Kinder mit Behinderungen sollten von Anfang an in integrativen Gruppen lernen und spielen können. Durch gezielte Maßnahmen können Bildungsinstitutionen geschaffen werden, die Barrieren abbauen und eine positive Interaktion zwischen Kindern mit und ohne Behinderungen fördern. Das frühzeitige Erleben von Vielfalt unterstützt nicht nur die Entwicklung von Empathie, sondern legt auch den Grundstein für eine inklusive Haltung im späteren Leben.

In Schulen und Bildungseinrichtungen ist Mitbestimmung ebenfalls von großer Bedeutung. Schüler mit Behinderungen sollten die Möglichkeit haben, aktiv an der Gestaltung ihres Bildungsweges teilzuhaben. Dies kann durch die Einbeziehung in Entscheidungsprozesse, die Anpassung von Lehrplänen und die Bereitstellung von geeigneten Unterstützungsangeboten erreicht werden. Schulen sind gefordert, eine Kultur der Offenheit und des Respekts zu schaffen, in der alle Stimmen gehört und wertgeschätzt werden. Ein solches Umfeld fördert nicht nur das Lernen, sondern auch die soziale Integration.

Ebenso ist in der Schule die gesellschaftliche Teilhabe besonders wichtig, da hier die Grundlagen für eine inklusive Gesellschaft gelegt werden. Schulen sollten so gestaltet sein, dass sie den unterschiedlichen Bedürfnissen aller Schüler gerecht werden. Das bedeutet, dass Lehrmethoden und -materialien diversifiziert werden müssen, um den verschiedenen Lernstilen und -fähigkeiten Rechnung zu tragen. Kooperationen mit Eltern und der Gemeinschaft sind ebenfalls entscheidend, um ein unterstützendes Umfeld zu schaffen, das die Integration aller Schüler fördert.

Am Arbeitsplatz spielt die gesellschaftliche Teilhabe eine entscheidende Rolle, um Menschen mit unterschiedlichen Hintergründen und Fähigkeiten einzubeziehen. Unternehmen sind gefordert, inklusive Arbeitsumgebungen zu schaffen, die Barrieren abbauen und Vielfalt wertschätzen. Dies kann durch flexible Arbeitsmodelle, Weiterbildungsangebote und Sensibilisierungsmaßnahmen geschehen. Eine inklusive Unternehmenskultur führt nicht nur zu einer höheren Mitarbeiterzufriedenheit, sondern fördert auch Innovation und Kreativität, da verschiedene Perspektiven und Erfahrungen zusammengebracht werden.

Am Arbeitsplatz ist die Teilhabe von Menschen mit Behinderungen ein Zeichen für Chancengleichheit und gesellschaftliche Verantwortung. Unternehmen sollten nicht nur gesetzliche Vorgaben einhalten, sondern auch aktiv eine inklusive Unternehmenskultur fördern. Die Einbindung von Mitarbeitenden mit Behinderungen in Entscheidungsprozesse und deren Berücksichtigung bei der Arbeitsplatzgestaltung sind essentielle Schritte, um ein Umfeld zu schaffen, in dem alle Mitarbeitenden ihr Potenzial entfalten können. Best Practices aus Unternehmen, die bereits inklusive Strategien erfolgreich implementiert haben, können als wertvolle Vorbilder dienen.

Digitale Inklusion ist ein weiterer wichtiger Aspekt der gesellschaftlichen Teilhabe. In einer zunehmend digitalisierten Welt müssen alle Menschen Zugang zu digitalen Technologien und Internetdiensten haben. Dies bedeutet, dass sowohl technische als auch soziale Barrieren abgebaut werden müssen. Schulungsangebote für digitale Kompetenzen sind notwendig, um sicherzustellen, dass niemand zurückgelassen wird. Eine inklusive digitale Landschaft ermöglicht es Menschen, unabhängig von ihren Voraussetzungen, an gesellschaftlichen Entwicklungen teilzuhaben und ihre Stimme zu erheben.

Die gesellschaftliche Teilhabe erstreckt sich auch auf den Bereich der Freizeitgestaltung und der Kultur. Sportvereine, kulturelle Einrichtungen und Freizeitangebote müssen so gestaltet sein, dass sie für alle zugänglich sind. Interkulturelle Inklusion fördert den Austausch zwischen verschiedenen Kulturen und schafft ein gemeinsames Verständnis. Kunst und Kultur sind kraftvolle Werkzeuge, um Brücken zu bauen und die Vielfalt innerhalb der Gesellschaft zu feiern. Durch inklusive Freizeit- und Kulturangebote wird nicht nur das Gemeinschaftsgefühl gestärkt, sondern auch der soziale Zusammenhalt gefördert, was zu einer lebendigen und dynamischen Gesellschaft führt.

Abbau von Vorurteilen und Stigmatisierung

Der Abbau von Vorurteilen und Stigmatisierung ist ein zentraler Aspekt auf dem Weg zu einer inklusiven

Gesellschaft in Deutschland. Vorurteile gegenüber Menschen mit Behinderungen sind oft tief verwurzelt und spiegeln sich in alltäglichen Interaktionen, der Medienberichterstattung und den politischen Rahmenbedingungen wider. Um ein Bewusstsein für die Vielfalt von Fähigkeiten und Lebensrealitäten zu schaffen, ist es entscheidend, aufklärende Maßnahmen zu ergreifen, die die gesellschaftliche Wahrnehmung von Behinderungen verändern. Diese Aufklärung sollte sowohl in Bildungseinrichtungen als auch am Arbeitsplatz und im öffentlichen Leben verankert werden.

In der frühkindlichen Bildung spielt die Sensibilisierung von Kindern eine wesentliche Rolle. Durch gezielte Programme und Workshops können bereits die Jüngsten lernen, Vielfalt zu akzeptieren und Vorurteile abzubauen. Geschichten und Spiele, die Inklusion thematisieren, fördern Empathie und Verständnis. Lehrer und Erzieher sind hier gefordert, ein inklusives Umfeld zu schaffen, in dem alle Kinder unabhängig von ihren Fähigkeiten gleichwertig behandelt werden. Diese frühe Prägung hat das Potenzial, eine neue Generation hervorzubringen, die Inklusion nicht nur versteht, sondern aktiv lebt.

In Schulen und Bildungseinrichtungen ist die Sichtweise auf Inklusion ebenfalls entscheidend. Lehrerfortbildungen, die sich mit dem Thema Vorurteile auseinandersetzen, können helfen, Lehrerinnen und Lehrer für die Bedürfnisse aller Schüler zu sensibilisieren. Durch die Einbeziehung von Menschen mit Behinderungen in den Unterricht und die Schulgestaltung werden nicht nur Barrieren abgebaut, sondern es entsteht auch ein Raum für gegenseitiges Lernen und Verständnis. Solche Ansätze fördern eine Kultur des Respekts und der Akzeptanz, die weit über die Schulzeit hinaus wirkt.

Am Arbeitsplatz ist es ebenso wichtig, Vorurteile abzubauen und ein inklusives Umfeld zu schaffen. Unternehmen sollten gezielte Initiativen zur Sensibilisierung ihrer Mitarbeiter umsetzen, um ein respektvolles Miteinander zu fördern. Diversity-Trainings und Mentoring-Programme können dabei helfen, Stereotype zu hinterfragen und die Vorteile von Vielfalt zu erkennen. Die Einbindung von Menschen mit Behinderungen in den Arbeitsprozess bringt nicht nur neue Perspektiven, sondern steigert auch die Kreativität und Innovationskraft eines Unternehmens.

Schließlich spielt die digitale Inklusion eine zunehmend zentrale Rolle in der Bekämpfung von Stigmatisierung. Der Zugang zu digitalen Medien und Technologien kann Barrieren abbauen und neue Möglichkeiten eröffnen. Plattformen, die sich für die Zugänglichkeit einsetzen, tragen dazu bei, Vorurteile abzubauen und Menschen mit Behinderungen eine Stimme zu geben. Durch digitale Aufklärungskampagnen können Informationen verbreitet werden, die die gesellschaftliche Wahrnehmung verändern und das Bewusstsein für die Bedeutung von Inklusion stärken. Eine inklusive Gesellschaft ist nur möglich, wenn wir gemeinsam an der Beseitigung von Vorurteilen und Stigmatisierung arbeiten.

Sensibilisierung und Aufklärung

Sensibilisierung und Aufklärung sind zentrale Elemente auf dem Weg zur Inklusion und spielen eine entscheidende Rolle in allen gesellschaftlichen Bereichen. Die Definition von Inklusion, insbesondere in Bezug auf Menschen mit Behinderungen, erfordert ein tiefes Verständnis der verschiedenen Facetten, die diese Thematik umfasst. Es ist notwendig, dass alle Mitglieder der Gesellschaft, unabhängig von ihrem sozialen, kulturellen oder wirtschaftlichen Hintergrund, die Bedeutung von Inklusion erkennen und aktiv daran teilnehmen. Durch gezielte Aufklärungsmaßnahmen können Vorurteile abgebaut und ein respektvolles Miteinander gefördert werden.

In der Schule ist Sensibilisierung von größter Bedeutung, um eine inklusive Lernumgebung zu schaffen. Lehrerinnen und Lehrer müssen nicht nur über die rechtlichen Rahmenbedingungen der Inklusion informiert sein, sondern auch über die unterschiedlichen Bedürfnisse von Schülerinnen und Schülern mit Behinderungen. Fortbildungsprogramme und Workshops können dazu beitragen, das Bewusstsein für Diversität zu schärfen und pädagogische Ansätze zu entwickeln, die allen Kindern gerecht werden. Die Integration von Inklusionsthemen in den Unterricht fördert außerdem das Verständnis und die Akzeptanz unter den Schülerinnen und Schülern.

Am Arbeitsplatz ist Sensibilisierung ebenfalls unerlässlich, um ein inklusives Arbeitsumfeld zu schaffen. Arbeitgeber sollten sich der Vielfalt ihrer Mitarbeiter bewusst sein und Strategien entwickeln, die Diskriminierung und Ungleichbehandlung entgegenwirken. Aufklärung über die Vorteile einer inklusiven Unternehmenskultur kann helfen, Hemmschwellen abzubauen und das Engagement aller Mitarbeiter zu erhöhen. Zudem kann die Förderung von interkultureller Inklusion dazu beitragen, unterschiedliche Perspektiven und Innovationen in den Arbeitsalltag zu integrieren.

Digitale Inklusion gewinnt in der heutigen Gesellschaft zunehmend an Bedeutung. Die digitale Kluft zwischen verschiedenen Bevölkerungsgruppen muss überwunden werden, um gleiche Teilhabechancen zu gewährleisten. Sensibilisierungsmaßnahmen, die sich auf den Zugang zu digitalen Technologien und deren Nutzung konzentrieren, sind entscheidend. Bildungsinstitutionen und Unternehmen sollten hierbei zusammenarbeiten, um Schulungen anzubieten, die den Umgang mit digitalen Medien fördern und die digitale Kompetenz aller Bürgerinnen und Bürger stärken.

Letztlich ist Sensibilisierung und Aufklärung auch im Bereich der Freizeitgestaltung, Kunst und Kultur von hoher Relevanz. Veranstaltungen und Angebote sollten so gestaltet sein, dass sie für alle Menschen zugänglich sind und die Vielfalt der Gesellschaft widerspiegeln. Durch die Förderung von inklusiven Projekten in der Kunst und Kultur können Barrieren abgebaut werden, die Menschen mit Behinderungen den Zugang zu kulturellen Aktivitäten erschweren. Sensibilisierung in diesen Bereichen trägt dazu bei, dass alle Menschen die Möglichkeit haben, ihre Talente und Ideen einzubringen, wodurch eine lebendige und integrative Gesellschaft entsteht.

Netzwerke und Gemeinschaften

Netzwerke und Gemeinschaften spielen eine entscheidende Rolle im Prozess der Inklusion, da sie das Fundament für den Austausch, die Unterstützung und die Teilhabe aller Mitglieder der Gesellschaft bilden. Inklusion bedeutet nicht nur die physische Präsenz von Menschen mit unterschiedlichen Hintergründen und Fähigkeiten, sondern auch deren aktive Einbindung in alle Lebensbereiche. Netzwerke, sei es in Schulen, am Arbeitsplatz oder in Freizeitaktivitäten, fördern den Dialog und das Verständnis zwischen Individuen, was zu einem harmonischeren Miteinander führt.

In Schulen können Netzwerke zwischen Lehrern, Eltern und Schülern dazu beitragen, eine inklusive Lernumgebung zu schaffen. Durch die Zusammenarbeit verschiedener Akteure können individuelle Bedürfnisse besser erkannt und adressiert werden. Lehrer können durch den Austausch mit Kollegen und Fachleuten wertvolle Strategien entwickeln, um den unterschiedlichen Lernstilen gerecht zu werden. Eltern können sich in Initiativen zusammenschließen, um Ressourcen zu bündeln und den Austausch über Inklusionspraktiken zu fördern. Solche Gemeinschaften stärken nicht nur die Schulgemeinschaft, sondern auch das Selbstbewusstsein der Schüler.

Am Arbeitsplatz sind Netzwerke für die Inklusion von Menschen mit Behinderungen und anderen benachteiligten Gruppen von großer Bedeutung. Unternehmen, die eine inklusive Kultur fördern, können durch interne Netzwerke und Mentoring-Programme die Vielfalt ihrer Mitarbeiter besser nutzen. Eine starke Gemeinschaft innerhalb des Unternehmens kann Barrieren abbauen und ein Umfeld schaffen, in dem sich alle Mitarbeiter wertgeschätzt und respektiert fühlen. Dies führt nicht nur zu einer höheren Mitarbeiterzufriedenheit, sondern auch zu gesteigerter Produktivität und Innovationskraft.

Digitale Inklusion ist ein weiterer wichtiger Aspekt, der stark von Netzwerken und Gemeinschaften profitiert. In der heutigen vernetzten Welt ist der Zugang zu digitalen Ressourcen entscheidend für die Teilhabe an der Gesellschaft. Gemeinschaften, die sich für digitale Bildung und den Zugang zu Technologien einsetzen, können Menschen unterstützen, die sonst möglicherweise von den Vorteilen der digitalen Welt ausgeschlossen wären. Initiativen zur Schulung in digitalen Fähigkeiten und zur Bereitstellung von Geräten können dazu beitragen, dass jeder die Möglichkeit hat, an der digitalen Gesellschaft teilzuhaben.

Schließlich sind Netzwerke und Gemeinschaften auch im Bereich der interkulturellen Inklusion von Bedeutung. Der Austausch zwischen verschiedenen Kulturen fördert das Verständnis und die Akzeptanz von Vielfalt. Gemeinsame Aktivitäten, sei es im Sport, in der Kunst oder in sozialen Projekten, ermöglichen es Menschen, über kulturelle Unterschiede hinweg Brücken zu bauen. Diese interkulturellen Netzwerke tragen dazu bei, Vorurteile abzubauen und ein gemeinschaftliches Gefühl zu fördern, das für eine inklusive Gesellschaft unerlässlich ist. Indem wir die Kraft von Netzwerken und Gemeinschaften nutzen, können wir die Inklusion in allen Lebensbereichen vorantreiben.

10   Inklusion von Menschen mit Behinderungen

Rechte von Menschen mit Behinderungen

Rechte von Menschen mit Behinderungen sind ein fundamentales Element der Inklusion und spielen eine entscheidende Rolle für das Verständnis und die Umsetzung von Gleichheit in der Gesellschaft. Diese Rechte sind im Wesentlichen in der UN-Behindertenrechtskonvention verankert, die die Verpflichtung der Staaten zur Gewährleistung der vollen und gleichberechtigten Teilhabe von Menschen mit Behinderungen an allen Lebensbereichen festlegt. Es ist von zentraler Bedeutung, dass die Gesellschaft diese Rechte anerkennt und respektiert, um Barrieren abzubauen und eine inklusive Umgebung zu schaffen.

In der Schule ist es besonders wichtig, dass Kinder mit Behinderungen die gleichen Bildungsangebote erhalten wie ihre gleichaltrigen Mitschülerinnen und Mitschüler. Dies umfasst nicht nur den Zugang zu physischer Infrastruktur, sondern auch die Anpassung von Lehrmethoden und Materialien, um individuelle Bedürfnisse zu berücksichtigen. Lehrkräfte sollten entsprechend geschult werden, um eine inklusive Lernumgebung zu fördern, die Vielfalt wertschätzt und das Potenzial jedes Schülers erkennt. Die Unterstützung durch Fachkräfte, wie Sonderpädagogen, kann ebenfalls maßgeblich dazu beitragen, dass alle Schüler erfolgreich lernen und sich entwickeln können.

Am Arbeitsplatz müssen die Rechte von Menschen mit Behinderungen ebenfalls gewahrt werden. Arbeitgeber sind gefordert, angemessene Vorkehrungen zu treffen, um eine gleichberechtigte Teilhabe am Arbeitsleben zu ermöglichen. Dies kann durch flexible Arbeitszeiten, barrierefreie Arbeitsplätze und die Bereitstellung von Hilfsmitteln geschehen. Ein inklusives Arbeitsumfeld fördert nicht nur die Vielfalt, sondern auch die Produktivität und Kreativität innerhalb des Teams. Unternehmen, die diese Prinzipien umsetzen, profitieren von einem breiteren Talentpool und einer positiven Unternehmenskultur.

Digitale Inklusion ist ein weiteres wichtiges Thema, das in der heutigen Gesellschaft an Bedeutung gewinnt. Der Zugang zu digitalen Technologien und Informationen muss für alle Menschen, einschließlich derjenigen mit Behinderungen, gewährleistet sein. Dies erfordert die Entwicklung barrierefreier Websites, Anwendungen und digitaler Inhalte. Schulungen und Sensibilisierungsmaßnahmen für Entwickler und Unternehmen sind notwendig, um sicherzustellen, dass digitale Angebote inklusiv gestaltet werden. Nur so kann die digitale Kluft überwunden und die gleichberechtigte Teilhabe an der digitalen Welt sichergestellt werden.

In der Freizeitgestaltung, im Sport und in der Kunst und Kultur ist die Inklusion von Menschen mit Behinderungen ebenso von großer Bedeutung. Sportvereine und kulturelle Einrichtungen sollten Programme und Angebote entwickeln, die für alle zugänglich sind. Die Förderung der Teilhabe an sportlichen Aktivitäten und kulturellen Veranstaltungen stärkt nicht nur das Gemeinschaftsgefühl, sondern trägt auch zur persönlichen Entwicklung und Lebensqualität von Menschen mit Behinderungen bei. Die Gesellschaft muss aktiv daran arbeiten, Vorurteile abzubauen und ein Umfeld zu schaffen, in dem Vielfalt als Bereicherung angesehen wird.

Barrieren abbauen

Barrieren abbauen ist ein zentrales Anliegen auf dem Weg zur Inklusion in allen Lebensbereichen. Inklusion bedeutet nicht nur, physische Hindernisse zu beseitigen, sondern auch soziale, kulturelle und kommunikative Barrieren abzubauen, die Menschen mit Behinderungen und anderen benachteiligten Gruppen den Zugang zur Gesellschaft erschweren. Um eine inklusive Gesellschaft zu schaffen, ist es notwendig, ein Bewusstsein für diese Barrieren zu entwickeln und konkrete Maßnahmen zu ergreifen, die alle Menschen einbeziehen. Dies erfordert die Zusammenarbeit von

Einzelpersonen, Institutionen und der gesamten Gemeinschaft.

Im schulischen Bereich ist es entscheidend, dass Schulen als Orte des Lernens und der Integration fungieren. Lehrpläne müssen so gestaltet werden, dass sie die Vielfalt der Schüler berücksichtigen und individuelle Fördermöglichkeiten bieten. Lehrerinnen und Lehrer sollten in der Lage sein, auf die unterschiedlichen Bedürfnisse ihrer Schüler einzugehen und ein unterstützendes Umfeld zu schaffen, in dem jeder Schüler seine Potenziale entfalten kann. Dazu gehört auch, dass Schulen Barrieren wie unzureichende Materialien oder nicht barrierefreie Gebäude überwinden, um allen Kindern den gleichen Zugang zu Bildung zu ermöglichen.

Am Arbeitsplatz ist die Schaffung einer inklusiven Kultur von großer Bedeutung. Unternehmen sollten Strategien entwickeln, um Barrieren abzubauen, die Menschen mit Behinderungen oder Migrationshintergrund daran hindern, ihre Fähigkeiten voll einzubringen. Dazu gehört unter anderem die Anpassung von Arbeitsplätzen, flexible Arbeitszeiten und Schulungen zur Sensibilisierung der Mitarbeitenden. Durch die Förderung einer inklusiven Unternehmenskultur profitieren nicht nur die betroffenen Personen, sondern auch die Unternehmen selbst, da sie von einer vielfältigen Belegschaft und unterschiedlichen Perspektiven profitieren.

Digitale Inklusion ist ein weiteres wichtiges Thema in der heutigen Gesellschaft. Der Zugang zu digitalen Technologien und dem Internet ist entscheidend für die Teilhabe an vielen Lebensbereichen, von Bildung über Arbeit bis hin zu Freizeitaktivitäten. Um digitale Barrieren abzubauen, müssen Unternehmen und Institutionen sicherstellen, dass ihre digitalen Angebote barrierefrei gestaltet sind. Dies umfasst die Entwicklung von Webseiten, die auch für Menschen mit Sehbehinderungen oder anderen Einschränkungen zugänglich sind, sowie Schulungsangebote, die den Umgang mit digitalen Medien vermitteln.

Schließlich ist es wichtig, dass Inklusion auch in der Freizeitgestaltung und im Gesundheitswesen verwirklicht wird. Sportvereine, kulturelle Einrichtungen und Gesundheitseinrichtungen müssen Barrieren abbauen, die den Zugang zu ihren Angeboten erschweren. Dazu gehört nicht nur die physische Zugänglichkeit, sondern auch die Schaffung eines einladenden und respektvollen Umfeldes für alle. Durch die Förderung von inklusiven Freizeit- und Gesundheitsangeboten wird die Gesellschaft als Ganzes gestärkt, da sie die Vielfalt und das Potenzial aller Menschen wertschätzt und in den Mittelpunkt stellt.

Empowerment und Selbstbestimmung

Empowerment und Selbstbestimmung sind zentrale Konzepte in der Diskussion um Inklusion. Diese Begriffe beziehen sich darauf, Individuen die Möglichkeit zu geben, ihre eigenen Entscheidungen zu treffen und ihr Leben aktiv zu gestalten. Insbesondere für Menschen mit Behinderungen ist es von entscheidender Bedeutung, dass sie nicht nur als passive Empfänger von Unterstützungsleistungen betrachtet werden, sondern als aktive Mitgestalter ihrer Lebensumstände. Durch Empowerment wird die persönliche Autonomie gestärkt, was zu einer erhöhten Lebensqualität und einem höheren Maß an Zufriedenheit führt.

In der schulischen Inklusion spielt Empowerment eine wesentliche Rolle. Schülerinnen und Schüler mit unterschiedlichen Bedürfnissen sollten die Möglichkeit haben, ihre Stärken und Interessen zu entdecken und auszuleben. Lehrkräfte können dies unterstützen, indem sie ein Umfeld schaffen, das Individualität fördert und die Selbstbestimmung der Lernenden respektiert. Durch partizipative Lernmethoden und projektbasiertes Lernen können Schüler ermutigt werden, Verantwortung für ihren eigenen Lernprozess zu übernehmen, was ihnen nicht nur akademische Fähigkeiten, sondern auch Selbstvertrauen vermittelt.

Auch am Arbeitsplatz ist die Förderung von Empowerment und Selbstbestimmung von großer Bedeutung. Inklusion bedeutet hier nicht nur, Menschen mit Behinderungen einzustellen, sondern ihnen auch die Möglichkeit zu geben, ihre Fähigkeiten und Talente in vollem Umfang zu entfalten. Arbeitgeber sollten eine Kultur der Offenheit und des Respekts schaffen, in der alle Mitarbeitenden, unabhängig von ihren Hintergründen oder Fähigkeiten, gehört werden und Einfluss auf Entscheidungsprozesse nehmen können. Ein solches Arbeitsumfeld führt nicht nur zu höherer Motivation und Produktivität, sondern auch zu einer positiven Unternehmensatmosphäre.

Digitale Inklusion erfordert ebenfalls eine Betrachtung von Empowerment und Selbstbestimmung. Der Zugang zu digitalen Technologien und Informationen ist entscheidend für die Teilhabe an der modernen Gesellschaft. Menschen mit Behinderungen sollten nicht nur Zugang zu digitalen Ressourcen haben, sondern auch in der Lage sein, diese aktiv zu nutzen und zu gestalten. Durch Schulungen und gezielte Programme kann die digitale Kompetenz gefördert werden, was es Individuen ermöglicht, ihr Leben selbstbestimmter zu führen und in der digitalen Welt präsent zu sein.

Schließlich ist es wichtig, dass Empowerment und Selbstbestimmung auch in sozialen und kulturellen Kontexten gefördert werden. Inklusion im Sport, in der Kunst und in der Freizeitgestaltung sollte darauf abzielen, Menschen die Möglichkeit zu geben, ihre Interessen und Talente zu entdecken und auszuleben. Durch die Schaffung von inklusiven Angeboten, die Vielfalt berücksichtigen und Teilhabe ermöglichen, wird eine Gesellschaft gefördert, in der jeder Einzelne wertgeschätzt wird und die Möglichkeit hat, aktiv an der Gemeinschaft teilzunehmen. Empowerment ist somit nicht nur ein individueller Prozess, sondern auch ein gesellschaftlicher Anspruch, der zu einer inklusiven und gerechten Gesellschaft führt.

11 Interkulturelle Inklusion

Vielfalt als Chance

Vielfalt in der Gesellschaft ist nicht nur eine Tatsache, sondern eine Chance, die wir aktiv nutzen sollten. Inklusion bedeutet, allen Menschen, unabhängig von ihren Fähigkeiten, ihrem Hintergrund oder ihrer Identität, die Möglichkeit zu geben, am gesellschaftlichen Leben teilzunehmen. Diese Vielfalt bereichert unsere Gemeinschaften und führt zu innovativen Lösungen in verschiedenen Bereichen, sei es in der Bildung, am Arbeitsplatz oder in der Freizeitgestaltung. Indem wir die Stärken und Perspektiven unterschiedlicher Gruppen anerkennen, schaffen wir eine dynamische und integrative Gesellschaft.

In Schulen zeigt sich die Chance der Vielfalt besonders deutlich. Wenn Schülerinnen und Schüler mit unterschiedlichen Fähigkeiten und kulturellen Hintergründen gemeinsam lernen, profitieren alle davon. Lehrerinnen und Lehrer können durch differenzierte Lehrmethoden auf die individuellen Bedürfnisse eingehen und somit das Lernen für alle verbessern. Inklusion in Schulen fördert nicht nur akademische Erfolge, sondern auch soziale Kompetenzen und Empathie, die für ein harmonisches Miteinander unerlässlich sind. Durch diesen Ansatz wird eine positive Lernumgebung geschaffen, in der jede Stimme gehört wird.

Am Arbeitsplatz ist Vielfalt ein entscheidender Faktor für Kreativität und Innovation. Unternehmen, die Inklusion ernst nehmen, können von einem breiteren Spektrum an Ideen und Perspektiven profitieren. Diverse Teams sind oft effektiver in der Problemlösung, da sie unterschiedliche Ansätze und Lösungen in den kreativen Prozess einbringen. Darüber hinaus führt ein inklusives Arbeitsumfeld zu höherer Mitarbeiterzufriedenheit und -bindung. Die Integration von Menschen mit Behinderungen oder aus verschiedenen kulturellen Hintergründen ist nicht nur ein sozialer, sondern auch ein wirtschaftlicher Vorteil, der Unternehmen zukunftsfähig macht.

Digitale Inklusion ist ein weiterer Aspekt, der nicht vernachlässigt werden darf. In einer zunehmend digitalisierten Welt ist der Zugang zu Technologie und digitalen Plattformen entscheidend. Menschen mit Behinderungen oder aus marginalisierten Gruppen müssen die gleichen Möglichkeiten haben, sich online zu informieren, zu kommunizieren und zu interagieren. Durch die Schaffung barrierefreier digitaler Räume können wir sicherstellen, dass alle Menschen am digitalen Leben teilhaben können. Dies fördert nicht nur die Gleichstellung, sondern auch die gesellschaftliche Teilhabe in einer global vernetzten Welt.

Letztlich ist die Förderung von Inklusion in der Gesellschaft eine Aufgabe, die alle Bereiche des Lebens umfasst, einschließlich Sport, Kunst und Gesundheitssysteme. Inklusion im Sport ermöglicht es Menschen mit unterschiedlichen Fähigkeiten, gemeinsam aktiv zu sein und Teamgeist zu erleben. In der Kunst und Kultur können vielfältige Ausdrucksformen entstehen, wenn verschiedene Perspektiven zusammenkommen. Im Gesundheitswesen ist es wichtig, dass alle Menschen Zugang zu den benötigten Dienstleistungen haben, unabhängig von ihren individuellen Voraussetzungen. Indem wir Vielfalt als Chance begreifen und aktiv fördern, gestalten wir eine inklusive Gesellschaft, in der jeder Mensch wertgeschätzt wird und sein Potenzial entfalten kann.

Interkulturelle Kompetenzen

Interkulturelle Kompetenzen sind eine wesentliche Voraussetzung für die Förderung von Inklusion in einer zunehmend vielfältigen Gesellschaft. Sie beziehen sich auf die Fähigkeit, mit Menschen aus verschiedenen kulturellen Hintergründen respektvoll und effektiv zu kommunizieren und zu interagieren. Inklusion bedeutet, alle Menschen, unabhängig von ihrer Herkunft, ihren Fähigkeiten oder ihren Lebensumständen, in alle Bereiche des Lebens einzubeziehen. In diesem Kontext spielen interkulturelle Kompetenzen eine entscheidende Rolle, da sie helfen, Barrieren abzubauen und ein harmonisches Miteinander zu fördern.

Insbesondere in der Schule sind interkulturelle Kompetenzen von großer Bedeutung. Lehrerinnen und Lehrer müssen in der Lage sein, die unterschiedlichen kulturellen Perspektiven ihrer Schüler zu erkennen und wertzuschätzen. Ein inklusives Schulumfeld, dass die Bedürfnisse aller Kinder berücksichtigt, erfordert sensibilisierte Pädagogen, die interkulturelle Dialoge fördern. Durch gezielte Schulungen und Workshops können Lehrer ihre interkulturellen Fähigkeiten erweitern und so ein Lernklima schaffen, in dem sich alle Schüler akzeptiert und wertgeschätzt fühlen.

Am Arbeitsplatz sind interkulturelle Kompetenzen ebenfalls entscheidend, um Diversität als Stärke zu nutzen. Unternehmen, die ein inklusives Arbeitsumfeld schaffen wollen, müssen die kulturellen Unterschiede ihrer Mitarbeiter respektieren und fördern. Dies umfasst nicht nur die Berücksichtigung von Sprache und Kommunikation, sondern auch von Werten, Normen und Arbeitsweisen. Interkulturelle Schulungen können dazu beitragen, Missverständnisse zu vermeiden, Teamarbeit zu stärken und letztlich die Produktivität zu erhöhen.

Im Bereich der digitalen Inklusion sind interkulturelle Kompetenzen unerlässlich, um sicherzustellen, dass alle Nutzerinnen und Nutzer Zugang zu digitalen Technologien und Informationen haben. Die digitale Kluft zwischen verschiedenen Kulturen und sozialen Gruppen kann durch gezielte Schulungsmaßnahmen verringert werden. Sensibilisierung für kulturelle Unterschiede in der Nutzung von Technologie kann dazu beitragen, dass digitale Angebote inklusiver gestaltet werden und somit von einer breiteren Zielgruppe genutzt werden können.

In der Freizeitgestaltung, im Sport sowie in der Kunst und Kultur sind interkulturelle Kompetenzen ebenfalls von großer Bedeutung. Sportvereine und kulturelle Einrichtungen haben die Möglichkeit, durch interkulturelle Veranstaltungen und Programme Brücken zwischen verschiedenen Kulturen zu schlagen. Diese Initiativen fördern nicht nur den Austausch und das Verständnis, sondern stärken auch das Gemeinschaftsgefühl und die soziale Kohäsion. Inklusion in diesen Bereichen erfordert ein aktives Engagement aller Akteure, um ein Umfeld zu schaffen, in dem Vielfalt als Bereicherung angesehen wird.

Projekte und Initiativen

Projekte und Initiativen spielen eine entscheidende Rolle auf dem Weg zur Inklusion in unserer Gesellschaft. Sie bieten nicht nur konkrete Ansätze zur Umsetzung inklusiver Praktiken, sondern fördern auch das Bewusstsein und die Akzeptanz für Diversität in verschiedenen Lebensbereichen. Inklusionsprojekte können in Schulen, am Arbeitsplatz, im Sport und in der Kultur stattfinden und tragen dazu bei, Barrieren abzubauen und ein gemeinsames Miteinander zu schaffen. Durch die Förderung von Projekten, die gezielt auf die Bedürfnisse von Menschen mit Behinderungen und anderen benachteiligten Gruppen eingehen, wird eine inklusive Gesellschaft erst möglich.

Im schulischen Kontext gibt es zahlreiche Initiativen, die darauf abzielen, Kindern mit unterschiedlichen Bedürfnissen einen gleichberechtigten Zugang zu Bildung zu ermöglichen. Projekte zur Lehrerfortbildung, spezifische Schulprogramme und inklusive Klassenzimmer sind Beispiele dafür, wie Schulen aktiv an einer inklusiven Lernumgebung arbeiten können. Diese Initiativen unterstützen nicht nur die Schüler mit Förderbedarf, sondern bereichern auch das Lernen aller

Schüler, indem sie Vielfalt und Teamarbeit fördern. Die Einbindung von Eltern und der Gemeinschaft ist ebenfalls ein wichtiger Bestandteil dieser Projekte, um ein starkes Netzwerk für die Unterstützung von Inklusion zu schaffen.

Am Arbeitsplatz sind Initiativen zur Förderung von Inklusion ebenfalls von großer Bedeutung. Unternehmen, die Diversität und Inklusion aktiv unterstützen, profitieren von einem breiteren Talentpool und einer besseren Mitarbeiterzufriedenheit. Programme zur Sensibilisierung, Schulungen zu unbewussten Vorurteilen und die Schaffung von barrierefreien Arbeitsplätzen sind essentielle Maßnahmen, um eine inklusive Unternehmenskultur zu fördern. Darüber hinaus können Mentoring-Programme und Netzwerke für Mitarbeiter mit Behinderungen dazu beitragen, die Karrieremöglichkeiten und das Wohlbefinden dieser Mitarbeiter zu verbessern.

Digitale Inklusion ist ein weiterer wichtiger Aspekt, der in der heutigen Gesellschaft nicht vernachlässigt werden darf. Mit der zunehmenden Digitalisierung ist es entscheidend, dass alle Menschen, unabhängig von ihren Fähigkeiten, Zugang zu digitalen Technologien und Ressourcen haben. Projekte, die digitale Kompetenzen fördern und barrierefreie digitale Angebote schaffen, sind unerlässlich. Solche Initiativen tragen dazu bei, die digitale Kluft zu schließen und sicherzustellen, dass jeder die Vorteile der digitalen Welt nutzen kann, sei es im Bildungsbereich, im Gesundheits-wesen oder bei der Freizeitgestaltung.

Inklusion im Sport und in der Kultur bietet zudem wertvolle Möglichkeiten der Teilhabe und Integration. Sportinitiativen, die Menschen mit Behinderungen einbeziehen, fördern nicht nur die körperliche Fitness, sondern auch den sozialen Austausch und die Gemeinschaft. Ähnlich verhält es sich in der Kultur, wo inklusive Projekte in Kunst und Medien dazu beitragen, unterschiedliche Perspektiven zu präsentieren und Vorurteile abzubauen. Solche Initiativen zeigen, dass Inklusion nicht nur ein Ziel ist, sondern ein dynamischer Prozess, der durch gemeinschaftliches Engagement und kreative Ansätze vorangetrieben werden kann.

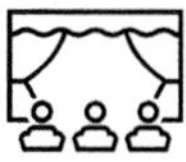

12   Inklusion in der Kunst und Kultur

Zugang zu kulturellen Angeboten

Zugang zu kulturellen Angeboten ist ein zentraler Aspekt der Inklusion, der oft übersehen wird. Kulturelle Teilhabe bedeutet, dass alle Menschen, unabhängig von ihren individuellen Fähigkeiten oder Einschränkungen, die Möglichkeit haben, an kulturellen Aktivitäten teilzunehmen. Dies umfasst nicht nur den Zugang zu Museen, Theatern und Konzerten, sondern auch die Möglichkeit, selbst aktiv zu werden, sei es durch das Erlernen eines Instruments, die Teilnahme an einem Theaterstück oder durch kreative Ausdrucksformen wie Malen und Schreiben. Eine inklusive Gesellschaft muss sicherstellen, dass diese Angebote barrierefrei und für alle zugänglich sind.

Die Bedeutung des Zugangs zu kulturellen Angeboten zeigt sich besonders in der Bildung. In Schulen sollte kulturelle Bildung ein fester Bestandteil des Lehrplans sein. Lehrkräfte haben die Verantwortung, ein Umfeld zu schaffen, in dem alle Schüler, einschließlich derjenigen mit Behinderungen, die Möglichkeit haben, sich kreativ auszudrücken und kulturelle

Erfahrungen zu sammeln. Initiativen, die kulturelle Projekte in Schulen integrieren, können dazu beitragen, das Bewusstsein für Diversität zu fördern und die Akzeptanz von Unterschiedlichkeiten zu stärken. Kulturelle Bildung kann somit als eine Brücke zu mehr Inklusion fungieren.

Am Arbeitsplatz spielt der Zugang zu kulturellen Angeboten ebenfalls eine entscheidende Rolle. Arbeitgeber sind gefordert, ein inklusives Arbeitsumfeld zu schaffen, das kulturelle Vielfalt wertschätzt. Dies kann durch die Förderung kultureller Veranstaltungen, Workshops oder gemeinsamer Freizeitaktivitäten geschehen. Solche Maßnahmen tragen nicht nur zur Teambildung bei, sondern ermöglichen es auch, unterschiedliche Perspektiven und Talente zu integrieren. Eine inklusive Unternehmenskultur, die kulturelle Teilhabe fördert, kann die Kreativität und Innovationsfähigkeit eines Unternehmens erheblich steigern.

Digitale Inklusion ist in der heutigen Zeit unverzichtbar und betrifft auch den Zugang zu kulturellen Angeboten. Die Digitalisierung eröffnet neue Wege, um kulturelle Inhalte zu verbreiten und zu erleben. Online-Plattformen bieten die Möglichkeit, Kunst und Kultur unabhängig von physischen Einschränkungen zu genießen. Es ist jedoch wichtig, dass diese digitalen Angebote ebenfalls barrierefrei gestaltet werden, sodass Menschen mit unterschiedlichen Fähigkeiten gleichberechtigt darauf zugreifen können. Die Schaffung digitaler Räume, die inklusiv sind, ist ein weiterer Schritt in Richtung einer umfassenden kulturellen Teilhabe.

Letztlich ist Inklusion in der Kultur auch ein Spiegelbild der Gesellschaft. Kulturelle Institutionen sollten sich aktiv bemühen, Menschen mit Behinderungen und aus verschiedenen kulturellen Hintergründen einzubeziehen. Dies kann durch gezielte Programme, Workshops und

Veranstaltungen geschehen, die Vielfalt feiern und den Austausch fördern. Eine inklusive Kultur bereichert nicht nur die Gemeinschaft, sondern fördert auch ein besseres Verständnis und Respekt für die unterschiedlichen Lebensrealitäten der Menschen. Der Zugang zu kulturellen Angeboten ist somit nicht nur ein Recht, sondern ein wesentlicher Bestandteil einer inklusiven Gesellschaft, die Vielfalt lebt und schätzt.

Künstlerische Ausdrucksformen

Künstlerische Ausdrucksformen spielen eine entscheidende Rolle bei der Förderung von Inklusion in der Gesellschaft. Kunst hat die Fähigkeit, Barrieren zu überwinden und Menschen aus verschiedenen Hintergründen zusammenzubringen. Sie bietet eine Plattform, auf der individuelle Erfahrungen und Perspektiven geteilt werden können, was zu einem besseren Verständnis und Respekt gegenüber Vielfalt führt. Inklusion in der Kunst und Kultur bedeutet nicht nur die Teilnahme von Menschen mit Behinderungen, sondern auch die Anerkennung ihrer Stimmen und kreativen Beiträge.

In Schulen kann Kunst eine integrative Methode sein, um Schülerinnen und Schüler mit unterschiedlichen Fähigkeiten zu fördern. Durch kreative Projekte, die Teamarbeit und gemeinsames Schaffen erfordern, lernen Kinder, Unterschiede wertzuschätzen und Empathie zu entwickeln. Workshops, die für alle zugänglich sind, ermöglichen es, dass jeder seine Talente entfalten kann, unabhängig von physischen oder geistigen Einschränkungen. Dies fördert nicht nur die künstlerische Entwicklung, sondern auch soziale Kompetenzen und die Fähigkeit, in einer diversen Gemeinschaft zu leben.

Am Arbeitsplatz kann die Einbeziehung künstlerischer Ausdrucksformen dazu beitragen, ein inklusives Umfeld zu schaffen. Kreative Workshops und Teambuilding-Aktivitäten, die Kunst einbeziehen, stärken den Zusammenhalt und fördern die Zusammenarbeit. Mitarbeiterinnen und Mitarbeiter können durch kreative Prozesse ihre Ideen und Meinungen auf neue Weise äußern. Dies führt zu einem offeneren Kommunikationsstil und einer erhöhten Wertschätzung für die unterschiedlichen Perspektiven, die jeder Einzelne in das Team einbringt.

Im Bereich der digitalen Inklusion ist Kunst ein mächtiges Werkzeug, um Zugang und Teilhabe zu fördern. Digitale Plattformen ermöglichen es Künstlerinnen und Künstlern, ihre Werke einem breiten Publikum zugänglich zu machen, und bieten gleichzeitig Menschen mit Behinderungen die Möglichkeit, ihre Kreativität zu entfalten, ohne physische Barrieren zu überwinden. Online-Kunstprojekte, die interaktive Elemente einbeziehen, können dazu beitragen, dass alle Teilnehmenden aktiv in den kreativen Prozess eingebunden werden, was das Gefühl der Zugehörigkeit und Gemeinschaft stärkt.

Schließlich ist die Rolle der Kunst im Sport und in der Freizeitgestaltung von großer Bedeutung. Sportliche Aktivitäten, die künstlerische Elemente integrieren, können Inklusion fördern und das Bewusstsein für die Fähigkeiten von Menschen mit Behinderungen schärfen. Kreative Sportevents, die Tanz, Musik oder Theater einbeziehen, schaffen eine einladende Atmosphäre, in der alle Teilnehmerinnen und Teilnehmer gleichwertig sind. Diese künstlerischen Ausdrucksformen tragen dazu bei, Vorurteile abzubauen und ein Gefühl der Gemeinschaft zu fördern, das über den Sport hinausgeht und einen nachhaltigen Einfluss auf die Gesellschaft hat.

Kultur als Brücke zur Inklusion

Kultur spielt eine entscheidende Rolle als Brücke zur Inklusion in unserer Gesellschaft. Sie schafft Räume, in denen Menschen mit unterschiedlichen Hintergründen, Fähigkeiten und Erfahrungen zusammenkommen können. Durch kulturelle Aktivitäten wird nicht nur das Bewusstsein für die Vielfalt gefördert, sondern auch eine Atmosphäre des gegenseitigen Respekts und der Wertschätzung. Diese Prozesse sind essenziell, um Barrieren abzubauen und ein gemeinsames Miteinander zu ermöglichen. Inklusion wird so zu einem lebendigen Teil der kulturellen Praxis, der die gesellschaftliche Teilhabe aller fördert.

In Schulen kann Kultur als Mittel zur Inklusion dienen, indem Schüler durch künstlerische Projekte und interkulturelle Austauschprogramme zusammenarbeiten. Solche Initiativen fördern nicht nur die sozialen Kompetenzen der Kinder, sondern auch ihr Verständnis für Diversität. Lehrer können durch kreative Lehrmethoden und den Einsatz von Kunst und Theater eine inklusive Lernumgebung schaffen, in der jeder Schüler, unabhängig von seinen Fähigkeiten, aktiv teilnehmen kann. Dies trägt dazu bei, das soziale Klima zu verbessern und Vorurteile abzubauen.

Am Arbeitsplatz ermöglicht kulturelle Inklusion ein vielfältiges Team, das unterschiedliche Perspektiven und Ideen einbringt. Unternehmen, die kulturelle

Veranstaltungen und Programme unterstützen, zeigen nicht nur ihr Engagement für Diversität, sondern profitieren auch von der Kreativität und Innovationskraft, die aus verschiedenen Erfahrungen resultiert. Workshops und Schulungen zur interkulturellen Sensibilisierung können helfen, ein inklusives Arbeitsumfeld zu schaffen, in dem sich alle Mitarbeiter wertgeschätzt fühlen und ihre Stärken einbringen können.

Digitale Inklusion ist ein weiterer Bereich, in dem Kultur eine wichtige Rolle spielt. Online-Plattformen und digitale Medien ermöglichen den Zugang zu kulturellen Angeboten für Menschen, die möglicherweise physische Barrieren erleben. Diese Zugänglichkeit fördert die Teilhabe an kulturellen Aktivitäten und schafft ein Gefühl der Gemeinschaft. Darüber hinaus können digitale Formate kulturelle Bildung fördern und den Austausch zwischen verschiedenen Gruppen erleichtern, wodurch die Inklusion in der digitalen Welt gestärkt wird.

In der Freizeitgestaltung und im Sport ist Kultur ein verbindendes Element, das Menschen zusammenbringt. Sport- und Kulturveranstaltungen, die inklusiv gestaltet sind, bieten nicht nur Unterhaltung, sondern auch die Möglichkeit zur sozialen Interaktion. Sie fördern das Verständnis und die Akzeptanz von Unterschieden und stärken das Gemeinschaftsgefühl. Inklusion in der Freizeit ist entscheidend, um ein Gefühl der Zugehörigkeit zu schaffen und die Lebensqualität aller Menschen zu verbessern. Durch kulturelle Angebote wird Inklusion in allen Lebensbereichen unterstützt und gefördert.

13 Inklusion in der Freizeitgestaltung

Freizeitangebote für alle

Freizeitangebote sind ein essenzieller Bestandteil einer inklusiven Gesellschaft. Sie bieten nicht nur Möglichkeiten zur Entspannung und zum sozialen Austausch, sondern fördern auch das Gemeinschaftsgefühl und die Integration verschiedener gesellschaftlicher Gruppen. Inklusion in der Freizeitgestaltung bedeutet, dass jeder Mensch, unabhängig von seinen Fähigkeiten, Herkunft oder sozialen Status, Zugang zu vielfältigen Freizeitaktivitäten hat. Dies ist besonders wichtig für Menschen mit Behinderungen, die oft von traditionellen Angeboten ausgeschlossen sind.

Vereine, Organisationen und Kommunen spielen eine entscheidende Rolle bei der Schaffung inklusiver Freizeitangebote. Durch gezielte Programme und Maßnahmen können Barrieren abgebaut und ein Umfeld geschaffen werden, in dem sich alle wohlfühlen. Dies umfasst beispielsweise die Bereitstellung von barrierefreien Einrichtungen, die Schulung von Mitarbeitern im Umgang mit Menschen mit besonderen Bedürfnissen sowie die Entwicklung von Aktivitäten, die sowohl für Menschen mit als auch ohne Behinderungen ansprechend sind. Solche Maßnahmen sind nicht nur notwendig, sondern auch bereichernd für alle Beteiligten.

Ein weiterer wichtiger Aspekt ist die Interkulturalität in der Freizeitgestaltung. Freizeitangebote sollten die Vielfalt der Gesellschaft widerspiegeln und verschiedene Kulturen einbeziehen. Durch interkulturelle Veranstaltungen, Workshops und Sportangebote können unterschiedliche Gruppen zusammengebracht werden, was den Austausch und das gegenseitige Verständnis fördert. Dies trägt nicht nur zur Inklusion von Menschen mit Migrationshintergrund bei, sondern stärkt auch das soziale Gefüge in der Gemeinschaft.

Digitale Inklusion hat in der heutigen Zeit eine immer größere Bedeutung. Die Nutzung von digitalen Plattformen zur Organisation und Durchführung von Freizeitaktivitäten ermöglicht es, ein breiteres Publikum zu erreichen. Online-Angebote können insbesondere für Menschen, die aus physischen oder sozialen Gründen nicht an traditionellen Aktivitäten teilnehmen können, eine wertvolle Alternative darstellen. Es ist wichtig, dass diese digitalen Angebote ebenfalls inklusiv gestaltet werden, um sicherzustellen, dass niemand ausgeschlossen wird.

Abschließend lässt sich sagen, dass die Gestaltung inklusiver Freizeitangebote ein gemeinsames Anliegen aller gesellschaftlichen Akteure ist. Bildungseinrichtungen, Unternehmen, Vereine und die Zivilgesellschaft müssen zusammenarbeiten, um ein reichhaltiges und vielfältiges Freizeitangebot zu schaffen, das den Bedürfnissen aller gerecht wird. Nur so kann eine inklusive Gesellschaft entstehen, in der jeder Mensch die Möglichkeit hat, aktiv am gesellschaftlichen Leben teilzunehmen und seine Freizeit selbstbestimmt zu gestalten.

Inklusion durch gemeinsames Spielen

Inklusion durch gemeinsames Spielen bietet eine einzigartige Möglichkeit, Barrieren abzubauen und das Miteinander zu fördern. Spielaktivitäten ermöglichen es Menschen, unabhängig von ihren Fähigkeiten, Hintergründen oder kulturellen Unterschieden, auf eine natürliche und ungezwungene Weise zu interagieren. Durch das gemeinsame Spielen können nicht nur soziale Kompetenzen entwickelt werden, sondern auch Empathie und Verständnis für die Bedürfnisse und Perspektiven anderer. Inklusion wird so zu einem greifbaren Erlebnis, das den Teilnehmern die Gelegenheit bietet, sich als Teil einer Gemeinschaft zu fühlen.

Im schulischen Kontext spielt das gemeinsame Spielen eine zentrale Rolle bei der Förderung von Inklusion. Lehrerinnen und Lehrer können durch gezielte Spielangebote sicherstellen, dass alle Schülerinnen und Schüler, einschließlich jener mit besonderen Bedürfnissen, aktiv am Unterricht teilnehmen. Durch kooperative Spiele wird das Teamwork gestärkt, und die Kinder lernen, sich gegenseitig zu unterstützen. Diese Erfahrungen sind entscheidend, um ein inklusives Lernumfeld zu schaffen, in dem Vielfalt als Bereicherung wahrgenommen wird.

Am Arbeitsplatz können gemeinsame Spiele und Teambuilding-Aktivitäten dazu beitragen, ein harmonisches und inklusives Arbeitsklima zu fördern. Solche Aktivitäten bieten nicht nur die Möglichkeit, Teamgeist zu entwickeln, sondern auch die unterschiedlichen Stärken und Fähigkeiten der Mitarbeiter zu erkennen und zu schätzen. Indem Unternehmen Räume für informelle Interaktionen schaffen, können sie das Verständnis und die Zusammenarbeit zwischen verschiedenen Mitarbeitergruppen verbessern, was letztlich zu einem produktiveren Arbeitsumfeld führt.

Im Bereich des Sports ist gemeinsames Spielen ein Schlüssel zur Inklusion. Sportliche Aktivitäten bieten nicht nur eine Plattform für körperliche Betätigung, sondern auch für soziale Interaktion und Gemeinschaftsbildung. Inklusionsprojekte im Sport ermöglichen es Menschen mit Behinderungen, gleichberechtigt am Wettkampf teilzunehmen und fördern gleichzeitig das Bewusstsein für Vielfalt in der Gesellschaft. Diese Erfahrungen stärken nicht nur das Selbstbewusstsein der Teilnehmer, sondern tragen auch zur Sensibilisierung der breiten Öffentlichkeit für die Belange von Menschen mit Behinderungen bei.

Schließlich spielt gemeinsames Spielen auch in der Freizeitgestaltung eine wichtige Rolle für die soziale Integration. Freizeitangebote, die auf Inklusion abzielen, schaffen Gelegenheiten für Menschen unterschiedlicher Hintergründe, sich zu treffen und auszutauschen. Ob in Vereinen, bei kulturellen Veranstaltungen oder in kreativen Workshops – das gemeinsame Erleben von Spiel und Spaß fördert nicht nur die soziale Interaktion, sondern auch das Gefühl der Zugehörigkeit zu einer Gemeinschaft. Durch diese integrativen Ansätze kann die Gesellschaft als Ganzes von einer stärkeren Kohäsion und einem besseren Verständnis füreinander profitieren.

Barrierefreie Freizeitstätten

Barrierefreie Freizeitstätten spielen eine entscheidende Rolle für die Inklusion in der Gesellschaft. Sie bieten Menschen mit unterschiedlichen Fähigkeiten und Bedürfnissen die Möglichkeit, an Freizeitaktivitäten teilzunehmen und soziale Kontakte zu knüpfen. Diese Einrichtungen sind nicht nur für Menschen mit körperlichen Einschränkungen wichtig, sondern auch für ältere Menschen, Familien mit kleinen Kindern oder Personen, die vorübergehende Einschränkungen haben. Durch die Schaffung barrierefreier Angebote wird die Teilhabe aller an der Freizeitgestaltung gefördert, was zu einem aktiveren und gesünderen Lebensstil beiträgt.

Um Freizeitstätten barrierefrei zu gestalten, bedarf es einer umfassenden Planung und Umsetzung. Dies umfasst die physische Zugänglichkeit der Gebäude, wie beispielsweise Rampen, breite Türen und Aufzüge. Darüber hinaus sollten auch die Innenräume so gestaltet werden, dass sie für Menschen mit unterschiedlichen Bedürfnissen nutzbar sind. Informationen und Angebote müssen klar und verständlich kommuniziert werden, um sicherzustellen, dass alle Nutzer die Freizeitmöglichkeiten vollständig ausschöpfen können. Sensibilisierung und Schulung des Personals sind ebenfalls entscheidend, um eine inklusive Atmosphäre zu schaffen.

Neben der physischen Barrierefreiheit spielt auch die soziale Inklusion eine zentrale Rolle in Freizeitstätten. Diese Einrichtungen sollten als Orte der Begegnung fungieren, an denen Menschen aus verschiedenen Hintergründen und mit unterschiedlichen Fähigkeiten zusammenkommen können. Veranstaltungsformate, die auf Interaktion und gemeinsames Erleben setzen, fördern den Austausch und das gegenseitige Verständnis. Inklusion bedeutet hier nicht nur die Integration von Menschen mit Behinderungen, sondern die Schaffung einer Gemeinschaft, in der Vielfalt als Bereicherung wahrgenommen wird.

Darüber hinaus sollten Freizeitstätten auch innovative Ansätze verfolgen, um die digitale Inklusion zu fördern. Die Nutzung digitaler Medien und Technologien kann dabei helfen, Angebote für Menschen mit Behinderungen zu erweitern und zugänglicher zu gestalten. Online-Buchungssysteme, virtuelle Angebote oder interaktive Elemente können dazu beitragen, dass sich Menschen mit unterschiedlichen Bedürfnissen einbringen können. Die Digitalisierung bietet die Chance, Barrieren abzubauen und neue Formen der Teilhabe zu ermöglichen.

Abschließend lässt sich festhalten, dass barrierefreie Freizeitstätten ein wesentlicher Bestandteil einer inklusiven Gesellschaft sind. Sie tragen dazu bei, dass Menschen mit Behinderungen, ältere Menschen und andere Gruppen aktiv am gesellschaftlichen Leben teilnehmen können. Eine konsequente Umsetzung der Barrierefreiheit und die Förderung der sozialen Interaktion sind entscheidend, um ein Umfeld zu schaffen, das Vielfalt wertschätzt und jedem Einzelnen die Möglichkeit gibt, seine Freizeit selbstbestimmt zu gestalten. Die Verantwortung liegt dabei nicht nur bei den Einrichtungen selbst, sondern auch bei der gesamten Gesellschaft, die Inklusion als gemeinsames Ziel anstreben sollte.

14   Inklusion und Gesundheitssystem

Zugänglichkeit zu Gesundheitsdiensten

Zugänglichkeit zu Gesundheitsdiensten ist ein entscheidender Faktor für die Inklusion in der Gesellschaft. In einer inklusiven Gesellschaft muss jeder Mensch, unabhängig von seinen körperlichen, geistigen oder sozialen Bedingungen, die Möglichkeit haben, Gesundheitsdienste zu nutzen. Dies bedeutet nicht nur die physische Erreichbarkeit von Gesundheitseinrichtungen, sondern auch die Anpassung von Dienstleistungen, um die Bedürfnisse aller Nutzer zu erfüllen. Barrierefreie Zugänge zu Arztpraxen, Kliniken und Therapien sind unerlässlich, um sicherzustellen, dass Menschen mit Behinderungen die gleiche Qualität an medizinischer Versorgung erhalten wie alle anderen.

Ein weiterer Aspekt der Zugänglichkeit ist die Sensibilisierung und Schulung von medizinischem Personal. Ärzte, Pflegekräfte und Therapeuten müssen in der Lage sein, die besonderen Bedürfnisse von Menschen mit unterschiedlichen Behinderungen zu erkennen und zu verstehen. Dies umfasst nicht nur die körperlichen Einschränkungen, sondern auch psychische und emotionale Herausforderungen. Eine umfassende Ausbildung in den Bereichen Inklusion und Diversität kann dazu beitragen, Vorurteile abzubauen und eine empathische Betreuung zu fördern.

Die Rolle der digitalen Inklusion im Gesundheitswesen kann ebenfalls nicht unterschätzt werden. Telemedizin und digitale Gesundheitsdienste bieten neue Möglichkeiten für Menschen mit eingeschränkter Mobilität oder in ländlichen Gebieten, Zugang zu medizinischer Versorgung zu erhalten. Es muss jedoch sichergestellt werden, dass diese digitalen Angebote für alle zugänglich sind, insbesondere für ältere Menschen und Personen mit technischen Einschränkungen. Die Entwicklung benutzerfreundlicher Plattformen und die Bereitstellung von Schulungen sind entscheidend, um die digitale Kluft zu überbrücken.

Zusätzlich ist es wichtig, dass Gesundheitsinformationen in einer klaren und verständlichen Sprache bereitgestellt werden. Viele Menschen haben Schwierigkeiten, medizinische Fachbegriffe zu verstehen oder sind mit dem Gesundheitssystem nicht vertraut. Informationsmaterialien müssen in verschiedenen Formaten angeboten werden, einschließlich einfacher Sprache und visuellem Content, um sicherzustellen, dass alle Bevölkerungsschichten erreicht werden. Eine transparente Kommunikation ist der Schlüssel, um das Vertrauen in Gesundheitsdienste zu fördern.

Schließlich ist die Einbindung der Betroffenen in die Gestaltung von Gesundheitsdiensten von großer Bedeutung. Menschen mit Behinderungen sollten aktiv an der Entwicklung und Bewertung von Gesundheitsangeboten teilnehmen, um sicherzustellen, dass ihre Perspektiven und Bedürfnisse berücksichtigt werden. Dies fördert nicht nur die Akzeptanz und Nutzung von Gesundheitsdiensten, sondern stärkt auch das Gefühl der Zugehörigkeit und Teilhabe. Eine inklusive Gesellschaft ist nur dann möglich, wenn alle Stimmen gehört werden und die Gesundheitsversorgung alle Menschen gleichwertig anspricht.

Inklusive Gesundheitsförderung

Inklusive Gesundheitsförderung ist ein zentraler Aspekt der Inklusion, der sich darauf konzentriert, allen Menschen, unabhängig von ihren Fähigkeiten oder Einschränkungen, den Zugang zu Gesundheitsressourcen und -diensten zu ermöglichen. Diese Form der Gesundheitsförderung berücksichtigt die Vielfalt der Bedürfnisse und Lebensrealitäten, die Menschen mit Behinderungen sowie anderen benachteiligten Gruppen betreffen. Durch die Schaffung eines inklusiven Gesundheitssystems wird sichergestellt, dass niemand aufgrund von physischen, psychischen oder sozialen Barrieren von der notwendigen Gesundheitsversorgung ausgeschlossen wird.

Ein wesentlicher Bestandteil der inklusiven Gesundheitsförderung ist die Sensibilisierung und Schulung von Fachkräften im Gesundheitswesen. Diese Schulungen sollten nicht nur die spezifischen Bedürfnisse von Menschen mit Behinderungen berücksichtigen, sondern auch interkulturelle Aspekte integrieren. Fachkräfte müssen befähigt werden, eine respektvolle und empathische Kommunikation zu führen, die den individuellen Bedürfnissen der Patienten gerecht wird. Nur so kann eine vertrauensvolle Beziehung aufgebaut werden, die für eine erfolgreiche Gesundheitsförderung entscheidend ist.

Inklusion im Gesundheitswesen bedeutet auch, dass präventive Maßnahmen und Gesundheitsförderungsprogramme so gestaltet werden, dass sie für alle zugänglich sind. Dies umfasst beispielsweise die Bereitstellung von Informationen in leichter Sprache oder die Anpassung von Angeboten an die Bedürfnisse von Menschen mit unterschiedlichsten Hintergründen. Gesundheitsförderung sollte in Schulen, am Arbeitsplatz sowie in der Freizeitgestaltung integriert werden, um ein umfassendes und ganzheitliches Gesundheitsverständnis zu fördern, das alle Bevölkerungsgruppen einbezieht.

Digitale Inklusion spielt eine zunehmend wichtige Rolle in der Gesundheitsförderung. Mit der fortschreitenden Digitalisierung im Gesundheitssektor ist es unerlässlich, dass digitale Gesundheitsangebote für alle zugänglich sind. Dies bedeutet, dass digitale Anwendungen, Telemedizin und Online-Ressourcen so gestaltet werden müssen, dass sie auch von Menschen mit Behinderungen oder geringen digitalen Fähigkeiten genutzt werden können. Der Zugang zu diesen Technologien kann entscheidend sein, um die Gesundheitsversorgung zu verbessern und die Eigenverantwortung der Patienten zu stärken.

Die Förderung von Inklusion im Bereich der Gesundheit ist nicht nur eine gesellschaftliche Verantwortung, sondern auch eine rechtliche Verpflichtung. Das Ziel sollte die Schaffung eines Gesundheitssystems sein, das die Vielfalt der Menschen anerkennt und wertschätzt. Durch inklusive

Gesundheitsförderung können wir nicht nur die Lebensqualität von Menschen mit Behinderungen und anderen benachteiligten Gruppen verbessern, sondern auch ein Bewusstsein für die Bedürfnisse aller schaffen. Diese ganzheitliche Herangehensweise ist der Schlüssel zu einer gesunden, inklusiven Gesellschaft, in der jeder Mensch die gleichen Chancen auf ein gesundes Leben hat.

Unterstützung für Menschen mit besonderen Bedürfnissen

Unterstützung für Menschen mit besonderen Bedürfnissen ist ein zentraler Aspekt der Inklusion und erfordert ein umfassendes Verständnis der verschiedenen Lebensbereiche, in denen diese Unterstützung notwendig ist. Inklusion bedeutet, dass Menschen mit Behinderungen die gleichen Chancen und Möglichkeiten erhalten wie alle anderen Mitglieder der Gesellschaft. Dies beinhaltet nicht nur den Zugang zu Bildung, sondern auch zu Arbeitsplätzen, kulturellen Aktivitäten und Freizeitgestaltungen. Durch gezielte Maßnahmen können Barrieren abgebaut und eine inklusive Gesellschaft gefördert werden, die Vielfalt als Bereicherung anerkennt.

In Schulen spielt die Unterstützung für Schüler mit besonderen Bedürfnissen eine entscheidende Rolle. Lehrkräfte müssen nicht nur über das nötige Fachwissen verfügen, sondern auch über die Fähigkeit, individuell auf die Bedürfnisse jedes einzelnen Schülers einzugehen. Dies kann durch spezielle Förderprogramme, integrative Lehrmethoden und die enge Zusammenarbeit mit Eltern und Fachleuten erreicht werden. Eine inklusive Schulbildung schafft ein Umfeld, in dem alle Schüler voneinander lernen und Vorurteile abbauen können, was langfristig zu einer harmonischeren Gesellschaft führt.

Am Arbeitsplatz ist die Unterstützung für Menschen mit besonderen Bedürfnissen ebenso wichtig. Arbeitgeber sind gefordert, geeignete Rahmenbedingungen zu schaffen, die eine Teilhabe ermöglichen. Dies kann durch flexible Arbeitszeiten, barrierefreie Arbeitsplätze und individuelle Anpassungen geschehen. Unternehmen profitieren von der Vielfalt, die Mitarbeiter mit unterschiedlichen Fähigkeiten und Erfahrungen mitbringen, und können durch eine inklusive Unternehmenskultur nicht nur die Zufriedenheit der Mitarbeitenden steigern, sondern auch ihre Innovationskraft stärken.

Digitale Inklusion ist ein weiterer entscheidender Bereich, der in der heutigen Gesellschaft nicht vernachlässigt werden darf. Der Zugang zu digitalen Technologien und Informationen ist für die Teilhabe an verschiedenen gesellschaftlichen Aktivitäten unerlässlich. Menschen mit besonderen Bedürfnissen benötigen oft spezielle Software oder Hardware, um die digitalen Angebote nutzen zu können. Die Gesellschaft muss sicherstellen, dass diese Technologien barrierefrei gestaltet sind und Schulungen angeboten werden, um die digitale Kompetenz zu fördern.

In der Freizeitgestaltung sowie im Sport ist die Unterstützung für Menschen mit besonderen Bedürfnissen von großer Bedeutung. Sportvereine und Freizeiteinrichtungen sollten inklusiv gestaltet werden, um allen Menschen die Teilnahme zu ermöglichen. Dies erfordert nicht nur barrierefreie Zugänge und Angebote, sondern auch Sensibilisierung und Schulung von Trainerinnen und Trainern, um eine positive und respektvolle Atmosphäre zu schaffen. Durch die

Integration von Menschen mit besonderen Bedürfnissen in Freizeitaktivitäten und Sport wird nicht nur deren Lebensqualität verbessert, sondern auch das gegenseitige Verständnis und die Akzeptanz in der Gesellschaft gestärkt.

15 Politische Rahmenbedingungen für Inklusion

Aktuelle Gesetzgebung und Politik

Die aktuelle Gesetzgebung in Deutschland stellt einen wesentlichen Rahmen für die Umsetzung von Inklusion in verschiedenen Lebensbereichen dar. Mit dem Bundesteilhabegesetz, das 2017 in Kraft trat, wurde ein bedeutender Schritt in Richtung einer inklusiven Gesellschaft gemacht. Dieses Gesetz zielt darauf ab, Menschen mit Behinderungen eine gleichberechtigte Teilhabe am Leben in der Gemeinschaft zu ermöglichen. Es fördert die Selbstbestimmung und die individuelle Assistenz, die für die aktive Teilnahme an der Gesellschaft unerlässlich sind. Die Gesetzgebung schafft somit die Grundlagen für eine inklusive Entwicklung in der frühkindlichen Bildung, Schulen und am Arbeitsplatz.

In der frühkindlichen Bildung wird Inklusion zunehmend als zentraler Bestandteil der pädagogischen Praxis erkannt. Die gesetzlichen Vorgaben unterstützen Kindertagesstätten dabei, inklusive Angebote zu entwickeln, die auf die individuellen Bedürfnisse aller Kinder eingehen. Durch Fortbildungsmaßnahmen und den Austausch von Best Practices wird Fachpersonal darin geschult, inklusive

Lernumgebungen zu schaffen, die sowohl die sozialen als auch die emotionalen Kompetenzen der Kinder fördern. Die Sensibilisierung von Erzieherinnen und Erziehern für die Vielfalt der Bedürfnisse ist entscheidend, um bereits im frühen Kindesalter eine inklusive Haltung zu etablieren.

Im schulischen Bereich hat die Umsetzung der Inklusion durch die UN-Behindertenrechtskonvention an Bedeutung gewonnen. Schulen werden verpflichtet, alle Schülerinnen und Schüler, unabhängig von ihren Fähigkeiten, zu fördern. Das bedeutet nicht nur die Bereitstellung von geeigneten Lehrmaterialien und -methoden, sondern auch die Schaffung eines positiven Schulklimas, das Vielfalt wertschätzt. Die politischen Rahmenbedingungen, die diese Entwicklungen unterstützen, sind entscheidend, um sicherzustellen, dass inklusive Bildung nicht nur eine Idee bleibt, sondern in der Praxis verwirklicht wird.

Die Inklusion am Arbeitsplatz ist ein weiterer zentraler Aspekt, der durch gesetzliche Regelungen gefördert wird. Das Sozialgesetzbuch IX sieht vor, dass Arbeitgeber Menschen mit Behinderungen beschäftigen und angemessene Vorkehrungen treffen, um eine gleichberechtigte Teilhabe zu gewährleisten. Unternehmen, die Vielfalt aktiv leben, profitieren nicht nur von einer breiteren Talentbasis, sondern auch von einem positiven Betriebsklima. Best Practices aus der Wirtschaft zeigen, dass Inklusion sowohl für die Mitarbeitenden als auch für die Unternehmen selbst Vorteile bringt.

Darüber hinaus gewinnt die digitale Inklusion zunehmend an Bedeutung. In einer immer digitalen werdenden Welt ist es unerlässlich, dass digitale Angebote und Plattformen für alle zugänglich sind. Die politischen Akteure sind gefordert, Standards für Barrierefreiheit zu setzen und sicherzustellen, dass Menschen mit Behinderungen gleichberechtigt an der digitalen Gesellschaft teilnehmen können. Sensibilisierungs- und Aufklärungsmaßnahmen spielen eine wichtige Rolle, um das Bewusstsein für die Bedürfnisse von Menschen mit Behinderungen zu schärfen und eine inklusive Kultur in allen gesellschaftlichen Bereichen zu fördern.

Rolle der Behörden und Institutionen

Die Rolle der Behörden und Institutionen ist entscheidend für die erfolgreiche Umsetzung von Inklusion in Deutschland. Sie tragen die Verantwortung, gesetzliche Rahmenbedingungen zu schaffen, die die Teilhabe von Menschen mit Behinderungen in allen Lebensbereichen fördern. Dazu gehört die Entwicklung von Richtlinien, die sicherstellen, dass Einrichtungen wie Schulen, Arbeitsplätze und Freizeiteinrichtungen barrierefrei gestaltet sind. Eine enge Zusammenarbeit zwischen verschiedenen Institutionen ist unerlässlich, um ein umfassendes und integriertes System zu gewährleisten, das Inklusion nicht nur als Ziel, sondern als gelebte Realität versteht.

Im Bereich der frühkindlichen Bildung spielen Behörden eine zentrale Rolle bei der Sensibilisierung von Fachkräften und der Entwicklung inklusiver Bildungsansätze. Durch Fortbildungsprogramme und Informationskampagnen können sie Erzieherinnen und Erzieher dazu befähigen, inklusives Lernen zu fördern und individuelle Bedürfnisse von Kindern mit Behinderungen zu berücksichtigen. Dies schafft eine Grundlage für eine inklusive Gesellschaft, die bereits in der frühen Kindheit beginnt und sich durch alle Bildungsstufen zieht. Die Unterstützung durch Institutionen in Form von Ressourcen und Fachwissen ist hierbei von großer Bedeutung.

Auch in Schulen und Bildungseinrichtungen sind Behörden gefordert, klare Vorgaben zur Umsetzung von Inklusion zu formulieren. Dies umfasst nicht nur die bauliche Barrierefreiheit, sondern auch die Anpassung von Lehrplänen und Unterrichtsmethoden. Institutionen sollten Programme zur Förderung der Zusammenarbeit zwischen Lehrkräften und Sonderpädagogen initiieren, um individuelle Förderpläne zu entwickeln und den Austausch von Best Practices zu ermöglichen. Eine inklusive Schulbildung ist nicht nur ein Recht, sondern auch eine Bereicherung für alle Schülerinnen und Schüler, da sie Vielfalt als Normalität anerkennt und fördert.

Am Arbeitsplatz müssen Behörden und Institutionen ebenfalls aktiv werden, um die Inklusion von Menschen mit Behinderungen zu unterstützen. Hierzu gehört die Entwicklung von Förderprogrammen, die Arbeitgeber motivieren, inklusive Arbeitsplätze zu schaffen. Sensibilisierungskampagnen können dazu beitragen, Vorurteile abzubauen und das Bewusstsein für die Fähigkeiten und Potenziale von Menschen mit Behinderungen zu stärken. Die Schaffung eines inklusiven Arbeitsumfeldes kommt nicht nur den Beschäftigten zugute, sondern fördert auch die Innovationskraft und Wettbewerbsfähigkeit von Unternehmen.

Schließlich ist die digitale Inklusion ein zunehmend wichtiger Aspekt, den Behörden und Institutionen nicht vernachlässigen dürfen. Die Zugänglichkeit von digitalen Angeboten und Informationen muss gewährleistet sein, um allen Menschen die Teilhabe am digitalen Leben zu ermöglichen. Dies erfordert klare Standards und Richtlinien für die Gestaltung digitaler Inhalte sowie Schulungsangebote für Fachkräfte. Inklusion im digitalen Raum ist entscheidend, um die Teilhabe von Menschen mit Behinderungen an der Gesellschaft zu fördern und ihre Selbstbestimmung zu stärken. Die Verantwortung der Behörden erstreckt sich somit über alle Lebensbereiche und erfordert ein koordiniertes und engagiertes Handeln.

Zukunftsperspektiven und notwendige Reformen

Die Zukunftsperspektiven für die Inklusion in Deutschland sind vielversprechend, jedoch erfordern sie eine umfassende Reformierung bestehender Strukturen. Während die rechtlichen Grundlagen für die Inklusion bereits vorhanden sind, ist die praktische Umsetzung in vielen Bereichen noch unzureichend. Um die gesellschaftliche Teilhabe von Menschen mit Behinderungen zu fördern, müssen wir die Rahmenbedingungen so gestalten, dass sie tatsächlich inklusiv sind. Dazu gehört nicht nur die Anpassung von Gesetzen, sondern auch die Sensibilisierung der Gesellschaft für die Belange und Bedürfnisse von Menschen mit Behinderungen.

Ein zentraler Aspekt der notwendigen Reformen ist die frühkindliche Bildung. Hier gilt es, inklusive Konzepte zu entwickeln, die bereits in der frühesten Phase der Entwicklung ansetzen. Dies bedeutet, dass Bildungseinrichtungen nicht nur physisch zugänglich sein müssen, sondern auch in der Lage sein sollten, individuelle Förderpläne zu erstellen, die auf die unterschiedlichen Bedürfnisse der Kinder eingehen. Fachkräfte müssen entsprechend geschult werden, um ein inklusives

Lernumfeld zu schaffen, in dem alle Kinder die gleichen Chancen haben, sich zu entfalten.

In den Schulen und Bildungseinrichtungen ist eine ähnliche Reform notwendig. Die Integration von Schülern mit Behinderungen sollte nicht nur als gesetzliche Pflicht gesehen werden, sondern als Chance, das Bildungssystem insgesamt zu bereichern. Dazu gehört die Schulung von Lehrkräften in inklusiven Lehrmethoden sowie die Bereitstellung von Ressourcen, die es ermöglichen, individuelle Unterstützungsmaßnahmen anzubieten. Nur durch eine echte Zusammenarbeit zwischen Lehrern, Eltern und Fachkräften kann eine inklusive Schulkultur entstehen, die Vielfalt wertschätzt und fördert.

Ein weiterer Bereich, der dringend Reformen benötigt, ist die Inklusion am Arbeitsplatz. Die Schaffung eines inklusiven Arbeitsumfeldes erfordert die Überwindung von Barrieren, die Menschen mit Behinderungen daran hindern, gleichberechtigt am Arbeitsleben teilzuhaben. Unternehmen müssen sich aktiv für Diversität einsetzen und gezielte Maßnahmen ergreifen, um die Einstellung und Integration von Menschen mit Behinderungen zu fördern. Dies kann durch spezielle Schulungsprogramme, Mentoring-Programme und die Entwicklung von Arbeitsplatzanpassungen geschehen, die den individuellen Bedürfnissen gerecht werden.

Schließlich ist die digitale Inklusion ein unverzichtbarer Bestandteil der Zukunftsperspektiven. In einer zunehmend digitalisierten Welt müssen Technologien so gestaltet werden, dass sie für alle zugänglich sind. Dazu gehören nicht nur barrierefreie Webseiten und Anwendungen, sondern auch Schulungsangebote, die es Menschen mit Behinderungen ermöglichen, digitale Kompetenzen zu erwerben. Politische Rahmenbedingungen müssen die Entwicklung und Umsetzung solcher Technologien unterstützen, um sicherzustellen, dass niemand aufgrund von Behinderungen von der digitalen Teilhabe ausgeschlossen wird. Inklusion muss als gesamtgesellschaftliche Aufgabe verstanden werden, die durch Aufklärung und Sensibilisierung aller Akteure in der Gesellschaft vorangetrieben wird.

16 Sensibilisierung und Aufklärung über Inklusion

Bildungsprogramme und Kampagnen

Bildungsprogramme und Kampagnen spielen eine zentrale Rolle bei der Umsetzung von Inklusion in Deutschland. Sie bieten sowohl Menschen mit Behinderungen als auch Bildungseinrichtungen die notwendigen Werkzeuge und Strategien, um eine inklusive Gesellschaft zu fördern. Durch gezielte Programme können Barrieren abgebaut und ein Umfeld geschaffen werden, das die Vielfalt akzeptiert und wertschätzt. Diese Initiative beginnt bereits in der frühkindlichen Bildung, wo inklusive Ansätze nicht nur die Integration von Kindern mit Behinderungen unterstützen, sondern auch das Bewusstsein für Diversität bei allen Kindern stärken.

In Schulen und Bildungseinrichtungen ist die Sensibilisierung für Inklusion von entscheidender Bedeutung. Bildungsprogramme, die Lehrer, Schüler und

Eltern einbeziehen, helfen, Vorurteile abzubauen und ein unterstützendes Lernumfeld zu schaffen. Workshops und Schulungen können Lehrkräfte auf die spezifischen Bedürfnisse von Schülern mit Behinderungen vorbereiten und innovative Lehrmethoden vermitteln, die allen Lernenden zugutekommen. Solche Maßnahmen fördern nicht nur die akademische Leistung, sondern auch das soziale Miteinander und stärken das Gemeinschaftsgefühl innerhalb der Schule.

Die Inklusion am Arbeitsplatz ist ein weiterer wichtiger Aspekt, der durch spezifische Kampagnen unterstützt werden kann. Hier sind Programme erforderlich, die Arbeitgeber über die Vorteile einer vielfältigen Belegschaft aufklären und praxisnahe Lösungen für die Integration von Menschen mit Behinderungen anbieten. Initiativen, die auf die Anpassung von Arbeitsplätzen und die Schulung von Mitarbeitern abzielen, tragen dazu bei, ein inklusives Arbeitsumfeld zu schaffen, das sowohl die Produktivität als auch das Wohlbefinden aller Beschäftigten fördert.

Im Bereich Sport und Freizeit sind inklusive Bildungsprogramme entscheidend, um die Teilnahme von Menschen mit Behinderungen zu erhöhen. Kampagnen, die die Bedeutung von Inklusion im Sport hervorheben, können dazu beitragen, Barrieren abzubauen und ein Bewusstsein für die Fähigkeiten von Menschen mit Behinderungen zu schaffen. Durch gezielte Angebote und Veranstaltungen wird ein Umfeld geschaffen, in dem alle Menschen gleichberechtigt an Freizeitaktivitäten teilnehmen können, was ihren sozialen Austausch und ihre Integration in die Gemeinschaft fördert.

Schließlich ist die digitale Inklusion ein zukunftsweisendes Thema, das durch Bildungsprogramme und Aufklärungskampagnen gestärkt werden muss. Die Zugänglichkeit digitaler Inhalte und Technologien ist entscheidend, um Menschen mit Behinderungen gleichberechtigten Zugang zu Informationen und Ressourcen zu ermöglichen. Durch Schulungsprogramme können sowohl Menschen mit Behinderungen als auch Bildungseinrichtungen in die Lage versetzt werden, digitale Barrieren zu identifizieren und abzubauen. Die Integration dieser Aspekte in die gesellschaftliche Wahrnehmung von Inklusion wird nicht nur das Leben von Menschen mit Behinderungen bereichern, sondern auch die gesamte Gesellschaft stärken.

Bedeutung der Öffentlichkeitsarbeit

Die Öffentlichkeitsarbeit spielt eine zentrale Rolle in der Umsetzung von Inklusion in Deutschland. Sie trägt dazu bei, das Bewusstsein für die Rechte und Bedürfnisse von Menschen mit Behinderungen zu schärfen und die Gesellschaft für eine inklusive Haltung zu sensibilisieren. Durch gezielte Kommunikationsstrategien können Vorurteile abgebaut und das Verständnis für die Vielfalt menschlicher Lebensrealitäten gefördert werden. Öffentlichkeitsarbeit ist somit ein wichtiges Instrument, um die Akzeptanz und das Engagement der gesamten Gesellschaft für inklusive Maßnahmen zu stärken.

Ein weiterer wichtiger Aspekt der Öffentlichkeitsarbeit ist die Vermittlung von Informationen über bestehende Angebote und Unterstützungsleistungen für Menschen mit Behinderungen. Behörden, Bildungseinrichtungen und Arbeitgeber müssen transparent und zugänglich kommunizieren, welche Ressourcen zur Verfügung stehen, um Inklusion zu fördern. Dies betrifft nicht nur die frühkindliche Bildung und Schulen, sondern auch den Arbeitsmarkt sowie Freizeit- und Sportangebote. Eine klare und umfassende Kommunikation kann dazu beitragen, dass Menschen mit Behinderungen ihre Rechte besser kennen und aktiv in die Gesellschaft integriert werden.

Die Öffentlichkeitsarbeit sollte auch die Erfahrungen und Best Practices aus dem Bereich der Inklusion hervorheben. Positive Beispiele aus verschiedenen Lebensbereichen, sei es im Bildungssektor, am Arbeitsplatz oder im Sport, können als Inspiration dienen und zeigen, dass Inklusion nicht nur möglich, sondern auch bereichernd ist. Die Darstellung von Erfolgsgeschichten motiviert sowohl Menschen mit Behinderungen als auch Institutionen, sich für inklusive Praktiken einzusetzen und diese weiterzuentwickeln.

Darüber hinaus ist die politische Dimension der Öffentlichkeitsarbeit von großer Bedeutung. Eine aktive Kommunikation über politische Rahmenbedingungen, Gesetze und Initiativen kann dazu beitragen, dass die Anliegen von Menschen mit Behinderungen in den politischen Diskurs einfließen. Die Öffentlichkeitsarbeit kann als Bindeglied zwischen Betroffenen, Entscheidungsträgern und der breiten Öffentlichkeit fungieren, um einen Dialog zu fördern und die Entwicklung inklusiver Politiken voranzutreiben.

Schließlich ist die Digitalisierung ein wichtiger Aspekt der Öffentlichkeitsarbeit in der heutigen Zeit. Durch digitale Medien können Informationen schnell und effizient verbreitet werden, was insbesondere für Menschen mit Behinderungen von Vorteil ist. Die Schaffung barrierefreier digitaler Inhalte und Plattformen ermöglicht eine breitere Teilhabe und Integration. Öffentlichkeitsarbeit muss daher auch die Herausforderungen und Chancen der digitalen

Inklusion thematisieren, um sicherzustellen, dass alle Menschen, unabhängig von ihren Fähigkeiten, Zugang zu Informationen und Partizipationsmöglichkeiten haben.

Engagement von Medien und Gesellschaft

Die Rolle der Medien in der Förderung von Inklusion in Deutschland ist von zentraler Bedeutung. Medien haben die Macht, gesellschaftliche Normen und Einstellungen zu beeinflussen und somit die Wahrnehmung von Menschen mit Behinderungen zu verändern. Durch eine breite und positive Berichterstattung über das Leben und die Herausforderungen von Menschen mit Behinderungen können Stereotypen abgebaut und ein neues Bewusstsein geschaffen werden. Dabei kommt es nicht nur auf die Inhalte an, sondern auch darauf, wie diese Inhalte präsentiert werden. Eine inklusive Medienlandschaft, die die Vielfalt der Gesellschaft abbildet, ist ein wichtiger Schritt in Richtung einer inklusiven Gesellschaft.

Gesellschaftliches Engagement ist ebenso entscheidend für die Umsetzung von Inklusion. Initiativen, die sich für die Rechte von Menschen mit Behinderungen starkmachen, sollten von allen gesellschaftlichen Akteuren unterstützt werden. Dies umfasst sowohl staatliche Einrichtungen als auch private Unternehmen und zivilgesellschaftliche Organisationen. Eine enge Zusammenarbeit zwischen diesen Akteuren kann dazu beitragen, Barrieren abzubauen und inklusive Lösungen zu entwickeln. Workshops, Informationsveranstaltungen und Kampagnen können das Bewusstsein für die Rechte und Bedürfnisse von Menschen mit Behinderungen schärfen und zur Veränderung der gesellschaftlichen Einstellung beitragen.

Inklusion sollte bereits in der frühkindlichen Bildung beginnen. Durch eine inklusive Erziehung können Kinder von klein auf lernen, Diversität zu akzeptieren und wertzuschätzen. Bildungseinrichtungen spielen hierbei eine Schlüsselrolle, indem sie inklusive Lernumgebungen schaffen und den Austausch zwischen Kindern mit und ohne Behinderung fördern. Die Medien können diese Botschaften verstärken, indem sie erfolgreiche inklusive Bildungskonzepte vorstellen und die positiven Auswirkungen auf alle Kinder hervorheben. Dies kann dazu beitragen, dass mehr Eltern und Bildungseinrichtungen inklusive Ansätze annehmen und umsetzen.

Auch am Arbeitsplatz ist die Rolle der Medien und der Gesellschaft von großer Bedeutung. Unternehmen, die sich für Inklusion einsetzen, sollten in den Medien sichtbar gemacht werden, um als Vorbilder zu fungieren. Geschichten über erfolgreiche Integrationsprojekte und die Erfahrungen von Mitarbeitenden mit Behinderungen können andere Unternehmen ermutigen, ähnliche Wege zu gehen. Sensibilisierungskampagnen, die auf die Vorteile einer inklusiven Arbeitskultur hinweisen, sind ebenfalls wichtig, um Vorurteile abzubauen und ein positives Arbeitsumfeld für alle zu schaffen.

Die digitale Inklusion ist ein weiterer zentraler Aspekt, der sowohl von den Medien als auch von der Gesellschaft aktiv gestaltet werden muss. Der Zugang zu digitalen Technologien und Informationen ist entscheidend für die gleichberechtigte Teilhabe von Menschen mit Behinderungen an der Gesellschaft. Medien können hier eine wichtige Rolle spielen, indem sie über digitale Barrierefreiheit informieren und Best Practices präsentieren. Eine inklusive digitale Landschaft ermöglicht es Menschen mit Behinderungen, aktiv an gesellschaftlichen Diskursen teilzunehmen und ihre

Stimme zu erheben. Nur durch ein gemeinsames Engagement von Medien, Gesellschaft und Politik kann eine umfassende Inklusion in Deutschland verwirklicht werden.

17 Erfahrungen und Best Practices in der Inklusion

Erfolgreiche Projekte in Deutschland

Erfolgreiche Projekte in Deutschland zeigen, wie Inklusion in verschiedenen Lebensbereichen umgesetzt werden kann und welche positiven Veränderungen dadurch möglich sind. In der frühkindlichen Bildung gibt es zahlreiche Initiativen, die darauf abzielen, Kindern mit Behinderungen von Anfang an eine gleichberechtigte Teilhabe zu ermöglichen. Programme, die inklusive Kindergärten fördern, setzen auf eine enge Zusammenarbeit von Fachkräften, Eltern und Kindern. Diese Projekte schaffen nicht nur ein förderliches Lernumfeld, sondern sensibilisieren auch die Gesellschaft für die Bedürfnisse von Kindern mit Behinderungen.

Ein weiteres bemerkenswertes Beispiel ist die Umsetzung von Inklusion in Schulen und Bildungseinrichtungen. Viele Schulen haben begonnen, inklusive Lehrkonzepte zu entwickeln, die sich an den individuellen Bedürfnissen der Schüler orientieren. Durch Teamteaching, individuelle Förderpläne und Barrierefreiheit im Schulgebäude wird eine Atmosphäre geschaffen, in der alle Schüler lernen und wachsen können. Diese Ansätze haben sich als äußerst effektiv erwiesen, da sie nicht nur den Schülern mit

Behinderungen zugutekommen, sondern auch das soziale Miteinander aller Schüler stärken.

Am Arbeitsplatz ist Inklusion ebenfalls ein bedeutendes Thema. Unternehmen, die sich aktiv für die Integration von Menschen mit Behinderungen einsetzen, profitieren von einem vielfältigen und kreativen Arbeitsumfeld. Projekte, die auf die Sensibilisierung von Arbeitgebern abzielen, zeigen, wie wichtig es ist, Vorurteile abzubauen und die Fähigkeiten von Menschen mit Behinderungen zu erkennen. Erfolgreiche Programme zur Berufsausbildung und zur Unterstützung bei der Arbeitsplatzsuche haben bereits vielen Menschen mit Behinderungen den Zugang zum Arbeitsmarkt ermöglicht und deren Selbstbewusstsein gestärkt.

Im Bereich Sport und Freizeit gibt es ebenfalls viele positive Beispiele für Inklusion. Sportvereine und Freizeitangebote, die inklusiv gestaltet sind, eröffnen Menschen mit Behinderungen die Möglichkeit, Teil einer Gemeinschaft zu sein. Durch die Integration von behindertengerechten Sportarten und die Förderung von gemeinsamen Aktivitäten wird nicht nur die körperliche Gesundheit gefördert, sondern auch soziale Kontakte und Freundschaften aufgebaut. Diese Projekte zeigen, wie wichtig es ist, Barrieren abzubauen und Begegnungen zwischen Menschen mit und ohne Behinderungen zu ermöglichen.

Digitale Inklusion und Zugänglichkeit sind in der heutigen Gesellschaft unerlässlich. Innovative Projekte, die digitale Bildungsangebote für Menschen mit Behinderungen entwickeln, leisten einen wichtigen Beitrag zur Teilhabe. Durch barrierefreie Webseiten, spezielle Software und Schulungen wird der Zugang zu Informationen und Ressourcen erleichtert. Die politischen Rahmenbedingungen in Deutschland unterstützen diese Entwicklungen und ermutigen zur Sensibilisierung und Aufklärung über Inklusion. Diese erfolgreichen Projekte tragen dazu bei, dass Menschen mit Behinderungen als gleichwertige Mitglieder der Gesellschaft anerkannt und respektiert werden.

Internationale Perspektiven und Vergleiche

Internationale Perspektiven und Vergleiche zeigen, dass Inklusion ein globales Anliegen ist, das in vielen Ländern unterschiedlich umgesetzt wird. In Deutschland stehen wir vor der Herausforderung, die Prinzipien der Inklusion nicht nur theoretisch zu verankern, sondern sie auch in der Praxis zu leben. Länder wie Norwegen und Schweden haben bereits Fortschritte in der inklusiven Bildung und im Arbeitsmarkt erzielt, indem sie umfassende gesetzliche Rahmenbedingungen geschaffen haben, die die Teilhabe von Menschen mit Behinderungen unterstützen. Diese internationalen Beispiele bieten wertvolle Lektionen, wie Inklusion in verschiedenen gesellschaftlichen Bereichen gefördert werden kann.

Ein zentraler Aspekt der internationalen Vergleiche ist die frühkindliche Bildung. In vielen skandinavischen Ländern sind inklusive Bildungseinrichtungen weit verbreitet und ermöglichen es Kindern mit und ohne Behinderungen, gemeinsam zu lernen und zu spielen. Solche frühen Erfahrungen fördern nicht nur das Verständnis und die Akzeptanz von Diversität, sondern stärken auch die sozialen Kompetenzen aller Kinder. Deutschland könnte von diesen Ansätzen lernen, indem es Modelle entwickelt, die eine frühzeitige Integration und Förderung von Kindern mit Behinderungen in Regelkindergärten unterstützen.

Im schulischen Bereich zeigen Länder wie Kanada, dass Inklusion durch gut geschulte Lehrkräfte und flexible Curricula erfolgreich umgesetzt werden kann. Inklusive Schulen in Kanada bieten nicht nur spezielle Unterstützung für Schüler mit Behinderungen, sondern schaffen auch ein Umfeld, in dem alle Schüler voneinander lernen können. Dies erfordert eine Anpassung der Lehrpläne und eine Sensibilisierung der Lehrkräfte, um sicherzustellen, dass jeder Schüler die Unterstützung erhält, die er benötigt. Deutschland hat die Chance, von diesen Best Practices zu profitieren und die Ausbildung von Lehrkräften entsprechend zu reformieren.

Die Inklusion am Arbeitsplatz ist ein weiterer Bereich, in dem internationale Vergleiche aufschlussreich sind. Länder wie die Niederlande haben erfolgreich Programme implementiert, die Arbeitgeber dazu ermutigen, Menschen mit Behinderungen einzustellen. Durch finanzielle Anreize und Unterstützung bei der Arbeitsplatzgestaltung wird die Barrierefreiheit gefördert, und die Integration in die Arbeitswelt gelingt besser. Deutschland könnte ähnliche Strategien verfolgen, um die Beschäftigung von Menschen mit Behinderungen zu steigern und ihnen eine gleichberechtigte Teilhabe am Arbeitsleben zu ermöglichen.

Schließlich ist die digitale Inklusion ein wachsendes Thema in vielen Ländern. Während die digitale Transformation Chancen für mehr Teilhabe bietet, müssen gleichzeitig Barrieren abgebaut werden, um sicherzustellen, dass alle Menschen, unabhängig von ihren Fähigkeiten, Zugang zu digitalen Ressourcen haben. Internationale Ansätze zeigen, dass die Entwicklung barrierefreier Technologien und die Schulung von Menschen mit Behinderungen in digitalen Fähigkeiten entscheidend sind. Deutschland sollte diese Best Practices übernehmen, um eine inklusive digitale

Gesellschaft zu schaffen, in der jeder die Vorteile der Digitalisierung nutzen kann.

Erfolgsgeschichten von Einzelpersonen

Erfolgsgeschichten von Einzelpersonen sind inspirierende Beispiele dafür, wie Inklusion und Barrierefreiheit in Deutschland umgesetzt werden können. Diese Geschichten zeigen, dass trotz individueller Herausforderungen und gesellschaftlicher Barrieren bemerkenswerte Fortschritte möglich sind. Eine solche Geschichte ist die von Anna, einer jungen Frau mit einer Sehbehinderung, die ihre Leidenschaft für die Informatik entdeckt hat. Durch gezielte Förderprogramme und die Unterstützung von Mentoren konnte sie nicht nur ihr Studium abschließen, sondern auch eine Position in einem führenden Technologieunternehmen ergattern. Annas Erfolg verdeutlicht, wie wichtig es ist, Barrieren abzubauen und individuelle Talente zu fördern.

Eine weitere eindrucksvolle Geschichte ist die von Klaus, einem ehemaligen Leistungssportler, der nach einem Unfall im Rollstuhl sitzt. Klaus wollte nicht nur seine eigenen Grenzen überwinden, sondern auch anderen Menschen mit Behinderungen helfen. Er gründete eine gemeinnützige Organisation, die Sportangebote für Menschen mit unterschiedlichen Beeinträchtigungen bereitstellt. Durch seine Initiative konnten zahlreiche Teilnehmer ihre sportlichen Fähigkeiten entdecken und soziale Kontakte knüpfen. Klaus' Engagement zeigt, dass Inklusion nicht nur im beruflichen Bereich, sondern auch im Freizeit- und Sportleben eine wichtige Rolle spielt.

Die Geschichte von Fatima, einer Migrantin mit Behinderung, verdeutlicht die Herausforderungen, die oft mit der Integration in die Gesellschaft verbunden sind. Trotz sprachlicher Barrieren und Vorurteilen gelang es ihr, durch ehrenamtliches Engagement in ihrer Gemeinde Gehör zu finden. Sie organisierte Workshops zur Sensibilisierung für Inklusion und Barrierefreiheit, wodurch das Bewusstsein für die Bedürfnisse von Menschen mit Behinderungen erhöht wurde. Fatimas Einsatz zeigt, wie wichtig es ist, Brücken zwischen verschiedenen Kulturen und Gemeinschaften zu bauen, um eine inklusive Gesellschaft zu schaffen.

Ein weiterer bemerkenswerter Fall ist der von Max, einem Jugendlichen mit Autismus, der seine Liebe zur Kunst entdeckte. Durch die Teilnahme an inklusiven Kunstprojekten konnte Max seine kreativen Fähigkeiten entfalten und seine Werke in Ausstellungen präsentieren. Diese Erfahrungen haben nicht nur sein Selbstbewusstsein gestärkt, sondern auch anderen gezeigt, dass Menschen mit Behinderungen wertvolle Beiträge zur Gesellschaft leisten können. Max' Geschichte verdeutlicht die Bedeutung von kreativen und inklusiven Projekten, die Talente sichtbar machen und Barrieren abbauen.

Schließlich ist die Geschichte von Laura, einer Lehrerin, die sich für inklusive Bildung einsetzt, besonders inspirierend. Sie entwickelte innovative Lehrmethoden, die es allen Schülern ermöglichen, unabhängig von ihren Fähigkeiten am Unterricht teilzunehmen. Ihre Ansätze wurden in vielen Schulen übernommen und zeigen, wie wichtig eine inklusive Bildung für die Entwicklung junger Menschen ist. Lauras Engagement für eine inklusive Lernumgebung ist ein Beispiel dafür, wie Einzelpersonen durch ihre Initiative und Kreativität einen positiven Wandel in der Gesellschaft bewirken können.

Empfehlungen für die Praxis

Um die Inklusion in Deutschland wirkungsvoll umzusetzen, ist es entscheidend, dass alle Akteure - von Menschen mit Behinderungen über Behörden bis hin zu Bildungseinrichtungen und Arbeitgebern - gemeinsam an einem Strang ziehen. Eine der zentralen Empfehlungen für die Praxis ist die Förderung eines interdisziplinären Austauschs zwischen den verschiedenen Institutionen. Regelmäßige Netzwerktreffen und Workshops können den Dialog über bewährte Verfahren und Herausforderungen in der Inklusion stärken. Hierbei sollten die Stimmen von Menschen mit Behinderungen gehört und einbezogen werden, um deren Perspektiven und Bedürfnisse direkt in die Gestaltung inklusiver Maßnahmen einzubeziehen.

In der frühkindlichen Bildung ist es besonders wichtig, bereits im frühen Alter eine inklusive Haltung zu fördern. Bildungseinrichtungen sollten gezielt Fortbildungsangebote für Erzieherinnen und Erzieher schaffen, um ein Verständnis für die Vielfalt von Fähigkeiten und Bedürfnissen zu entwickeln. Zudem sollten Spiel- und Lernumgebungen so gestaltet werden, dass sie allen Kindern zugänglich sind. Durch inklusive pädagogische Konzepte können Kinder mit und ohne Behinderungen voneinander lernen und gemeinsam wachsen, was die Grundlage für eine inklusive Gesellschaft bildet.

Im schulischen Kontext ist die Implementierung individueller Förderpläne von großer Bedeutung. Schulen sollten die Möglichkeit bieten, Lerninhalte und -methoden an die unterschiedlichen Bedürfnisse der Schüler anzupassen. Lehrerinnen und Lehrer benötigen umfassende Schulungen, um inklusives Lernen effektiv zu gestalten. Darüber hinaus sollten Schulen in der Lage sein, geeignete Hilfsmittel und Technologien bereitzustellen, die das Lernen für alle Schülerinnen und Schüler unterstützen. Eine enge Zusammenarbeit mit Eltern und Fachleuten ist ebenfalls unerlässlich, um die bestmögliche Förderung zu gewährleisten.

Am Arbeitsplatz spielt die Schaffung eines inklusiven Umfelds eine entscheidende Rolle. Arbeitgeber sollten nicht nur Barrieren abbauen, sondern auch ein Bewusstsein für die Vorteile der Vielfalt in der Belegschaft schaffen. Dies kann durch Schulungen zur Sensibilisierung der Mitarbeitenden und durch die Einführung flexibler Arbeitsmodelle geschehen, die den individuellen Bedürfnissen von Menschen mit Behinderungen gerecht werden. Zudem sollten Unternehmen ermutigt werden, Praktikums- und Ausbildungsplätze für Menschen mit Behinderungen anzubieten, um deren Integration in den Arbeitsmarkt zu fördern.

Darüber hinaus ist die Schaffung finanzieller Anreize ein wirksames Mittel, um Arbeitgeber zu motivieren, Inklusionsmaßnahmen zu ergreifen. Förderprogramme und steuerliche Erleichterungen können dazu beitragen, die anfänglichen Kosten für die Umsetzung von Barrierefreiheit und Inklusion zu senken. Solche Anreize sind nicht nur für kleinere Unternehmen von Bedeutung, sondern auch für große Unternehmen, die ihre soziale Verantwortung ernst nehmen und ein positives Image in der Öffentlichkeit aufbauen möchten.

Letztendlich sollten Arbeitgeber die Perspektive der Inklusion nicht nur als eine gesetzliche Verpflichtung, sondern als eine Chance betrachten. Ein inklusives

Arbeitsumfeld fördert nicht nur die Zufriedenheit und das Wohlbefinden der Mitarbeitenden, sondern steigert auch die Leistungsfähigkeit und Innovationskraft des Unternehmens. Durch die Unterstützung von Arbeitgebern in diesem Prozess können wir gemeinsam Barrieren abbauen und eine vielfältige Arbeitswelt schaffen, die allen zugutekommt.

Die digitale Inklusion ist ein weiterer zentraler Aspekt, der in der Praxis stärker berücksichtigt werden muss. Digitale Angebote und Plattformen sollten barrierefrei gestaltet werden, damit alle Menschen Zugang zu Informationen und Dienstleistungen haben. Behörden sind gefordert, klare Richtlinien für die digitale Zugänglichkeit zu entwickeln und diese durchzusetzen. Sensibilisierungsmaßnahmen für die Gesellschaft sind notwendig, um das Bewusstsein für die digitale Kluft zu schärfen und die Teilhabe von Menschen mit Behinderungen an der digitalen Welt zu fördern. Durch diese Maßnahmen kann ein wesentlicher Beitrag zur Inklusion in allen Lebensbereichen geleistet werden.

Abschließend lässt sich sagen, dass politische und gesellschaftliche Initiativen Hand in Hand gehen müssen, um eine nachhaltige Veränderung in der Wahrnehmung und Realität von Inklusion und Barrierefreiheit in Deutschland zu bewirken. Die Kombination aus gesetzlicher Grundlage, gesellschaftlichem Engagement und individueller Sensibilisierung bildet die Basis für eine inklusive Zukunft. Es ist entscheidend, dass alle Akteure, einschließlich der Betroffenen, aktiv in diesen Prozess eingebunden werden, um den Wandel zu gestalten und Barrieren erfolgreich zu überwinden.

18 Ausblick und zukünftige Entwicklungen

Trends in der Inklusion

Trends in der Inklusion zeigen eine deutliche Verschiebung hin zu einem integrativeren Ansatz in verschiedenen Lebensbereichen. In den letzten Jahren hat sich das Bewusstsein für die Bedeutung von Inklusion und Barrierefreiheit in Deutschland erheblich erhöht. Bildungseinrichtungen, Arbeitsplätze und öffentliche Einrichtungen setzen zunehmend auf Strategien, die Menschen mit Behinderungen aktiv einbeziehen. Diese Entwicklung spiegelt sich in neuen gesetzlichen Regelungen und Initiativen wider, die darauf abzielen, Diskriminierung abzubauen und die Teilhabe aller Menschen am gesellschaftlichen Leben zu fördern.

Ein zentraler Trend ist die verstärkte Nutzung von Technologie zur Unterstützung der Inklusion. Digitale Hilfsmittel und Assistenzsysteme ermöglichen es Menschen mit Behinderungen, Barrieren zu überwinden, die ihnen im Alltag begegnen. Zum Beispiel werden Apps entwickelt, die Gehörlosen bei der Kommunikation helfen oder Blinden Orientierungshilfen bieten. Gleichzeitig wird in Schulen und am Arbeitsplatz immer mehr auf digitale Lern- und Arbeitsplattformen gesetzt, die flexible Zugänge schaffen und individuelle Bedürfnisse berücksichtigen. Diese technologische Unterstützung ist ein Schlüssel zur Schaffung einer inklusiven Gesellschaft.

Ein weiterer bemerkenswerter Trend ist die zunehmende Sensibilisierung und Schulung von Fachkräften in unterschiedlichen Bereichen. Institutionen erkennen, dass das Verständnis von Inklusion und die Fähigkeit, inklusiv zu handeln, entscheidend für den Erfolg von Integrationsmaßnahmen sind. Fortbildungsprogramme und Workshops werden entwickelt, um Pädagogen, Arbeitgeber und Mitarbeitende in der Interaktion mit Menschen mit Behinderungen zu schulen. Diese Ausbildung fördert nicht nur das Wissen, sondern auch die Empathie und das Engagement für inklusive Praktiken.

Darüber hinaus zeigt sich eine wachsende Bereitschaft der Gesellschaft, Vielfalt zu akzeptieren und zu feiern. Inklusion wird nicht mehr nur als Pflichtaufgabe, sondern als Bereicherung angesehen. Veranstaltungen, die das Thema Inklusion in den Mittelpunkt stellen, gewinnen an Popularität und erreichen ein breiteres Publikum. Diese kulturelle Akzeptanz ist entscheidend, um Vorurteile abzubauen und eine inklusive Haltung in der Bevölkerung zu verankern. Es entsteht ein Raum, in dem unterschiedliche Perspektiven und Erfahrungen wertgeschätzt werden.

Schließlich ist die Zusammenarbeit zwischen verschiedenen Akteuren ein entscheidender Trend in der Inklusion. Gemeinden, Unternehmen, Nichtregierungsorganisationen und staatliche Institutionen arbeiten zunehmend zusammen, um inklusive Lösungen zu entwickeln. Netzwerke und Partnerschaften werden gefördert, um Ressourcen zu bündeln und Erfahrungen auszutauschen. Diese kollektiven Anstrengungen leisten einen bedeutenden Beitrag zur Schaffung einer inklusiven Gesellschaft, in der jeder Einzelne die Möglichkeit hat, aktiv am Leben teilzunehmen und seine Potenziale zu entfalten.

Vision für eine inklusive Gesellschaft

Eine inklusive Gesellschaft ist das Ziel, das wir alle anstreben sollten. Inklusion bedeutet, dass alle Menschen, unabhängig von ihren Fähigkeiten, Herkunft oder sozialen Status, gleichberechtigt an der Gesellschaft teilnehmen können. Eine Vision für eine inklusive Gesellschaft in Deutschland sollte daher die Schaffung von Rahmenbedingungen beinhalten, die Barrieren abbauen und Vielfalt fördern. Diese Vision erfordert ein gemeinsames Engagement von Politik, Wirtschaft und Zivilgesellschaft, um ein Umfeld zu schaffen, in dem jeder Mensch sein volles Potenzial entfalten kann.

Ein zentraler Aspekt dieser Vision ist die Bildung. Schulen sollten als inklusive Orte gestaltet werden, an denen alle Schüler, unabhängig von ihren individuellen Bedürfnissen, willkommen sind. Dazu gehört nicht nur die physische Zugänglichkeit von Schulgebäuden, sondern auch die Entwicklung von Lehrplänen, die Vielfalt integrieren und die unterschiedlichen Lernstile der Schüler berücksichtigen. Durch gezielte Fortbildungsmaßnahmen für Lehrkräfte kann sichergestellt werden, dass sie die notwendigen Kompetenzen erwerben, um auf die unterschiedlichen Bedürfnisse ihrer Schüler einzugehen.

Darüber hinaus spielt die Arbeitswelt eine entscheidende Rolle in der Verwirklichung einer inklusiven Gesellschaft. Arbeitgeber sollten ermutigt werden, Diversity-Management und inklusive Praktiken zu implementieren. Dies kann durch finanzielle Anreize, Schulungen und die Förderung von Netzwerken geschehen, die den Austausch von Best Practices unterstützen. Eine vielfältige Belegschaft bringt nicht nur innovative Ideen hervor, sondern trägt auch dazu bei, ein positives Arbeitsumfeld zu schaffen, in dem sich alle Mitarbeiter wertgeschätzt fühlen.

Die Gestaltung öffentlicher Räume ist ebenfalls ein wichtiger Bestandteil der Vision für Inklusion. Städte und Gemeinden sollten so geplant werden, dass sie für alle Menschen zugänglich sind. Dies bedeutet, dass öffentliche Verkehrsmittel, Gebäude und Freizeiteinrichtungen barrierefrei gestaltet werden müssen. Zusätzlich sollten Städte inklusive Veranstaltungen und Programme fördern, die den Austausch zwischen Menschen mit unterschiedlichen Hintergründen und Fähigkeiten ermöglichen. Solche Maßnahmen stärken das Gemeinschaftsgefühl und fördern das Verständnis füreinander.

Schließlich ist es entscheidend, dass die Stimme von Menschen mit Behinderungen und anderen marginalisierten Gruppen in den Prozess der Entscheidungsfindung einfließt. Ihre Erfahrungen und Perspektiven sind wertvoll und sollten in die Entwicklung von Strategien zur Förderung von Inklusion einbezogen werden. Durch die Schaffung von Plattformen, auf denen diese Stimmen gehört werden können, und die Einbeziehung dieser Gruppen in politische und gesellschaftliche Prozesse kann eine inklusive Gesellschaft verwirklicht werden, die für alle von Vorteil ist. Die Vision einer inklusiven Gesellschaft ist nicht nur eine gesellschaftliche Notwendigkeit, sondern auch eine Chance, von der alle profitieren können.

Aufruf zur aktiven Mitgestaltung

Die Umsetzung von Inklusion und Barrierefreiheit in Deutschland erfordert ein gemeinsames Engagement aller gesellschaftlichen Akteure. Jede Person, unabhängig von ihrer Herkunft, ihrem Alter oder ihren Fähigkeiten, hat das Potenzial, einen positiven Beitrag zu leisten. Dies beginnt bei der Sensibilisierung für die Bedürfnisse von Menschen mit Behinderungen und der Bereitschaft, sich aktiv für deren Rechte einzusetzen. Es ist entscheidend, dass wir als Gemeinschaft die Verantwortung übernehmen, Barrieren abzubauen und ein inklusives Umfeld zu schaffen, das allen zugutekommt.

Um echte Veränderungen zu bewirken, müssen wir den Dialog zwischen verschiedenen Gruppen fördern. Dies umfasst nicht nur Menschen mit Behinderungen, sondern auch deren Angehörige, Fachkräfte, Entscheidungsträger und die breite Öffentlichkeit. Durch den Austausch von Erfahrungen und Ideen können wir innovative Ansätze zur Verbesserung der Zugänglichkeit entwickeln. Workshops, Seminare und Diskussionsrunden bieten Plattformen, um gemeinsam Lösungen zu erarbeiten und um das Bewusstsein für Inklusion zu schärfen.

Zudem ist es wichtig, dass Schulen, Unternehmen und öffentliche Institutionen eine aktive Rolle übernehmen. Sie sollten nicht nur bestehende Barrieren identifizieren, sondern auch konkrete Maßnahmen zur Verbesserung der Inklusion umsetzen. Initiativen wie inklusive Bildungskonzepte, barrierefreie Arbeitsplätze und die Schaffung von zugänglichen öffentlichen Räumen sind unerlässlich. Jeder Schritt in die richtige Richtung kann erhebliche Auswirkungen auf das Leben von Menschen mit Behinderungen haben und das Gefühl der Zugehörigkeit in unserer Gesellschaft stärken.

Ein weiterer Aspekt der aktiven Mitgestaltung ist die politische Beteiligung. Es ist entscheidend, dass wir unsere

Stimme erheben und auf die Notwendigkeit von inklusiven Politiken aufmerksam machen. Das Einbringen von Vorschlägen und Forderungen in politische Entscheidungsprozesse kann dazu beitragen, dass die Bedürfnisse von Menschen mit Behinderungen in den Fokus rücken. Bürgerinitiativen und Petitionen sind wirksame Mittel, um auf Missstände hinzuweisen und Veränderungen anzustoßen.

Letztendlich liegt es an uns allen, Verantwortung zu übernehmen und aktiv an der Gestaltung einer inklusiven Gesellschaft mitzuwirken. Indem wir Barrieren überwinden und ein Bewusstsein für die Vielfalt menschlicher Fähigkeiten schaffen, können wir eine Gemeinschaft fördern, die auf Respekt, Gleichheit und Verständnis basiert. Jeder Einzelne kann einen Unterschied machen, und zusammen können wir eine Zukunft gestalten, in der Inklusion nicht nur ein Ziel, sondern eine gelebte Realität ist.

Zusammenfassung der Erkenntnisse

In diesem Kapitel haben wir die wesentlichen Erkenntnisse über die Umsetzung von Inklusion und Barrierefreiheit in Deutschland zusammengefasst. Die Analyse hat gezeigt, dass, obwohl bereits Fortschritte erzielt wurden, nach wie vor signifikante Barrieren bestehen, die die vollständige Teilhabe aller Menschen am gesellschaftlichen Leben erschweren. Ein zentraler Punkt ist, dass Inklusion nicht nur eine rechtliche Verpflichtung darstellt, sondern auch eine gesellschaftliche Verantwortung, die alle Mitglieder der Gemeinschaft betrifft.

Ein weiteres wichtiges Ergebnis unserer Untersuchung ist die Notwendigkeit eines interdisziplinären Ansatzes. Die

Umsetzung von Inklusion erfordert die Zusammenarbeit von verschiedenen Akteuren, darunter Bildungseinrichtungen, Sozialdienste, Unternehmen und die öffentliche Verwaltung. Nur durch einen gemeinsamen Dialog und den Austausch von Best Practices können wir innovative Lösungen entwickeln, die den unterschiedlichen Bedürfnissen aller Bürger gerecht werden. Dieser kooperative Ansatz kann dazu beitragen, bestehende Missverständnisse abzubauen und ein inklusiveres Umfeld zu schaffen.

Darüber hinaus haben wir festgestellt, dass die Sensibilisierung der Öffentlichkeit für die Belange von Menschen mit Behinderungen von entscheidender Bedeutung ist. Aufklärungskampagnen und Bildungsinitiativen können dazu beitragen, Vorurteile abzubauen und ein größeres Verständnis für die Herausforderungen zu fördern, mit denen Menschen mit Behinderungen konfrontiert sind. Diese Maßnahmen sollten nicht nur auf den Bildungssektor beschränkt sein, sondern auch in Unternehmen, Gemeinden und Medien integriert werden, um eine breite Wirkung zu erzielen.

Die Rolle der Technologie in diesem Prozess darf ebenfalls nicht unterschätzt werden. Digitale Lösungen und barrierefreie Technologien bieten enorme Chancen, um die Teilhabe von Menschen mit Behinderungen zu verbessern. Es ist wichtig, dass diese Technologien in alle Lebensbereiche integriert werden, sei es in der Bildung, im Arbeitsleben oder im öffentlichen Raum. Durch gezielte Investitionen in barrierefreie Infrastruktur und digitale Tools können wir eine inklusive Gesellschaft fördern, die allen Bürgern gleiche Chancen bietet.

Zusammenfassend lässt sich sagen, dass die Umsetzung von Inklusion und Barrierefreiheit in Deutschland eine kollektive

Anstrengung erfordert, die sowohl rechtliche als auch gesellschaftliche Dimensionen umfasst. Es bedarf einer kontinuierlichen Reflexion und Anpassung der Strategien, um sicherzustellen, dass alle Menschen, unabhängig von ihren Fähigkeiten, in vollem Umfang am gesellschaftlichen Leben teilnehmen können. Die Erkenntnisse dieser Analyse bieten eine Grundlage für zukünftige Schritte und ermutigen dazu, aktiv an einer inklusiven Gesellschaft zu arbeiten.

Handlungsempfehlungen

Um Inklusion und Barrierefreiheit in Deutschland erfolgreich umzusetzen, ist es entscheidend, klare Handlungsempfehlungen zu formulieren, die auf den Bedürfnissen aller Beteiligten basieren. Zunächst sollte eine umfassende Sensibilisierung für das Thema Inklusion in der Gesellschaft gefördert werden. Dies kann durch Informationskampagnen, Workshops und Schulungen erreicht werden, die sich an verschiedene Zielgruppen richten, darunter Unternehmen, Bildungseinrichtungen und öffentliche Institutionen. Ein gemeinsames Verständnis der Bedeutung von Inklusion kann Barrieren abbauen und ein inklusives Miteinander fördern.

Ein weiterer wichtiger Schritt besteht darin, die gesetzlichen Rahmenbedingungen zu überprüfen und gegebenenfalls anzupassen. Die bestehenden Gesetze zur Barrierefreiheit sollten regelmäßig evaluiert werden, um sicherzustellen, dass sie den aktuellen Bedürfnissen der Gesellschaft entsprechen. Zudem sollten Anreize geschaffen werden, damit Unternehmen und Institutionen in barrierefreie Lösungen investieren. Dies könnte durch steuerliche Vergünstigungen oder Förderprogramme geschehen, die gezielt auf die

Entwicklung und Implementierung inklusiver Maßnahmen abzielen.

Die Förderung von Zusammenarbeit und Netzwerken zwischen verschiedenen Akteuren ist ebenfalls von großer Bedeutung. Eine enge Kooperation zwischen staatlichen Institutionen, zivilgesellschaftlichen Organisationen, Unternehmen und betroffenen Personen kann dazu beitragen, verschiedene Perspektiven zu integrieren und Lösungen zu entwickeln, die für alle funktionieren. Regelmäßige Austauschformate, wie Konferenzen oder runde Tische, können als Plattformen dienen, um Best Practices zu teilen und innovative Ansätze zur Inklusion zu diskutieren.

Ein weiterer Fokus sollte auf der Ausbildung und Weiterbildung von Fachkräften in verschiedenen Bereichen liegen. Pädagogen, Sozialarbeiter und Mitarbeiter im Gesundheitswesen müssen über die notwendigen Kenntnisse verfügen, um inklusiv arbeiten zu können. Hierzu sollten spezielle Schulungsprogramme entwickelt werden, die sowohl theoretisches Wissen als auch praktische Fähigkeiten vermitteln. Eine gut ausgebildete Fachkraft kann nicht nur Barrieren erkennen, sondern auch aktiv zur Schaffung eines inklusiven Umfelds beitragen.

Schließlich ist es wichtig, die Stimmen von Menschen mit Behinderungen in den Entscheidungsprozess einzubeziehen. Ihre Erfahrungen und Perspektiven sind von unschätzbarem Wert, wenn es darum geht, Barrieren zu identifizieren und Lösungen zu entwickeln. Partizipative Ansätze, bei denen Betroffene aktiv in die Planung und Umsetzung von Maßnahmen einbezogen werden, können sicherstellen, dass die entwickelten Strategien tatsächlich den Bedürfnissen der Betroffenen entsprechen. Nur so kann eine echte Inklusion erreicht werden, die alle Mitglieder der Gesellschaft berücksichtigt.

19 Einführung in die Barrierefreiheit

Was bedeutet Barrierefreiheit?

Barrierefreiheit bezeichnet die Gestaltung von Lebensräumen und Angeboten, sodass Menschen mit unterschiedlichen Fähigkeiten und Bedürfnissen gleichberechtigt und selbstständig daran teilnehmen können. Dies umfasst nicht nur physische Zugänglichkeit, sondern auch die Berücksichtigung von Informationen und Kommunikationsmitteln. Barrierefreiheit ist ein grundlegendes Menschenrecht und sollte als integraler Bestandteil der Gesellschaft verstanden werden. Es geht darum, Barrieren abzubauen, die den Zugang zu öffentlichen Dienstleistungen, Bildung, Gesundheitsversorgung und Arbeitsplätzen erschweren.

Barrierefreiheit bedeutet, dass alle Menschen, unabhängig von ihren Fähigkeiten oder Einschränkungen, Zugang zu Räumen, Dienstleistungen und Informationen haben. Es geht darum, ein Umfeld zu schaffen, in dem jeder sich gleichwertig und respektiert fühlt. Diese Idee erstreckt sich über verschiedene Lebensbereiche, einschließlich Freizeit, Bildung, Arbeit und öffentliche Infrastruktur. Barrierefreiheit ist nicht nur eine rechtliche Verpflichtung, sondern auch eine moralische Verantwortung der Gesellschaft, um Inklusion und Teilhabe für alle zu fördern.

Ein zentraler Aspekt der Barrierefreiheit ist die physische Zugänglichkeit. Dies umfasst beispielsweise die Gestaltung von Gebäuden, die für Menschen mit Mobilitätseinschränkungen leicht zugänglich sind. Rampen, breite Türen und Aufzüge sind grundlegende Elemente, die es Menschen mit Gehbehinderungen ermöglichen, sich frei zu bewegen. Aber Barrierefreiheit endet nicht beim physischen Zugang; sie umfasst auch Dienstleistungen und Informationen, die so aufbereitet werden müssen, dass sie für alle zugänglich sind. Dies schließt beispielsweise die Bereitstellung von Angeboten in einfacher Sprache oder die Nutzung von Gebärdensprache ein.

Im öffentlichen Raum ist Barrierefreiheit besonders relevant, da sie sicherstellt, dass alle Menschen, unabhängig von ihrer Mobilität oder sensorischen Fähigkeiten, uneingeschränkt am gesellschaftlichen Leben teilhaben können. Dazu gehören unter anderem der Zugang zu Straßen, Gebäuden, Verkehrsanlagen und Freizeitangeboten. Eine barrierefreie Gestaltung öffentlicher Plätze fördert nicht nur die Inklusion, sondern trägt auch zur Lebensqualität aller Bürger bei. Städte und Gemeinden stehen in der Verantwortung, ihre Infrastruktur so zu planen und umzusetzen, dass sie für alle zugänglich ist.

Ein weiteres wichtiges Feld ist die digitale Barrierefreiheit. In einer zunehmend digitalisierten Welt ist es unerlässlich, dass Websites und Online-Dienste für Menschen mit unterschiedlichen Fähigkeiten zugänglich sind. Dies bedeutet, dass Webdesign so gestaltet sein muss, dass es auch von Menschen mit Sehbehinderungen, Hörbehinderungen oder kognitiven Einschränkungen genutzt werden kann. Die digitale Barrierefreiheit ermöglicht es jedem, am gesellschaftlichen Leben teilzuhaben und Informationen zu erhalten, die für ein selbstbestimmtes Leben notwendig sind.

Bildungseinrichtungen spielen eine entscheidende Rolle in der Schaffung einer barrierefreien Gesellschaft. Hier müssen Lehrinhalte, Unterrichtsmaterialien und die bauliche Gestaltung so angepasst werden, dass sie Schülerinnen und Schülern mit Behinderungen gerecht werden. Inklusive Bildung fördert nicht nur die Chancengleichheit, sondern auch das Verständnis und die Akzeptanz von Vielfalt in der Gesellschaft. Lehrerinnen und Lehrer sollten entsprechend geschult werden, um Barrieren im Lernprozess zu erkennen und abzubauen.

Im Gesundheitswesen ist Barrierefreiheit von zentraler Bedeutung, um Menschen mit Behinderungen eine adäquate medizinische Versorgung zu ermöglichen. Dies beinhaltet nicht nur den physischen Zugang zu Kliniken und Praxen, sondern auch die Bereitstellung von Informationen in verständlicher Form. Eine barrierefreie Gesundheits-versorgung bedeutet, dass alle Patienten die Unterstützung und Behandlung erhalten, die sie benötigen, ohne dass zusätzliche Hürden im Weg stehen. Die Sensibilisierung des medizinischen Personals für die Bedürfnisse von Menschen mit Behinderungen ist hierbei unerlässlich.

Schließlich ist Barrierefreiheit auch in der Arbeitswelt von großer Bedeutung. Arbeitgeber sind gefordert, Arbeitsplätze so zu gestalten, dass sie für alle Mitarbeitenden zugänglich sind. Dies umfasst nicht nur die physische Gestaltung der Arbeitsumgebung, sondern auch die Bereitstellung von flexiblen Arbeitsmodellen und die Schaffung eines inklusiven Betriebsklimas. Barrierefreiheit in der Arbeitswelt fördert die soziale Gerechtigkeit und ermöglicht es Menschen mit Behinderungen, ihre Fähigkeiten und Talente voll auszuschöpfen. Durch die Schaffung eines barrierefreien Umfelds profitieren nicht nur die Betroffenen, sondern auch die gesamte Gesellschaft.

Barrierefreiheit in der Freizeitgestaltung spielt eine entscheidende Rolle für die Lebensqualität von Menschen mit Behinderungen. Aktivitäten wie Reisen, Sport oder kulturelle Veranstaltungen sollten so gestaltet sein, dass sie für alle zugänglich sind. Dies erfordert eine bewusste Planung und Gestaltung von Angeboten, die die Bedürfnisse von Menschen mit Behinderungen berücksichtigen. Indem wir barrierefreie Freizeitaktivitäten fördern, schaffen wir nicht nur eine inklusive Gesellschaft, sondern auch Räume, in denen alle Menschen ihre Interessen und Leidenschaften ausleben können.

Schließlich ist es wichtig, dass Barrierefreiheit als integraler Bestandteil der Gesellschaft verstanden wird. Jeder Einzelne, sei es in der Rolle eines Bürgers, Mitarbeiters oder Dienstleisters, kann dazu beitragen, Barrieren abzubauen. Durch Sensibilisierung und Bildung können wir ein Bewusstsein für die Herausforderungen schaffen, mit denen Menschen mit Behinderungen konfrontiert sind. Gemeinsam können wir eine Gesellschaft gestalten, die Vielfalt schätzt und in der jeder Mensch die Chance hat, sein volles Potenzial auszuschöpfen.

Bedeutung der Barrierefreiheit im Alltag

Die Bedeutung der Barrierefreiheit im Alltag zeigt sich in vielen Facetten und ist entscheidend für die Teilhabe von Menschen mit Behinderungen an der Gesellschaft. Barrierefreiheit ist nicht nur eine gesetzliche Verpflichtung, sondern auch eine moralische Verantwortung, die es ermöglicht, gleiche Chancen für alle zu schaffen. In einem inklusiven Umfeld können Menschen mit unterschiedlichen Fähigkeiten aktiv am gesellschaftlichen Leben teilnehmen, sei es im öffentlichen Raum, in Bildungseinrichtungen oder im Gesundheitswesen. Die Wahrnehmung von Barrieren als Herausforderungen, die es zu überwinden gilt, fördert eine positive Einstellung zu Inklusion und Vielfalt.

Im öffentlichen Raum spielt Barrierefreiheit eine zentrale Rolle, da sie die Mobilität und Selbstständigkeit von Menschen mit Behinderungen maßgeblich beeinflusst. Eine gut gestaltete Infrastruktur, die Rampen, taktile Bodenleitsysteme und barrierefreie Verkehrsmittel umfasst, ermöglicht es allen Bürgern, sich frei und sicher zu bewegen. Diese Aspekte sind nicht nur für Menschen im Rollstuhl wichtig, sondern auch für Senioren oder Eltern mit Kinderwagen. Der öffentliche Raum sollte somit als einladender Ort für alle gestaltet werden, um soziale Interaktionen und Gemeinschaftserlebnisse zu fördern.

In Bildungseinrichtungen ist Barrierefreiheit von entscheidender Bedeutung, um Chancengleichheit zu gewährleisten. Schulen und Universitäten sollten so gestaltet sein, dass sie allen Lernenden, unabhängig von ihren Fähigkeiten, den Zugang zu Bildung ermöglichen. Dies umfasst nicht nur bauliche Maßnahmen, sondern auch die Bereitstellung von geeigneten Lehrmaterialien und Unterstützungssystemen. Inklusive Bildung fördert nicht nur das Lernen, sondern auch das Verständnis und die Akzeptanz von Vielfalt, was langfristig zu einer gerechteren Gesellschaft führt.

Der Zugang zu Gesundheitsdiensten ist ein weiterer wichtiger Aspekt der Barrierefreiheit. Menschen mit Behinderungen sollten uneingeschränkten Zugang zu medizinischer Versorgung haben, um ihre Gesundheit und Lebensqualität zu gewährleisten. Dies erfordert nicht nur bauliche Anpassungen in Arztpraxen und Kliniken, sondern auch Schulungen für das medizinische Personal, um ein sensitiveres und verständnisvolles Umfeld zu schaffen. Eine barrierefreie Gesundheitsversorgung ist ein grundlegendes Menschenrecht und essenziell für das Wohlbefinden aller.

Abschließend lässt sich sagen, dass Barrierefreiheit in der Architektur, im Verkehrswesen und in der Arbeitswelt einen erheblichen Einfluss auf die Lebensqualität von Menschen mit Behinderungen hat. Es ist entscheidend, dass alle gesellschaftlichen Bereiche aktiv an der Schaffung eines barrierefreien Umfelds arbeiten, um soziale Gerechtigkeit zu fördern. Die Implementierung barrierefreier Lösungen ist nicht nur eine Frage der Infrastruktur, sondern auch eine Frage der Wertschätzung und des Respekts gegenüber den Bedürfnissen aller Menschen. Nur durch ein gemeinsames Engagement können wir eine inklusive Gesellschaft schaffen, die Vielfalt als Stärke erkennt und fördert.

20 Eine kritische Betrachtung der Barrierefreiheit

Historische Entwicklung der Barrierefreiheit

Die historische Entwicklung der Barrierefreiheit ist ein vielschichtiger Prozess, der über Jahrhunderte hinweg sowohl gesellschaftliche als auch technologische Veränderungen widerspiegelt. In den frühen Zivilisationen wurden Menschen mit Behinderungen oft marginalisiert und in ihrer Teilhabe am gesellschaftlichen Leben stark eingeschränkt. Erst im Laufe der Geschichte begannen sich

Denkweisen zu wandeln, was zur Schaffung von ersten Ansätzen zur Barrierefreiheit führte. Diese Veränderungen waren häufig das Ergebnis sozialer Bewegungen und des Kampfes von Betroffenen und ihren Unterstützern.

Im 20. Jahrhundert erlebte die Barrierefreiheit einen signifikanten Wandel, insbesondere nach dem Zweiten Weltkrieg. Die Rückkehr von Veteranen mit Behinderungen führte zu einer intensiveren Diskussion über die Notwendigkeit, öffentliche Räume, Bildungseinrichtungen und den Arbeitsmarkt zugänglicher zu gestalten. Gesetzgebungen wie das US-amerikanische „Rehabilitation Act" von 1973 und das „Americans with Disabilities Act" von 1990 setzten Meilensteine für die rechtlichen Rahmenbedingungen, die auch in Europa nachgeahmt wurden. Diese Entwicklungen trugen dazu bei, dass Barrierefreiheit zunehmend, als Menschenrecht betrachtet wurde.

In Deutschland wurde die Thematik der Barrierefreiheit durch die UN-Behindertenrechtskonvention von 2006 weiter vorangetrieben. Diese Konvention stellte die Rechte von Menschen mit Behinderungen in den Mittelpunkt der gesellschaftlichen Diskussion und forderte die Staaten auf, Barrieren abzubauen und die Teilhabe zu fördern. In der Folge begannen viele Städte und Gemeinden, umfassende Konzepte zur Barrierefreiheit zu entwickeln, die sowohl den öffentlichen Raum als auch private Einrichtungen einbezogen. Hierbei wurde nicht nur auf physische Zugänglichkeit geachtet, sondern auch auf die Schaffung eines inklusiven Umfeldes.

Ein weiterer wichtiger Aspekt der historischen Entwicklung ist die zunehmende Sensibilisierung für die Bedürfnisse älterer Menschen und deren Schnittmengen mit den

Bedürfnissen von Menschen mit Behinderungen. Der demografische Wandel und die damit verbundenen Herausforderungen haben dazu geführt, dass Barrierefreiheit nicht mehr nur als ein Anliegen für Menschen mit Behinderungen betrachtet wird, sondern auch als eine Notwendigkeit für die gesamte Gesellschaft. Dies hat zu einer breiteren Akzeptanz und Integration von barrierefreien Lösungen in verschiedenen Lebensbereichen geführt.

Heute stehen wir an einem entscheidenden Punkt, an dem die historischen Entwicklungen der Barrierefreiheit mit modernen Technologien und innovativen Ansätzen verknüpft werden können. Digitale Barrierefreiheit gewinnt zunehmend an Bedeutung, da immer mehr Lebensbereiche ins Digitale verlagert werden. Die Herausforderung besteht darin, sicherzustellen, dass diese neuen Technologien für alle zugänglich sind und die soziale Gerechtigkeit fördern. Die fortlaufende kritische Betrachtung der Barrierefreiheit bleibt entscheidend, um sicherzustellen, dass die Fortschritte der Vergangenheit nicht nur gesichtswahrend sind, sondern tatsächlich zu einer inklusiven Gesellschaft führen, in der jeder Mensch die gleichen Chancen und Möglichkeiten hat.

Aktuelle gesetzliche Rahmenbedingungen

Aktuelle gesetzliche Rahmenbedingungen spielen eine entscheidende Rolle bei der Schaffung einer barrierefreien Gesellschaft für Menschen mit Behinderungen. In Deutschland ist die rechtliche Grundlage für Barrierefreiheit im Allgemeinen durch das Behindertengleichstellungsgesetz (BGG) und die UN-Behindertenrechtskonvention (UN-BRK) geprägt. Diese Gesetze fordern nicht nur die Gleichstellung von Menschen mit Behinderungen, sondern auch die aktive

Förderung ihrer Teilhabe am gesellschaftlichen Leben. Die Einhaltung dieser gesetzlichen Vorgaben ist für Behörden und Institutionen unverzichtbar, um eine inklusive Gesellschaft zu gewährleisten.

Im öffentlichen Raum sind die gesetzlichen Bestimmungen klar definiert. Die Normen für barrierefreies Bauen, wie die DIN 18040, legen fest, welche Anforderungen an Zugänglichkeit und Nutzbarkeit von Gebäuden und öffentlichen Einrichtungen gestellt werden müssen. Diese Normen sind für alle Neubauten sowie für umfassende Renovierungen verpflichtend. Dennoch zeigen sich in der Praxis häufig Lücken, da bestehende Gebäude oft nicht den modernen Anforderungen entsprechen. Dies erfordert eine kritische Überprüfung der Umsetzung und gegebenenfalls Anpassungen durch die zuständigen Behörden.

In Bildungseinrichtungen sind die gesetzlichen Rahmenbedingungen ebenfalls von zentraler Bedeutung. Das Schulgesetz in den meisten Bundesländern sieht vor, dass Schulen eine inklusive Bildung anbieten müssen. Dies bedeutet, dass Schülerinnen und Schüler mit Behinderungen die gleichen Chancen erhalten sollen wie ihre nicht behinderten Mitschüler. Dennoch besteht oft ein Mangel an Ressourcen und Schulungen für Lehrkräfte, um die notwendigen Anpassungen vorzunehmen. Hier sind die politischen Entscheidungsträger gefordert, zusätzliche Mittel bereitzustellen und die Ausbildung von Lehrkräften zu fördern.

Im Gesundheitswesen ist Barrierefreiheit nicht nur eine gesetzliche Anforderung, sondern auch eine ethische Verpflichtung. Das Gesetz zur Gleichstellung von Menschen mit Behinderungen hat die Zugänglichkeit von Gesundheitseinrichtungen in den Fokus gerückt. Trotz dieser gesetzlichen Vorgaben gibt es in vielen Bereichen noch erhebliche Barrieren, die den Zugang zu medizinischen Dienstleistungen erschweren. Hier müssen nicht nur bauliche Maßnahmen ergriffen werden, sondern auch die Sensibilisierung des medizinischen Personals für die Bedürfnisse von Menschen mit Behinderungen gefördert werden.

Die Herausforderungen im Verkehrswesen sind ebenfalls erheblich. Das Personenbeförderungsgesetz verpflichtet Verkehrsunternehmen dazu, ihre Dienstleistungen barrierefrei anzubieten. Dennoch sind viele öffentliche Verkehrsmittel und Infrastrukturen nicht ausreichend auf die Bedürfnisse von Menschen mit Behinderungen ausgerichtet. Für ältere Menschen und Menschen mit Mobilitätseinschränkungen ist dies besonders problematisch. Eine umfassende Überprüfung und Verbesserung der bestehenden Angebote sind notwendig, um eine echte Teilhabe im Alltag zu ermöglichen. Die Schaffung eines barrierefreien Verkehrsnetzes ist nicht nur ein rechtliches Gebot, sondern auch eine Frage der sozialen Gerechtigkeit.

Gesellschaftliche Wahrnehmung von Barrierefreiheit

Die gesellschaftliche Wahrnehmung von Barrierefreiheit ist ein entscheidender Faktor, der die Lebensqualität von Menschen mit Behinderungen erheblich beeinflusst. In den letzten Jahren hat sich das Bewusstsein für die Notwendigkeit von Barrierefreiheit in verschiedenen Lebensbereichen, wie dem öffentlichen Raum, Bildungseinrichtungen und dem Gesundheitswesen, erhöht. Dennoch gibt es nach wie vor zahlreiche Herausforderungen und Missverständnisse, die es zu überwinden gilt. Eine kritische Betrachtung dieser Wahrnehmung ist unerlässlich, um die Bedürfnisse und Perspektiven von Menschen mit Behinderungen besser zu verstehen und zu integrieren.

Im öffentlichen Raum zeigt sich häufig, dass Barrierefreiheit nicht nur als technische Notwendigkeit, sondern auch als gesellschaftliche Verantwortung wahrgenommen werden sollte. Viele Menschen sind sich der Barrieren, die im Alltag bestehen, nicht bewusst, bis sie selbst oder jemand in ihrem Umfeld betroffen ist. Diese mangelnde Sensibilisierung führt oft zu einem unzureichenden Engagement für die Schaffung einer inklusiven Umwelt. Es ist wichtig, dass Behörden und Planer nicht nur gesetzliche Vorgaben umsetzen, sondern auch eine proaktive Haltung einnehmen, um Barrieren aktiv abzubauen und ein Bewusstsein für die Bedürfnisse aller Bürger zu fördern.

In Bildungseinrichtungen ist die Wahrnehmung von Barrierefreiheit oft entscheidend für den Bildungserfolg von Schülern mit Behinderungen. Während einige Schulen bereits inklusive Konzepte implementiert haben, gibt es viele, in denen Barrierefreiheit noch immer als Zusatzaufgabe betrachtet wird. Die gesellschaftliche Erwartung sollte sein, dass jede Bildungseinrichtung eine Umgebung schafft, die allen Schülern unabhängig von ihren Fähigkeiten Zugang ermöglicht. Eine kritische Auseinandersetzung mit den bestehenden Strukturen und eine Förderung von inklusiven Lehrmethoden sind notwendig, um das volle Potenzial jedes einzelnen Schülers auszuschöpfen.

Im Gesundheitswesen ist die Barrierefreiheit nicht nur eine Frage des Zugangs zu medizinischen Einrichtungen, sondern auch eine Frage der Gleichheit in der Gesundheitsversorgung. Die Wahrnehmung von Barrierefreiheit in diesem Sektor ist oft geprägt von der Annahme, dass alle notwendigen Maßnahmen bereits ergriffen wurden. Doch in der Realität sind viele medizinische Dienstleistungen für Menschen mit Behinderungen schwer zugänglich. Eine umfassende Analyse der bestehenden Barrieren und eine aktive Einbindung von Menschen mit Behinderungen in die Gestaltung von Gesundheitsdiensten sind erforderlich, um eine gerechte und inklusive Gesundheitsversorgung sicherzustellen.

Schließlich ist die gesellschaftliche Wahrnehmung von Barrierefreiheit eng mit dem Konzept der sozialen Gerechtigkeit verknüpft. Barrierefreiheit sollte nicht nur als rechtliche Verpflichtung, sondern als moralische Verantwortung betrachtet werden. Dies umfasst nicht nur den Zugang zu physischen Räumen, sondern auch zu Informationen, Dienstleistungen und Teilhabe am gesellschaftlichen Leben. Die Förderung eines inklusiven Denkens und Handelns in der gesamten Gesellschaft ist entscheidend, um eine Umgebung zu schaffen, in der Menschen mit Behinderungen die gleichen Chancen und Rechte wie alle anderen genießen können. Nur durch eine kollektive Anstrengung können wir sicherstellen, dass Barrierefreiheit als grundlegendes Prinzip in allen Lebensbereichen verankert wird.

21 Barrierefreiheit im öffentlichen Raum

Zugänglichkeit von öffentlichen Gebäuden

Die Zugänglichkeit von öffentlichen Gebäuden ist ein zentrales Thema, das die Lebensqualität von Menschen mit Behinderungen maßgeblich beeinflusst. In vielen Städten sind öffentliche Einrichtungen wie Rathäuser, Bibliotheken und Museen nicht barrierefrei gestaltet. Dies führt dazu, dass Menschen mit körperlichen Einschränkungen von der Teilhabe am gesellschaftlichen Leben ausgeschlossen werden. Eine kritische Analyse der bestehenden Infrastrukturen zeigt, dass oft nur minimale Anpassungen vorgenommen werden, die den eigentlichen Bedürfnissen nicht gerecht werden. Hier ist ein Umdenken erforderlich, um die Barrierefreiheit nicht nur als Pflicht, sondern als Chance für eine inklusive Gesellschaft zu begreifen.

Ein weiterer Aspekt ist die Berücksichtigung von universellem Design in der Architektur öffentlicher Gebäude. Der Ansatz des universellen Designs zielt darauf ab, Räume zu schaffen, die von allen Menschen, unabhängig von ihren Fähigkeiten, genutzt werden können. Dies bedeutet, dass bereits in der Planungsphase Barrierefreiheit integriert werden muss. Beispielsweise können breite Eingänge, rutschfeste Böden und gut platzierte Handläufe nicht nur Menschen mit Behinderungen, sondern auch älteren Menschen und Eltern mit Kinderwagen zugutekommen. Die Förderung solcher Designprinzipien sollte Teil der Richtlinien für den Bau öffentlicher Gebäude sein.

Die Rolle der Behörden ist entscheidend, um die Zugänglichkeit öffentlicher Gebäude sicherzustellen. Es bedarf klarer gesetzlicher Vorgaben und regelmäßiger

Kontrollen, um die Einhaltung dieser Vorgaben zu garantieren. Behörden müssen nicht nur die Verantwortung für die Planung und den Bau übernehmen, sondern auch Schulungen für Architekten und Bauleiter anbieten, um das Bewusstsein für Barrierefreiheit zu schärfen. Durch die aktive Einbeziehung von Menschen mit Behinderungen in die Planungsprozesse können deren Bedürfnisse besser verstanden und umgesetzt werden, was zu nachhaltigeren Lösungen führt.

In Bildungseinrichtungen ist die Barrierefreiheit besonders wichtig, um allen Schülerinnen und Schülern gleiche Chancen zu bieten. Viele Schulen und Hochschulen sind noch nicht ausreichend ausgestattet, um den Bedürfnissen von Studierenden mit Behinderungen gerecht zu werden. Dies betrifft nicht nur die bauliche Zugänglichkeit, sondern auch den Zugang zu Lernmaterialien und digitalen Plattformen. Eine umfassende Barrierefreiheit in Bildungseinrichtungen fördert nicht nur die individuelle Entwicklung, sondern auch die soziale Integration, was für die gesamte Gesellschaft von Vorteil ist.

Schließlich spielt die Zugänglichkeit öffentlicher Gebäude eine entscheidende Rolle im Gesundheitswesen. Der Zugang zu Gesundheitseinrichtungen muss für Menschen mit Behinderungen gewährleistet sein, um eine angemessene medizinische Versorgung zu erhalten. Viele Arztpraxen, Kliniken und Rehabilitationszentren sind jedoch oft nicht barrierefrei. Dies kann zu erheblichen gesundheitlichen Nachteilen führen. Daher ist es unerlässlich, dass alle Gesundheitsdienste Barrierefreiheit als grundlegendes Prinzip in ihren Konzepten verankern, um die Gleichheit der Gesundheitsversorgung für alle Bürger zu gewährleisten.

Barrierefreie Gestaltung von Verkehrswegen

Barrierefreie Gestaltung von Verkehrswegen ist ein wesentlicher Aspekt der Barrierefreiheit, der direkten Einfluss auf die Mobilität und Lebensqualität von Menschen mit Behinderungen hat. Verkehrswege, sei es in städtischen Gebieten oder ländlichen Regionen, müssen so gestaltet werden, dass sie für alle Nutzer zugänglich sind. Dies bedeutet, dass sowohl physische Hindernisse beseitigt als auch klare Informationen zur Verfügung gestellt werden müssen, um die Navigation zu erleichtern. Eine durchdachte Gestaltung kann dazu beitragen, dass Menschen mit unterschiedlichen Beeinträchtigungen selbstständig und sicher unterwegs sein können.

Ein zentraler Punkt bei der barrierefreien Gestaltung ist die Berücksichtigung verschiedener Bedürfnisse. Rollstuhlfahrer benötigen beispielsweise breitere Wege und Rampen mit einem angemessenen Neigungswinkel, während sehbehinderte Menschen auf taktile Bodenleitsysteme angewiesen sind. Zudem sollten akustische Signale an Fußgängerüberwegen installiert werden, um die Sicherheit für Menschen mit Sehbehinderungen zu erhöhen. Ein integrativer Ansatz, der diese unterschiedlichen Perspektiven einbezieht, ist entscheidend, um die Nutzung von Verkehrswegen für alle zu ermöglichen.

Die Planung von Verkehrswegen sollte auch die Einbeziehung von Nutzerfeedback beinhalten. Menschen mit Behinderungen haben oft wertvolle Einsichten in die tatsächlichen Herausforderungen, denen sie im Alltag begegnen. Durch partizipative Planungsprozesse kann sichergestellt werden, dass die Gestaltung den Bedürfnissen der Betroffenen entspricht. Behörden und Planer sollten daher regelmäßig Dialoge mit Betroffenen führen und deren Anregungen ernst nehmen, um Barrieren gezielt abzubauen.

Ein weiterer Aspekt der barrierefreien Gestaltung von Verkehrswegen ist die Gewährleistung von Sicherheit. Dies umfasst nicht nur die physische Zugänglichkeit, sondern auch die Sicherheit der Nutzer. Gut beleuchtete Wege, klare Beschilderungen und regelmäßige Wartung sind unerlässlich, um Unfälle zu vermeiden. Zudem sollten Verkehrswege so gestaltet sein, dass sie auch in schwierigen Wetterbedingungen, wie Schnee oder Regen, sicher nutzbar bleiben. Sicherheitskonzepte müssen daher in die Planung integriert werden, um ein Höchstmaß an Schutz für alle Verkehrsteilnehmer zu gewährleisten.

Abschließend lässt sich sagen, dass die barrierefreie Gestaltung von Verkehrswegen nicht nur eine rechtliche Verpflichtung ist, sondern auch eine gesellschaftliche Verantwortung darstellt. Sie fördert die soziale Teilhabe und Gleichberechtigung für Menschen mit Behinderungen und älteren Menschen. Indem wir unsere Verkehrswege barrierefrei gestalten, schaffen wir eine inklusive Umgebung, die es jedem ermöglicht, am gesellschaftlichen Leben teilzuhaben und die Vorteile eines zugänglichen öffentlichen Raums zu genießen. Damit wird Barrierefreiheit zu einem Schlüsselbegriff für soziale Gerechtigkeit und Chancengleichheit in unserer Gesellschaft.

Maßnahmen zur Verbesserung der öffentlichen Mobilität

Maßnahmen zur Verbesserung der öffentlichen Mobilität sind entscheidend, um eine inklusive Gesellschaft zu fördern.

Eine der grundlegenden Herausforderungen für Menschen mit Behinderungen besteht darin, dass viele Verkehrsmittel und Infrastrukturen nicht barrierefrei gestaltet sind. Um dies zu ändern, sollten Behörden und Verkehrsunternehmen eng mit betroffenen Gruppen zusammenarbeiten, um ihre Bedürfnisse und Wünsche zu verstehen. Dies kann durch regelmäßige Konsultationen, Workshops oder Umfragen geschehen, die darauf abzielen, die Mobilität aller Bürger zu verbessern.

Ein weiterer wichtiger Aspekt ist die technische Ausstattung von Verkehrsmitteln. Moderne Busse und Bahnen sollten mit Rampen, ausreichendem Platz für Rollstühle und akustischen sowie visuellen Informationen ausgestattet sein. Diese Maßnahmen erhöhen nicht nur die Barrierefreiheit, sondern auch das allgemeine Komfortniveau für alle Fahrgäste. Zudem sollten bei der Planung neuer Verkehrs-infrastrukturen die Prinzipien des Universal Designs angewendet werden, um sicherzustellen, dass die Lösungen für alle Nutzergruppen geeignet sind.

Zusätzlich zur technischen Ausstattung ist die Schulung des Personals von zentraler Bedeutung. Mitarbeiter im öffentlichen Verkehr sollten in der Sensibilisierung für die Bedürfnisse von Menschen mit Behinderungen geschult werden. Dies umfasst sowohl die Bereitschaft, Unterstützung anzubieten, als auch das Verständnis für die Herausforderungen, die diese Personen im Alltag haben. Ein gut geschultes Personal kann dazu beitragen, Barrieren abzubauen und die Nutzung öffentlicher Verkehrsmittel für alle zu erleichtern.

Ein weiterer Ansatz zur Verbesserung der Mobilität ist die Schaffung von sicheren und barrierefreien Wegen zu und von Haltestellen. Dazu gehört der Ausbau von Gehwegen, die

Beseitigung von Stolperfallen und die Bereitstellung von ausreichend Beleuchtung. Diese Maßnahmen sind nicht nur für Menschen mit Behinderungen wichtig, sondern erhöhen auch die Sicherheit und Zugänglichkeit für ältere Menschen und Familien mit Kindern. Ein durchdachtes Wegenetz kann dazu beitragen, dass sich alle Bürger sicher und selbstständig im öffentlichen Raum bewegen können.

Letztlich sollte die Verbesserung der öffentlichen Mobilität auch in den Kontext der sozialen Gerechtigkeit gestellt werden. Der Zugang zu Mobilität ist ein Grundrecht, das allen Menschen zusteht. Indem wir die Barrierefreiheit im öffentlichen Verkehr erhöhen, leisten wir einen wertvollen Beitrag zur Teilhabe aller Bürger am gesellschaftlichen Leben. Die Umsetzung dieser Maßnahmen erfordert ein gemeinsames Engagement von Politik, Wirtschaft und Gesellschaft, um eine inklusive Zukunft zu gestalten, in der jeder Mensch unabhängig von seinen Fähigkeiten mobil sein kann.

22 Barrierefreiheit in Bildungseinrichtungen

Inklusion im Bildungssystem

Inklusion im Bildungssystem ist ein zentrales Anliegen, das die Grundlage für eine gerechte Gesellschaft bildet. Es ist unerlässlich, dass Bildungseinrichtungen für alle Menschen zugänglich und anpassungsfähig sind, unabhängig von ihren Fähigkeiten oder Beeinträchtigungen. Eine inklusive Bildung fördert nicht nur das individuelle Lernen, sondern auch das soziale Miteinander, indem sie Vielfalt als Bereicherung betrachtet. Die Schaffung einer barrierefreien Umgebung in Schulen und Hochschulen ist daher von entscheidender Bedeutung, damit Schülerinnen und Schüler mit Behinderungen gleichberechtigt teilnehmen können.

Die Umsetzung von Inklusion erfordert ein Umdenken in der Gestaltung von Lehrplänen und Unterrichtsmethoden. Lehrkräfte sollten in der Lage sein, auf die unterschiedlichen Bedürfnisse ihrer Schülerinnen und Schüler einzugehen. Das bedeutet, dass sie nicht nur spezielle Förderangebote bereitstellen, sondern auch inklusive Lehrmaterialien und -techniken entwickeln müssen. Hierbei spielen Fortbildungsmaßnahmen eine wichtige Rolle, um das Bewusstsein für die Herausforderungen und Potenziale von Schülerinnen und Schülern mit Behinderungen zu schärfen.

Eine barrierefreie Infrastruktur ist ebenfalls von großer Bedeutung für die Inklusion. Schulen und Universitäten müssen physisch zugänglich sein, was den Abbau von baulichen Barrieren und die Bereitstellung geeigneter Hilfsmittel umfasst. Dies beinhaltet unter anderem rollstuhlgerechte Zugänge, barrierefreie Toiletten und technische Unterstützung wie Bildschirmlesegeräte oder Gebärdensprachdolmetscher. Nur wenn diese Voraussetzungen erfüllt sind, können Bildungseinrichtungen tatsächlich als inklusive Räume fungieren.

Darüber hinaus ist es wichtig, dass das Bildungssystem die Zusammenarbeit mit Eltern und Fachleuten fördert. Ein interdisziplinärer Ansatz, der Psychologen, Therapeuten und Sonderpädagogen einbezieht, kann dazu beitragen, die individuellen Bedürfnisse von Schülerinnen und Schülern mit Behinderungen besser zu erkennen und zu adressieren. Eine enge Kooperation zwischen den verschiedenen Akteuren ermöglicht es, gezielte Fördermaßnahmen zu entwickeln, die den Lernfortschritt und das Wohlbefinden der betroffenen Kinder und Jugendlichen unterstützen.

Schließlich muss die Gesellschaft als Ganzes für die Bedeutung von Inklusion sensibilisiert werden. Bildung ist ein Menschenrecht, das für alle zugänglich sein sollte. Durch öffentliche Aufklärung und politische Unterstützung kann ein Bewusstsein geschaffen werden, das die Notwendigkeit einer barrierefreien Bildung nachhaltig verankert. Inklusion im Bildungssystem ist nicht nur eine Herausforderung, sondern auch eine Chance, die Vielfalt der Gesellschaft zu feiern und jedem Einzelnen die Möglichkeit zu geben, sein volles Potenzial zu entfalten.

Inklusive Bildungskonzepte

Inklusive Bildungskonzepte sind ein wesentlicher Bestandteil einer barrierefreien Gesellschaft und eröffnen Menschen mit Behinderung neue Chancen auf Teilhabe und Selbstverwirklichung. Diese Konzepte zielen darauf ab, Bildungsangebote so zu gestalten, dass sie für alle zugänglich sind, unabhängig von individuellen Fähigkeiten oder Einschränkungen. Sie fördern nicht nur das Lernen, sondern auch das soziale Miteinander und die Akzeptanz von Vielfalt in Bildungseinrichtungen. Durch inklusive Ansätze wird jeder Lernende ermutigt, seine Stärken zu entdecken und sich in einem unterstützenden Umfeld weiterzuentwickeln.

Ein integratives Bildungssystem berücksichtigt unterschiedliche Lernbedürfnisse und -stile. Lehrerinnen und Lehrer sind gefordert, ihre Unterrichtsmethoden flexibel zu gestalten und innovative Materialien einzusetzen, um allen Schülerinnen und Schülern gerecht zu werden. Dies kann durch den

Einsatz digitaler Medien, adaptiver Technologien und individueller Lernpläne geschehen. Solche Ansätze schaffen ein Umfeld, in dem jede Person die Möglichkeit hat, ihr Potenzial voll auszuschöpfen und aktiv am Unterricht teilzunehmen. Hierbei profitieren nicht nur die Lernenden mit Behinderung, sondern die gesamte Klassengemeinschaft, die von der Diversität und den unterschiedlichen Perspektiven profitiert.

Darüber hinaus ist die Sensibilisierung der Gesellschaft für inklusive Bildung von großer Bedeutung. Geschäfte, Bürger und Institutionen spielen eine entscheidende Rolle, indem sie sich für Barrierefreiheit in Schulen und Bildungseinrichtungen einsetzen. Durch Schulungen und Informationsveranstaltungen können Vorurteile abgebaut und das Bewusstsein für die Bedürfnisse von Menschen mit Behinderung geschärft werden. Eine inklusive Bildung erfordert ein gemeinsames Engagement, das über die Schule hinausgeht und alle gesellschaftlichen Bereiche umfasst. So entsteht ein unterstützendes Netzwerk, das jedem Einzelnen den Zugang zu Bildung erleichtert.

Ein weiterer wichtiger Aspekt ist die Barrierefreiheit in der physischen und digitalen Infrastruktur von Bildungseinrichtungen. Dies umfasst nicht nur den Zugang zu Räumlichkeiten, sondern auch die Gestaltung von Lehrmaterialien und digitalen Plattformen. Barrierefreies Webdesign und die Verwendung inklusiver Technologien sind unerlässlich, um sicherzustellen, dass alle Lernenden die gleichen Informationen und Ressourcen erhalten können. Durch die Integration dieser Elemente in den Bildungsalltag wird eine Umgebung geschaffen, in der jeder die Möglichkeit hat, aktiv am Lernprozess teilzunehmen.

Letztlich sind inklusive Bildungskonzepte ein Schlüssel zu einer gerechten und gleichberechtigten Gesellschaft. Sie ermöglichen es Menschen mit Behinderung, nicht nur Wissen zu erwerben, sondern auch soziale Kompetenzen zu entwickeln und Freundschaften zu schließen. Indem wir Barrieren abbauen und inklusive Ansätze fördern, schaffen wir eine Zukunft, in der jeder Mensch – unabhängig von seinen Fähigkeiten – die Chance hat, sein Leben selbstbestimmt zu gestalten und seine Träume zu verwirklichen. Es liegt an uns allen, diesen Weg zu unterstützen und eine inklusive Bildung für alle zu realisieren.

Barrierefreie Schulgebäude und -einrichtungen

Barrierefreie Schulgebäude und -einrichtungen spielen eine entscheidende Rolle für die gleichberechtigte Teilhabe von Schülerinnen und Schülern mit Behinderungen am Bildungsprozess. Der Zugang zu Bildung darf nicht durch bauliche Hindernisse eingeschränkt werden. Daher ist es unerlässlich, dass Schulgebäude so gestaltet sind, dass sie allen Menschen, unabhängig von ihren Fähigkeiten, ein sicheres und komfortables Lernen ermöglichen. Dies umfasst nicht nur den Zugang zu Klassenzimmern, sondern auch zu Verwaltungsbereichen, Sanitäreinrichtungen und Frei-flächen.

Die Planung und der Bau von barrierefreien Schulgebäuden sollten auf den Prinzipien der Universal Design beruhen. Dies bedeutet, dass die Gestaltung von Anfang an alle Nutzergruppen einbezieht. Rampen, breite Türen, Aufzüge und taktile Leitsysteme sind einige der grundlegenden Elemente, die in die Planung integriert werden sollten. Darüber hinaus sind akustische und visuelle Hilfsmittel von großer Bedeutung, um den Bedürfnissen aller Schülerinnen und Schüler gerecht zu werden. Ein inklusives Schulumfeld fördert nicht nur die Selbstständigkeit, sondern auch das soziale Miteinander.

Die Schulverwaltung und die zuständigen Behörden müssen klare Richtlinien und Standards für die Barrierefreiheit von Schulgebäuden entwickeln und durchsetzen. Es ist wichtig, dass bei der Planung und Renovierung von Schulen die Meinungen und Bedürfnisse von Menschen mit Behinderungen gehört werden. Durch partizipative Prozesse können Lösungen gefunden werden, die den tatsächlichen Bedürfnissen der Betroffenen entsprechen. Schulgebäude sollten zu Orten werden, die nicht nur physisch zugänglich sind, sondern auch ein Gefühl der Zugehörigkeit und Akzeptanz vermitteln.

Ein weiterer Aspekt, der nicht vernachlässigt werden darf, ist die Schulung des Personals im Umgang mit barrierefreien Einrichtungen. Lehrkräfte und Mitarbeiter sollten sensibilisiert werden, um die Vielfalt der Bedürfnisse von Schülerinnen und Schülern mit Behinderungen zu verstehen. Dies schließt nicht nur den Umgang mit baulichen Gegebenheiten ein, sondern auch die Schaffung eines inklusiven Lernklimas, in dem jede Schülerin und jeder Schüler die Möglichkeit hat, sich aktiv am Unterricht zu beteiligen.

Zusammenfassend ist die Schaffung barrierefreier Schulgebäude und -einrichtungen ein wichtiger Schritt auf dem Weg zu einer inklusiven Gesellschaft. Es erfordert Zusammenarbeit zwischen Architekten, Bildungs- einrichtungen, Behörden und den Menschen, die direkt betroffen sind. Nur durch eine kritische Betrachtung der bestehenden Barrieren und die konsequente Umsetzung von

Lösungen kann gewährleistet werden, dass Bildung für alle zugänglich ist und niemand aufgrund von physischen Einschränkungen ausgeschlossen wird.

Unterstützungssysteme für Schüler mit Behinderungen

In der heutigen Gesellschaft ist es von entscheidender Bedeutung, dass wir Lernenden mit Behinderung eine unterstützende Umgebung bieten, die ihre individuellen Bedürfnisse berücksichtigt. Barrierefreie Bildungseinrichtungen spielen hierbei eine zentrale Rolle. Sie schaffen nicht nur physische Zugänglichkeit, sondern fördern auch eine inklusive Lernatmosphäre, in der jede Person die Möglichkeit hat, ihr volles Potenzial auszuschöpfen. Durch den Abbau von Hindernissen in Schulen und Universitäten ermöglichen wir es allen Lernenden, aktiv am Bildungsprozess teilzunehmen und ihre Fähigkeiten zu entwickeln.

Unterstützungssysteme für Schüler mit Behinderungen spielen eine entscheidende Rolle dabei, Barrieren im Bildungssystem abzubauen und Chancengleichheit zu gewährleisten. Diese Systeme sind darauf ausgelegt, individuelle Bedürfnisse zu erkennen und maßgeschneiderte Lösungen anzubieten, um sicherzustellen, dass alle Schüler, unabhängig von ihren Fähigkeiten, Zugang zu qualitativ hochwertiger Bildung haben. Dazu gehören verschiedene Formen der Unterstützung, wie etwa spezielle Bildungspläne, Assistenzkräfte im Unterricht und moderne Technologien, die den Lernprozess erleichtern.

Ein zentrales Element der Unterstützungssysteme ist die frühzeitige Identifikation von Bedürfnissen. Schulen sollten über Mechanismen verfügen, um Schüler mit Behinderungen schnell zu erkennen und geeignete Unterstützungsangebote bereitzustellen. Dies erfordert eine enge Zusammenarbeit zwischen Lehrkräften, Schulpsychologen und Eltern. Solche interdisziplinären Teams ermöglichen es, individuelle Förderpläne zu entwickeln, die auf die spezifischen Stärken und Schwächen der Schüler zugeschnitten sind. Hierdurch wird eine inklusive Lernumgebung geschaffen, in der sich jeder Schüler entfalten kann.

Die Rolle von Technologie in der Unterstützung von Schülern mit Behinderungen darf nicht unterschätzt werden. Digitale Hilfsmittel, wie Sprach-zu-Text-Programme oder spezielle Lernsoftware, können den Unterricht erheblich bereichern und Barrieren abbauen. Diese Technologien ermöglichen es Schülern, auf ihre Art und Weise zu lernen und zu kommunizieren. Schulen sollten daher in die notwendige Infrastruktur investieren und Lehrer entsprechend schulen, um diese Hilfsmittel effektiv nutzen zu können.

Zusätzlich zu technologischen Hilfsmitteln sind soziale und emotionale Unterstützungssysteme von großer Bedeutung. Schüler mit Behinderungen können oft mit sozialen Herausforderungen konfrontiert sein, die ihre schulische Leistung beeinträchtigen. Programme zur Förderung von sozialen Fähigkeiten und Peer-Mentoring können dazu beitragen, ein unterstützendes Umfeld zu schaffen. Durch die Förderung sozialer Interaktion und Teamarbeit wird das Selbstbewusstsein der Schüler gestärkt und ihre Integration in die Schulgemeinschaft gefördert.

Ein wichtiger Aspekt der Unterstützung ist die Bereitstellung von spezialisierten Lehrmaterialien und Hilfsmitteln. Diese

Ressourcen sind essenziell, um unterschiedlichen Lernstilen und -geschwindigkeiten gerecht zu werden. Digitale Barrierefreiheit ist hierbei von großer Bedeutung. Durch die Anpassung von Websites und Online-Lernplattformen an die Bedürfnisse von Menschen mit Behinderung wird der Zugang zu Informationen und Bildungsmöglichkeiten erheblich verbessert. Es ist unerlässlich, dass wir als Gesellschaft sicherstellen, dass alle Lernenden die gleichen Chancen haben, unabhängig von ihren körperlichen oder geistigen Einschränkungen.

Zusätzlich zur physischen und digitalen Zugänglichkeit ist die Sensibilisierung von Lehrkräften und Bildungspersonal entscheidend. Fortbildungsprogramme, die sich auf inklusive Praktiken konzentrieren, können dazu beitragen, das Bewusstsein für die Herausforderungen zu schärfen, mit denen Lernende mit Behinderung konfrontiert sind. Ein empathisches und informiertes Lehrumfeld fördert nicht nur das Lernen, sondern auch das Selbstwertgefühl und die Unabhängigkeit dieser Schülerinnen und Schüler. Wenn wir die Lehrkräfte unterstützen, stärken wir die gesamte Gemeinschaft.

Ein weiterer bedeutender Aspekt ist die Förderung von Freizeitaktivitäten, die speziell auf die Bedürfnisse von Menschen mit Behinderung ausgerichtet sind. Barrierefreie Freizeitangebote bieten nicht nur eine wertvolle Möglichkeit zur Entspannung, sondern auch zur sozialen Interaktion und zum Teambuilding. Veranstaltungen und Feste, die inklusiv gestaltet sind, ermöglichen es allen, Teil der Gemeinschaft zu sein und gemeinsam Erinnerungen zu schaffen. Hierbei ist es wichtig, dass Geschäfte und Organisationen aktiv an der Schaffung solcher barrierefreien Erlebnisse teilnehmen.

Letztlich ist die Umsetzung von Unterstützungssystemen für Schüler mit Behinderungen nicht nur eine Frage der gesetzlichen Vorgaben, sondern auch eine gesellschaftliche Verantwortung. Bildungseinrichtungen müssen sich aktiv für eine inklusive Kultur einsetzen, in der Vielfalt geschätzt und gefördert wird. Behörden sollten klare Richtlinien und Ressourcen bereitstellen, um Schulen bei der Implementierung effektiver Unterstützungssysteme zu unterstützen. Nur durch gemeinsames Handeln können wir sicherstellen, dass alle Schüler, unabhängig von ihren Fähigkeiten, die gleichen Chancen auf eine erfolgreiche Bildung haben. Wir müssen alle zusammenarbeiten – von Geschäften über Bürger bis hin zu Menschen mit Behinderung selbst – um eine Umgebung zu schaffen, in der jeder die Möglichkeit hat, zu lernen, zu wachsen und aktiv am Leben teilzunehmen. Indem wir Barrieren abbauen und Zugänglichkeit fördern, legen wir den Grundstein für eine inklusive Zukunft, in der Vielfalt nicht nur akzeptiert, sondern gefeiert wird.

23 Barrierefreiheit im Gesundheitswesen

Zugänglichkeit von medizinischen Einrichtungen

Die Zugänglichkeit von medizinischen Einrichtungen ist ein zentrales Anliegen für Menschen mit Behinderungen, da diese Einrichtungen oft der erste Anlaufpunkt für gesundheitliche Belange sind. In vielen Fällen sind Barrieren in der physischen Umgebung, wie Treppen oder enge Türen, eine erhebliche Hürde. Diese baulichen Hindernisse können nicht nur den Zugang zu notwendigen Behandlungen und Therapien erschweren, sondern auch das Gefühl der Teilhabe und Selbstständigkeit beeinträchtigen. Es ist daher von entscheidender Bedeutung, dass bei der Planung und Renovierung von medizinischen Einrichtungen die Bedürfnisse aller Menschen, insbesondere derjenigen mit Behinderungen, berücksichtigt werden.

Ein weiterer wichtiger Aspekt ist die Sensibilisierung des medizinischen Personals für die Bedürfnisse von Menschen mit Behinderungen. Oftmals fehlt es an Schulungen und Informationen, die den Beschäftigten helfen, Barrieren im Alltag zu erkennen und abzubauen. Eine inklusive Ausbildung kann dazu beitragen, dass die Mitarbeiter empathisch und kompetent mit den Herausforderungen umgehen, denen Menschen mit Behinderungen gegenüberstehen. Dies verbessert nicht nur die Patientenversorgung, sondern fördert auch ein respektvolles und unterstützendes Umfeld für alle Beteiligten.

Die Bedeutung der digitalen Barrierefreiheit in medizinischen Einrichtungen sollte ebenfalls nicht unterschätzt werden. In einer zunehmend digitalisierten Welt ist der Zugang zu Online-Diensten, wie Terminbuchungen oder telemedizinischen Angeboten, für Menschen mit Behinderungen unerlässlich. Webseiten und Apps müssen so gestaltet sein, dass sie für alle zugänglich sind, unabhängig von Behinderungen. Durch die Implementierung von barrierefreien digitalen Lösungen können medizinische Einrichtungen ihre Reichweite erweitern und eine bessere Versorgung für alle Patienten gewährleisten.

Die Rolle des Gesetzgebers ist ebenfalls entscheidend, um die Zugänglichkeit von medizinischen Einrichtungen zu verbessern. Es bedarf klarer Richtlinien und Vorschriften, die die Barrierefreiheit in allen neuen und bestehenden Einrichtungen gewährleisten. Dies umfasst sowohl bauliche Maßnahmen als auch die Notwendigkeit, die Infrastruktur zu modernisieren. Behörden sollten bestrebt sein, die Einhaltung dieser Standards regelmäßig zu überprüfen und Anreize für Einrichtungen zu schaffen, die vorbildliche Maßnahmen zur Verbesserung der Zugänglichkeit ergreifen.

Schließlich ist die Einbindung von Menschen mit Behinderungen in den Planungsprozess von medizinischen Einrichtungen von großer Bedeutung. Ihre Erfahrungen und Perspektiven sind unerlässlich, um Barrieren zu identifizieren und Lösungen zu entwickeln, die den tatsächlichen Bedürfnissen entsprechen. Durch einen dialogischen Ansatz, der die Stimmen von Betroffenen einbezieht, kann eine inklusive und barrierefreie Gesundheitsversorgung geschaffen werden, die den Prinzipien der sozialen Gerechtigkeit gerecht wird und allen Menschen die gleichen Chancen auf Gesundheit und Wohlbefinden bietet.

Barrierefreie Kommunikation im Gesundheitsbereich

Barrierefreie Kommunikation im Gesundheitsbereich ist ein entscheidender Aspekt, der oft übersehen wird, obwohl er für Menschen mit Behinderungen von großer Bedeutung ist. Der Zugang zu Informationen und Dienstleistungen im Gesundheitswesen sollte für alle Menschen gewährleistet sein, unabhängig von ihren individuellen Fähigkeiten. Eine inklusive Kommunikation ermöglicht es Menschen mit

unterschiedlichen Beeinträchtigungen, ihre Gesundheitsbedürfnisse zu verstehen und zu artikulieren. Dies umfasst
sowohl die verbale als auch die nonverbale Kommunikation,
die für die Interaktion zwischen Patienten und
medizinischem Personal von großer Bedeutung ist.

Ein zentraler Punkt ist die Notwendigkeit, Informationen in
verständlicher Form bereitzustellen. Dies bedeutet, dass
medizinische Fachkräfte die Verwendung von Fachjargon
vermeiden und stattdessen klare, einfache Sprache
verwenden sollten. Darüber hinaus sollten Informationsmaterialien, wie Broschüren oder digitale Inhalte, in
barrierefreien Formaten bereitgestellt werden. Dazu gehören
beispielsweise Texte in einfacher Sprache, die Verwendung
von Symbolen oder Piktogrammen und die Bereitstellung
von Informationen in verschiedenen Sprachen. Die
Einbeziehung von Gebärdensprache und anderen
Kommunikationshilfen wie Audiodeskriptionen kann
ebenfalls einen signifikanten Unterschied machen.

Darüber hinaus ist die Schulung des medizinischen Personals
in Bezug auf barrierefreie Kommunikation unerlässlich.
Gesundheitsdienstleister sollten in der Lage sein, die
Bedürfnisse von Menschen mit Behinderungen zu erkennen
und angemessen darauf zu reagieren. Schulungen, die sich
auf Empathie, Sensibilisierung und die Anwendung
inklusiver Kommunikationsstrategien konzentrieren, sollten
Teil der medizinischen Ausbildung sein. Dies fördert nicht
nur ein besseres Verständnis, sondern trägt auch zu einer
respektvollen und unterstützenden Atmosphäre im
Gesundheitswesen bei.

Technologische Innovationen bieten ebenfalls vielversprechende Ansätze zur Verbesserung der barrierefreien
Kommunikation im Gesundheitsbereich. Telemedizin,

mobile Anwendungen und andere digitale Plattformen können dazu beitragen, den Zugang zu Gesundheitsinformationen zu erleichtern. Diese Technologien sollten jedoch so gestaltet sein, dass sie für Menschen mit unterschiedlichen Behinderungen zugänglich sind. Dazu gehört beispielsweise die Anpassung von Benutzeroberflächen, um die Bedienbarkeit für Menschen mit Seh- oder Hörbehinderungen zu gewährleisten.

Insgesamt ist barrierefreie Kommunikation im Gesundheitswesen ein wesentlicher Bestandteil der umfassenden Barrierefreiheit. Es ist notwendig, dass Behörden, Gesundheitsdienstleister und die Gesellschaft als Ganzes zusammenarbeiten, um sicherzustellen, dass Menschen mit Behinderungen die gleiche Chance auf eine qualitativ hochwertige Gesundheitsversorgung haben. Indem wir die Kommunikationsbarrieren abbauen, schaffen wir eine inklusive Gesellschaft, die die Bedürfnisse aller Menschen respektiert und wertschätzt.

Herausforderungen für Menschen mit Behinderungen im Gesundheitswesen

Im Gesundheitswesen stehen Menschen mit Behinderungen vor vielfältigen Herausforderungen, die sowohl physische als auch strukturelle Barrieren umfassen. Der Zugang zu medizinischen Einrichtungen ist oft eingeschränkt, da viele Gebäude nicht barrierefrei gestaltet sind. Treppen, enge Flure und fehlende Aufzüge sind häufige Hindernisse, die es Menschen mit Mobilitätseinschränkungen unmöglich machen, notwendige Behandlungen in Anspruch zu nehmen. Diese baulichen Mängel tragen dazu bei, dass viele Betroffene nicht rechtzeitig die medizinische Versorgung erhalten, die sie benötigen.

Ein weiteres zentrales Problem ist die Kommunikation zwischen Patienten und medizinischem Personal. Menschen mit Hör- oder Sprachbehinderungen haben oft Schwierigkeiten, ihre Anliegen klar zu formulieren oder Informationen über ihre Gesundheit zu erhalten. Die fehlende Bereitstellung von Gebärdensprachdolmetschern oder anderen unterstützenden Kommunikationsmitteln führt dazu, dass sie sich isoliert fühlen und wichtige medizinische Informationen nicht verstehen. Dies kann nicht nur das Vertrauen in das Gesundheitssystem beeinträchtigen, sondern auch die Qualität der medizinischen Versorgung negativ beeinflussen.

Zusätzlich zu physischen und kommunikativen Barrieren gibt es auch gesellschaftliche Vorurteile, die Menschen mit Behinderungen im Gesundheitswesen begegnen. Oftmals werden ihre Beschwerden nicht ernst genommen oder es wird angenommen, dass bestimmte Symptome auf die Behinderung zurückzuführen sind, ohne eine umfassende Untersuchung durchzuführen. Diese Diskriminierung kann zu einer Benachteiligung bei der Diagnosestellung und Behandlung führen, was das Risiko erhöht, dass gesundheitliche Probleme unbehandelt bleiben.

Die Integration von Menschen mit Behinderungen in den Gesundheitssektor erfordert eine bewusste Sensibilisierung und Schulung des medizinischen Personals. Fachkräfte sollten nicht nur über die speziellen Bedürfnisse von Menschen mit Behinderungen informiert sein, sondern auch in der Lage sein, empathisch und respektvoll zu kommunizieren. Die Ausbildung sollte darauf abzielen, Barrieren abzubauen und ein inklusives Umfeld zu schaffen, in dem jede Person die gleiche Chance auf eine qualitativ hochwertige Gesundheitsversorgung hat.

Schließlich ist es wichtig, dass politische Entscheidungsträger und Gesundheitseinrichtungen zusammenarbeiten, um die Barrierefreiheit im Gesundheitswesen systematisch zu verbessern. Dies kann durch die Implementierung von Richtlinien geschehen, die sowohl bauliche als auch kommunikative Barrieren adressieren. Eine kontinuierliche Überprüfung und Anpassung dieser Maßnahmen ist notwendig, um sicherzustellen, dass Menschen mit Behinderungen die bestmögliche medizinische Versorgung erhalten. Ein inklusives Gesundheitssystem ist nicht nur ein Recht, sondern auch eine gesellschaftliche Verantwortung, die für alle Menschen von Bedeutung ist.

24 Barrierefreiheit in der Architektur

Grundprinzipien der barrierefreien Architektur

Die Grundprinzipien der barrierefreien Architektur sind essenziell, um Räume zu schaffen, die für alle Menschen zugänglich sind, unabhängig von ihren physischen oder sensorischen Fähigkeiten. Eine inklusive Architektur berücksichtigt die Bedürfnisse von Menschen mit Behinderungen und fördert ein selbstbestimmtes Leben. Die Gestaltung sollte daher nicht nur den gesetzlichen Anforderungen entsprechen, sondern auch die individuellen Bedürfnisse der Nutzer in den Mittelpunkt stellen. Dies erfordert ein Umdenken in der Planung und Ausführung von

Gebäuden, öffentlichen Räumen und Verkehrsinfra-
strukturen.

Barrierefreies Design ist ein grundlegendes Prinzip, das darauf abzielt, allen Menschen, unabhängig von ihren Fähigkeiten oder Einschränkungen, Zugang zu Räumen, Produkten und Dienstleistungen zu ermöglichen. Dieses Prinzip geht über die bloße Einhaltung von Vorschriften hinaus; es ist eine Philosophie, die Inklusion und Gleichwertigkeit fördert. Das Ziel ist es, Barrieren abzubauen und eine Umgebung zu schaffen, in der jeder die gleichen Möglichkeiten hat, am gesellschaftlichen Leben teilzuhaben. Barrierefreies Design sollte in allen Bereichen, von der Architektur bis hin zu digitalen Medien, fest verankert sein. Ein wesentliches Element des barrierefreien Designs ist die Benutzerzentrierte Gestaltung. Dies bedeutet, dass die Bedürfnisse und Wünsche der Benutzer, insbesondere derjenigen mit Behinderungen, im Mittelpunkt des Designprozesses stehen. Bei der Planung von Wohn- und Freizeitbereichen sollten Designer und Architekten eng mit Menschen mit Behinderungen zusammenarbeiten, um sicherzustellen, dass ihre Perspektiven und Erfahrungen in die Gestaltung einfließen. Solche Kooperationen führen zu innovativen Lösungen, die nicht nur funktional sind, sondern auch Freude und Komfort bieten.

Ein zentrales Prinzip ist die Gestaltung von Räumen, die sowohl funktional als auch ästhetisch ansprechend sind. Barrierefreie Architektur muss nicht nur zugänglich sein, sondern auch Einladungen an alle Nutzer ausstrahlen. Dies kann durch den Einsatz von klaren Linien, gutem Licht und durchdachter Materialwahl erreicht werden. Eine harmonische Gestaltung fördert das Wohlbefinden und die Akzeptanz dieser Räume in der Gesellschaft, was für die soziale Integration von Menschen mit Behinderungen von großer Bedeutung ist.

Ein weiteres Grundprinzip ist die Flexibilität der Räume. Barrierefreie Architektur sollte so gestaltet sein, dass sie sich an verschiedene Bedürfnisse anpassen lässt. Dies umfasst unter anderem variable Raumgrößen, modulare Möbel und die Möglichkeit, Technologien intuitiv zu integrieren. Solche Anpassungen sind besonders wichtig in Bildungseinrichtungen und Arbeitswelten, wo unterschiedliche Anforderungen und individuelle Lern- oder Arbeitsstile berücksichtigt werden müssen. Barrierefreies Design sollte so gestaltet sein, dass es sich an unterschiedliche Bedürfnisse anpassen lässt. Dies kann durch modulare Elemente, variable Raumgestaltungen oder durch den Einsatz von Technologien erreicht werden, die anpassbar sind. Beispielsweise können Möbel, die sich leicht umstellen lassen, oder digitale Anwendungen, die personalisierte Einstellungen bieten, dazu beitragen, dass Räume und Dienstleistungen für jeden zugänglich sind. Flexibilität fördert nicht nur die Barrierefreiheit, sondern trägt auch zur Schaffung eines einladenden Umfelds bei.

Die Einbeziehung der Nutzer in den Planungsprozess ist ein entscheidender Aspekt der barrierefreien Architektur. Menschen mit Behinderungen sollten aktiv in die Diskussion über ihre Bedürfnisse und Wünsche einbezogen werden. Dies kann durch Workshops, Umfragen oder direkte Gespräche geschehen. Der Input der Betroffenen ist unverzichtbar, um eine Architektur zu schaffen, die ihren tatsächlichen Anforderungen gerecht wird und nicht nur theoretischen Überlegungen folgt.

Auch die Wahrnehmbarkeit spielt eine entscheidende Rolle im barrierefreien Design. Informationen und

Orientierungshilfen sollten klar und verständlich präsentiert werden, unabhängig davon, ob es sich um gedruckte Materialien, digitale Inhalte oder physische Beschilderungen handelt. Dies kann durch die Verwendung von einfachen, intuitiven Symbolen, kontrastreichen Farben und klaren Schriftarten erreicht werden. Das Ziel ist es, dass jeder Nutzer sich problemlos orientieren und Informationen aufnehmen kann, was besonders für Menschen mit Seh- oder Hörbehinderungen von Bedeutung ist.

Schließlich muss die barrierefreie Architektur auch nachhaltig und zukunftsorientiert sein. Der Einsatz von umweltfreundlichen Materialien, energieeffizienten Lösungen und Technologien ist nicht nur vorteilhaft für die Umwelt, sondern fördert auch die langfristige Nutzbarkeit und Anpassungsfähigkeit von Gebäuden. Eine ganzheitliche Betrachtung der Barrierefreiheit, die soziale Gerechtigkeit und ökologische Verantwortung miteinander verbindet, ist der Schlüssel zu einer inklusiven Gesellschaft, in der jeder Mensch die gleichen Chancen hat, am Leben teilzuhaben. Bei der Planung und Umsetzung sollten umweltfreundliche Materialien und Technologien bevorzugt werden, die nicht nur die Zugänglichkeit verbessern, sondern auch die Umwelt schonen. Nachhaltiges Design fördert nicht nur eine barrierefreie Gesellschaft, sondern auch ein verantwortungsvolles Miteinander mit der Natur. Indem wir auf die Bedürfnisse aller Menschen und die unseres Planeten achten, schaffen wir eine lebenswerte Umgebung für kommende Generationen.

Fallstudien zu erfolgreichen Projekten

Im Bereich der Barrierefreiheit gibt es zahlreiche inspirierende Fallstudien, die zeigen, wie durchdachte Maßnahmen das Leben von Menschen mit Behinderungen erheblich verbessern können. Ein erfolgreiches Beispiel ist das Projekt „Barrierefreies Rathaus", das in einer mittelgroßen Stadt durchgeführt wurde. Hierbei wurde das historische Rathaus umfassend renoviert, um den Zugang für alle Bürger zu gewährleisten. Durch die Implementierung von Rampen, Aufzügen und taktilen Führungen konnten nicht nur Menschen im Rollstuhl, sondern auch sehbehinderte Personen die Verwaltungsdienste problemlos nutzen. Dieses Projekt zeigt, dass Barrierefreiheit nicht nur eine gesetzliche Pflicht, sondern auch eine Möglichkeit ist, die Bürgernähe und das Gemeinschaftsgefühl zu stärken.

Ein weiteres bemerkenswertes Beispiel ist die Umsetzung barrierefreier Bildungseinrichtungen. An einer Universität wurde ein umfassendes Programm zur Integration von Studierenden mit Behinderungen ins Leben gerufen. Hierzu gehörten sowohl bauliche Maßnahmen wie der Einbau von Aufzügen und barrierefreien Toiletten, als auch die Schulung des Lehrpersonals im Umgang mit unterschiedlichen Bedürfnissen. Die positive Rückmeldung der Studierenden zeigt, dass solche Maßnahmen nicht nur die Zugänglichkeit erhöhen, sondern auch das soziale Miteinander und die Chancengleichheit fördern. Diese Fallstudie verdeutlicht, wie wichtig die Sensibilisierung aller Beteiligten für die Schaffung eines inklusiven Umfelds ist.

Im Gesundheitswesen gibt es ebenfalls beeindruckende Initiativen. Eine Klinik hat ein Konzept zur barrierefreien Gestaltung ihrer Räumlichkeiten entwickelt, das auf die speziellen Bedürfnisse von Patienten mit verschiedenen Behinderungen abgestimmt ist. Dazu zählen großzügige Flure, ergonomisch gestaltete Wartebereiche und spezielle Informationssysteme für gehörlose Patienten. Die positiven Erfahrungen der Patienten und deren Angehörigen belegen, dass durch solche Maßnahmen nicht nur die Zugänglichkeit verbessert wird, sondern auch das Vertrauen in das Gesundheitssystem gestärkt werden kann. Diese Fallstudie zeigt, wie wichtig es ist, Barrierefreiheit als Teil der Patientenversorgung zu verstehen.

Das Verkehrswesen ist ein weiterer Bereich, in dem erfolgreiche Projekte beispielhaft aufgezeigt werden können. In einer großen Stadt wurde ein innovatives Nahverkehrssystem eingeführt, das speziell auf die Bedürfnisse von Menschen mit Behinderungen ausgerichtet ist. Dazu gehören barrierefreie Busse und Straßenbahnen, die mit Rampen ausgestattet sind, sowie gut gestaltete Haltestellen mit taktilen Leitlinien. Diese Maßnahmen haben nicht nur die Mobilität von Menschen mit Behinderungen erhöht, sondern auch dazu beigetragen, dass diese Personengruppe aktiver am gesellschaftlichen Leben teilnehmen kann. Die Fallstudie verdeutlicht, wie wichtig der öffentliche Nahverkehr für die Inklusion ist.

Schließlich bietet auch die Architektur viele Beispiele für gelungene Umsetzungen von Barrierefreiheit. Bei der Planung eines neuen Wohnprojekts wurde von Anfang an auf die Bedürfnisse älterer Menschen und Menschen mit Behinderungen Rücksicht genommen. Die Wohnungen sind barrierefrei gestaltet und verfügen über technische Hilfsmittel, die den Alltag erleichtern. Zudem wurde ein gemeinschaftlicher Raum eingerichtet, der den sozialen Austausch fördert. Diese Fallstudie zeigt, dass Barrierefreiheit nicht nur funktionale Aspekte umfasst, sondern auch das Wohlbefinden und die Lebensqualität steigern kann. Solche Projekte sind ein Schritt in Richtung einer gerechteren und inklusiveren Gesellschaft.

Zukunftsperspektiven in der Architektur

Zukunftsperspektiven in der Architektur bieten eine vielversprechende Grundlage für die Entwicklung barrierefreier Räume, die den Bedürfnissen aller Menschen gerecht werden. Die fortschreitende Technologisierung und innovative Ansätze in der Architektur ermöglichen es, Gebäude und öffentliche Räume so zu gestalten, dass sie nicht nur funktional, sondern auch inklusiv sind. Architekten und Planer sind gefordert, neue Lösungen zu finden, die Barrieren abbauen und ein selbstbestimmtes Leben für Menschen mit Behinderungen fördern. Dies erfordert ein Umdenken und eine enge Zusammenarbeit zwischen Fachleuten, Betroffenen und Behörden.

Ein zentraler Aspekt der zukünftigen Architektur ist die Integration von Universal Design, das darauf abzielt, Produkte und Umgebungen so zu gestalten, dass sie für alle Menschen zugänglich sind. Diese ganzheitliche Herangehensweise gewährleistet, dass Barrierefreiheit nicht als nachträglicher Gedanke, sondern als grundlegendes Prinzip in den Planungsprozess einfließt. Durch den Einsatz von flexiblen Raumkonzepten und adaptiven Technologien können Architekten Räume schaffen, die sich an die individuellen Bedürfnisse der Nutzer anpassen. Dies erhöht nicht nur die Lebensqualität, sondern fördert auch die soziale Teilhabe.

Ein weiterer wichtiger Punkt ist die Sensibilisierung der Öffentlichkeit und der Entscheidungsträger für die Thematik der Barrierefreiheit. Bildungseinrichtungen sollten eine zentrale Rolle spielen, indem sie zukünftige Architekten und Planer in der Ausbildung für die Bedeutung barrierefreier Architektur sensibilisieren. Durch Workshops, Seminare und Praktika können Studierende praktische Erfahrungen sammeln und die Bedürfnisse von Menschen mit Behinderungen besser verstehen. Diese Ausbildung wird dazu beitragen, eine neue Generation von Architekten hervorzubringen, die sich aktiv für Inklusion und Barrierefreiheit einsetzen.

Im Bereich des Gesundheitswesens und der sozialen Einrichtungen ist eine barrierefreie Architektur von entscheidender Bedeutung. Die Gestaltung von Krankenhäusern, Pflegeeinrichtungen und Therapiezentren muss so erfolgen, dass sie den besonderen Anforderungen von Menschen mit Behinderungen gerecht wird. Dies umfasst nicht nur bauliche Maßnahmen wie breitere Türen und rollstuhlgerechte Zugänge, sondern auch die Schaffung von unterstützenden Umgebungen, die eine optimale Betreuung ermöglichen. Eine positive Nutzererfahrung kann erheblich zur Genesung und zum Wohlbefinden der Patienten beitragen.

Abschließend lässt sich sagen, dass die Zukunft der Architektur entscheidend von der Fähigkeit abhängt, Barrierefreiheit als integralen Bestandteil des Planungsprozesses zu betrachten. Die Entwicklung innovativer Konzepte und der Austausch zwischen verschiedenen Disziplinen sind essenziell, um inklusive und zugängliche Lebensräume zu schaffen. Ein gemeinsames Engagement von Architekten, Behörden und der Gesellschaft ist notwendig, um eine Architektur zu gestalten, die nicht nur ästhetisch ansprechend, sondern vor allem auch für alle Menschen zugänglich ist.

25 Barrierefreiheit im Verkehrswesen

Öffentlicher Nahverkehr und Barrierefreiheit

Öffentlicher Nahverkehr spielt eine zentrale Rolle für die Mobilität von Menschen mit Behinderungen. Die Zugänglichkeit von Verkehrsmitteln und -infrastrukturen ist entscheidend, um die Teilhabe am gesellschaftlichen Leben zu ermöglichen. In vielen Städten sind die Herausforderungen, die sich aus unzureichender Barrierefreiheit ergeben, nach wie vor erheblich. Oftmals fehlt es an geeigneten Informationen über die Barrierefreiheit von Haltestellen und Fahrzeugen, was zu einer Isolation von Menschen mit Behinderungen führen kann. Es ist unerlässlich, dass die Bedürfnisse dieser Personengruppe in die Planung und Gestaltung des öffentlichen Nahverkehrs einfließen.

Ein zentraler Aspekt der Barrierefreiheit im öffentlichen Nahverkehr ist die physische Zugänglichkeit. Dies umfasst nicht nur den Zugang zu Haltestellen und Bahnhöfen, sondern auch die Ausstattung der Fahrzeuge. Rampen, Aufzüge und ausreichend Platz für Rollstühle sind grundlegende Anforderungen, die erfüllt sein müssen. Zudem sollten Informationen in einfacher Sprache und in verschiedenen Formaten zur Verfügung stehen, um die Nutzer zu unterstützen. Eine enge Zusammenarbeit zwischen Verkehrsunternehmen, Städten und Organisationen, die Menschen mit Behinderungen vertreten, ist notwendig, um diese Barrieren abzubauen.

Darüber hinaus ist es wichtig, dass die Barrierefreiheit im öffentlichen Nahverkehr nicht nur als Pflichtaufgabe angesehen wird, sondern als Chance, ein inklusives und gerechtes System zu schaffen. Der Einsatz von Technologie kann hierbei eine Schlüsselrolle spielen. Apps, die Informationen zur Barrierefreiheit in Echtzeit bereitstellen, können Menschen mit Behinderungen helfen, ihre Reisen besser zu planen. Auch Schulungen für das Personal im öffentlichen Nahverkehr sind entscheidend, um ein Bewusstsein für die Bedürfnisse von Menschen mit Behinderungen zu schaffen und eine hilfsbereite Umgebung zu fördern.

Die Barrierefreiheit im Nahverkehr hat nicht nur Auswirkungen auf die Mobilität, sondern auch auf die soziale Teilhabe. Menschen mit Behinderungen, die auf öffentliche Verkehrsmittel angewiesen sind, haben oft Schwierigkeiten, soziale Kontakte zu pflegen oder an Freizeitaktivitäten teilzunehmen. Ein barrierefreies Verkehrssystem kann dazu beitragen, diese Isolation zu überwinden und die Integration in die Gesellschaft zu fördern. Daher sollte Barrierefreiheit als ein grundlegendes Menschenrecht betrachtet werden, das für alle zugänglich sein sollte.

Abschließend lässt sich sagen, dass der öffentliche Nahverkehr eine fundamentale Rolle in der Schaffung einer barrierefreien Gesellschaft spielt. Durch gezielte Maßnahmen zur Verbesserung der Zugänglichkeit können nicht nur die Lebensqualität von Menschen mit Behinderungen erhöht, sondern auch soziale Gerechtigkeit und Chancengleichheit gefördert werden. Es liegt in der Verantwortung von

Behörden, Verkehrsunternehmen und der Gesellschaft insgesamt, die notwendigen Schritte zu unternehmen, um die Barrierefreiheit im öffentlichen Nahverkehr zu gewährleisten und damit einen wesentlichen Beitrag zur Inklusion zu leisten.

Barrierefreie Verkehrsinfrastruktur

Barrierefreie Verkehrsinfrastruktur ist ein entscheidender Faktor für die Teilhabe von Menschen mit Behinderungen am gesellschaftlichen Leben. Eine umfassende und durchdachte Planung, die die Bedürfnisse aller berücksichtigt, ist unerlässlich, um Barrieren abzubauen und Mobilität zu fördern. Öffentliche Verkehrsmittel, Fußgängerzonen und Straßen müssen so gestaltet sein, dass sie auch für Personen mit eingeschränkter Mobilität, Sehbehinderungen oder anderen Beeinträchtigungen zugänglich sind. Die Implementierung von Rampen, akustischen Signalen und taktilen Leitsystemen stellt sicher, dass niemand ausgeschlossen wird und jeder die Möglichkeit hat, sich frei zu bewegen.

Die Barrierefreiheit im öffentlichen Verkehr ist besonders wichtig, da viele Menschen auf Busse und Bahnen angewiesen sind, um ihre täglichen Ziele zu erreichen. Die Fahrzeuge selbst müssen mit geeigneten Einrichtungen ausgestattet sein, wie beispielsweise Niederflureinstiegen und ausreichend Platz für Rollstühle. Auch die Informationssysteme, die Fahrpläne und Ansagen umfassen, sollten für alle Nutzergruppen verständlich sein. Hierbei spielt die Schulung des Personals eine zentrale Rolle, um

Hilfestellungen bieten zu können und ein Bewusstsein für die Bedürfnisse von Menschen mit Behinderungen zu schaffen.

Darüber hinaus muss die Verkehrsinfrastruktur im städtischen Raum so gestaltet werden, dass sie eine einfache und sichere Navigation ermöglicht. Dies umfasst nicht nur die Gestaltung von Bürgersteigen und Überwegen, sondern auch die Schaffung von sicheren Zonen und Pausenbereichen für Personen, die sich langsamer fortbewegen. Die Berücksichtigung von Barrierefreiheit in der Stadtplanung sollte von Beginn an integriert werden, um ein durchgängiges und nahtloses Erlebnis für alle Verkehrsteilnehmer zu gewährleisten. Hierbei sind die Einbindung von Menschen mit Behinderungen in den Planungsprozess und die Berücksichtigung ihrer Erfahrungen und Vorschläge von großer Bedeutung.

Im Kontext von Bildungseinrichtungen und Gesundheitswesen ist die barrierefreie Verkehrsinfrastruktur ebenfalls von zentraler Wichtigkeit. Schülerinnen und Schüler sowie Patientinnen und Patienten müssen in der Lage sein, ohne Hindernisse zu ihren Schulen oder Arztterminen zu gelangen. Eine enge Zusammenarbeit zwischen Verkehrsbehörden und Bildungseinrichtungen sowie Gesundheitsdienstleistern kann dazu beitragen, spezifische Lösungen zu entwickeln, die den Bedürfnissen dieser Gruppen gerecht werden. Dies könnte beispielsweise durch spezielle Shuttle-Services oder angepasste Fahrpläne geschehen, die auf die Anforderungen von Menschen mit Behinderungen abgestimmt sind.

Abschließend lässt sich sagen, dass die Schaffung einer barrierefreien Verkehrsinfrastruktur nicht nur eine gesetzliche Pflicht ist, sondern auch eine moralische Verantwortung gegenüber allen Bürgern. Die Förderung von

Barrierefreiheit im Verkehrswesen ist ein Schritt hin zu mehr sozialer Gerechtigkeit und einem inklusiven Miteinander. Durch gezielte Investitionen, innovative Lösungen und einen dialogorientierten Ansatz können wir sicherstellen, dass die Mobilität für Menschen mit Behinderungen nicht nur möglich, sondern auch angenehm und selbstbestimmt ist.

Innovative Lösungen für den Transport

Innovative Lösungen für den Transport spielen eine entscheidende Rolle bei der Schaffung einer barrierefreien Gesellschaft. Der Zugang zu Verkehrsmitteln ist für Menschen mit Behinderungen oft mit erheblichen Herausforderungen verbunden. Durch technologische Fortschritte und kreative Ansätze können jedoch neue Wege gefunden werden, um diese Barrieren zu überwinden. Beispielsweise ermöglichen moderne Apps, die Echtzeitinformationen über barrierefreie Routen und Transportmittel bieten, eine verbesserte Planung und Nutzung öffentlicher Verkehrsmittel. Diese digitalen Lösungen fördern nicht nur die Mobilität, sondern auch die Selbstständigkeit der Betroffenen.

Ein weiteres vielversprechendes Konzept sind autonome Fahrzeuge, die speziell für die Bedürfnisse von Menschen mit Behinderungen entwickelt wurden. Diese Fahrzeuge könnten mit fortschrittlicher Sensortechnologie ausgestattet sein, um Hindernisse zu erkennen und sicher durch den Verkehr zu navigieren. Solche Innovationen könnten nicht nur die individuellen Transportbedürfnisse erfüllen, sondern auch dazu beitragen, dass Menschen mit Behinderungen aktiver am gesellschaftlichen Leben teilnehmen können. Die

Aussicht auf eine inklusive Mobilität eröffnet neue Perspektiven für die Teilhabe und Integration.

Zusätzlich zu technologischen Entwicklungen ist die Gestaltung der Verkehrsinfrastruktur von großer Bedeutung. Barrierefreie Haltestellen, Aufzüge und Rampen sind essenzielle Elemente, die oft übersehen werden. Innovative Planungsansätze, die die Bedürfnisse aller Nutzergruppen berücksichtigen, können hier einen Unterschied machen. Beispielsweise könnten modulare und flexible Designs entwickelt werden, die sich an verschiedene Anforderungen anpassen lassen. Solche Ansätze würden nicht nur die Zugänglichkeit erhöhen, sondern auch die Nutzung öffentlicher Verkehrsmittel für alle attraktiver gestalten.

Die Sensibilisierung und Schulung von Personal im Verkehrsbereich ist ein weiterer wichtiger Aspekt. Verkehrsbetriebe sollten regelmäßig Schulungen anbieten, die den Mitarbeitern die Bedürfnisse von Menschen mit Behinderungen näherbringen. Ein gut informierter Service kann entscheidend dazu beitragen, Barrieren im Alltag abzubauen und den Betroffenen das Gefühl von Sicherheit und Unterstützung zu vermitteln. Ein respektvoller und hilfsbereiter Umgang kann den Unterschied ausmachen und die Akzeptanz von barrierefreien Lösungen fördern.

Zudem ist es wichtig, dass Behörden und Entscheidungsträger die Stimmen von Menschen mit Behinderungen in den Entscheidungsprozess einbeziehen. Partizipation ist der Schlüssel zur Entwicklung effektiver und nachhaltiger Lösungen im Bereich des Transports. Durch den aktiven Austausch mit Betroffenen können innovative Ideen und Ansätze entstehen, die den tatsächlichen Bedürfnissen entsprechen. Ein inklusiver Dialog zwischen Bürgern, Behörden und Planern wird entscheidend sein, um eine zukunftsfähige und barrierefreie Verkehrsinfrastruktur zu schaffen.

26 Barrierefreiheit für ältere Menschen

Besondere Bedürfnisse älterer Menschen

Besondere Bedürfnisse älterer Menschen sind ein zentraler Aspekt der Barrierefreiheit, der oft übersehen wird, obwohl diese Gruppe häufig mit vielfältigen Herausforderungen konfrontiert ist. Mit dem Älterwerden können körperliche und kognitive Einschränkungen zunehmen, die das alltägliche Leben erheblich beeinflussen. Es ist entscheidend, dass die Gesellschaft und die entsprechenden Institutionen diese Bedürfnisse erkennen und entsprechende Maßnahmen ergreifen, um eine inklusive Umgebung zu schaffen. Barrierefreiheit bedeutet nicht nur die physische Zugänglichkeit von Gebäuden, sondern auch die Berücksichtigung von Aspekten wie Informationszugänglichkeit und soziale Teilhabe.

Die Gestaltung öffentlicher Räume spielt eine entscheidende Rolle für die Mobilität älterer Menschen. Breitere Gehwege, gut sichtbare und verständliche Beschilderungen sowie barrierefreie öffentliche Verkehrsmittel sind unerlässlich. Die Implementierung von taktilen Bodenleitsystemen und akustischen Signalgebern kann älteren Menschen helfen, sich sicherer in ihrem Umfeld zu bewegen. Darüber hinaus sollten Ruhezonen und Sitzmöglichkeiten berücksichtigt werden, um eine Erholung während des Gehens zu ermöglichen.

Diese Maßnahmen fördern nicht nur die Unabhängigkeit, sondern auch die Lebensqualität älterer Menschen.

In Bildungseinrichtungen ist es ebenso wichtig, die besonderen Bedürfnisse älterer Menschen zu berücksichtigen. Lebenslanges Lernen ist ein wesentlicher Bestandteil der sozialen Integration und kann helfen, die kognitiven Fähigkeiten zu erhalten. Bildungsangebote sollten daher barrierefrei gestaltet werden, indem sowohl digitale als auch analoge Lernressourcen zugänglich gemacht werden. Zudem ist es wichtig, Lehrpersonal zu schulen, um auf die Bedürfnisse älterer Lernender einzugehen und eine unterstützende Lernumgebung zu schaffen.

Im Gesundheitswesen müssen Barrieren abgebaut werden, um älteren Menschen einen einfachen Zugang zu medizinischen Dienstleistungen zu ermöglichen. Dies umfasst nicht nur die physische Zugänglichkeit von Arztpraxen und Kliniken, sondern auch die Anpassung von Informationsmaterialien, damit sie für ältere Menschen verständlich sind. Telemedizinische Angebote können zudem dazu beitragen, die Gesundheitsversorgung zu verbessern, insbesondere in ländlichen Gebieten, wo der Zugang zu medizinischen Einrichtungen oft eingeschränkt ist. Eine umfassende Schulung des medizinischen Personals in Bezug auf die Bedürfnisse älterer Patienten ist ebenfalls von großer Bedeutung.

Die Architektur spielt eine Schlüsselrolle bei der Schaffung barrierefreier Umgebungen für ältere Menschen. Gebäude sollten so gestaltet werden, dass sie sowohl funktional als auch ästhetisch ansprechend sind, während sie gleichzeitig die Mobilität und Sicherheit der Nutzer unterstützen. Dies beinhaltet den Einbau von Aufzügen, Rampen und breiten Türen sowie die Verwendung von rutschfesten Materialien.

Eine durchdachte Gestaltung kann dazu beitragen, Stürze zu vermeiden und die Selbstständigkeit älterer Menschen zu fördern. Letztlich ist es die Verantwortung aller Akteure, diese Bedürfnisse zu erkennen und Lösungen zu erarbeiten, die eine inklusive Gesellschaft ermöglichen.

Anpassungen im Wohnraum

Anpassungen im Wohnraum spielen eine zentrale Rolle für die Schaffung einer barrierefreien Lebensumgebung, die es Menschen mit Behinderungen ermöglicht, ein selbstbestimmtes Leben zu führen. Bei der Gestaltung von Wohnräumen sollten architektonische und technische Maßnahmen berücksichtigt werden, die nicht nur gegenwärtige Bedürfnisse adressieren, sondern auch zukünftige Anforderungen antizipieren. Dazu gehören beispielsweise der Einbau von barrierefreien Zugängen, wie Rampen und Aufzüge, sowie die Anpassung von Türbreiten und Fluren, um ausreichenden Bewegungsraum zu gewährleisten.

Die Gestaltung von Wohnraum sollte auch die Verwendung von geeigneten Materialien und Möbeln einschließen. Niedrigere Arbeitsflächen in Küchen und Bädern, leicht bedienbare Armaturen und der Einsatz von rutschfesten Bodenbelägen sind wichtige Aspekte, die die Sicherheit und Zugänglichkeit erhöhen. Zudem sollten alle Bedienelemente, wie Lichtschalter und Steckdosen, in einer für alle Benutzer zugänglichen Höhe installiert werden. Solche Anpassungen tragen dazu bei, Barrieren abzubauen und die Selbstständigkeit der Bewohner zu fördern.

Ein weiterer wesentlicher Aspekt ist die Berücksichtigung der individuellen Bedürfnisse der Bewohner. Jeder Mensch hat unterschiedliche Anforderungen, die bei der Planung und Umsetzung von Wohnraumanpassungen berücksichtigt werden müssen. Dies erfordert einen Dialog zwischen den Betroffenen, Fachleuten und Behörden, um maßgeschneiderte Lösungen zu entwickeln, die den speziellen Lebensumständen Rechnung tragen. Die Einbeziehung von Menschen mit Behinderungen in den Planungsprozess ist entscheidend, um sicherzustellen, dass die getroffenen Maßnahmen tatsächlich hilfreich und effektiv sind.

Zusätzlich ist es wichtig, die finanziellen Aspekte von Wohnraumanpassungen zu beleuchten. Viele Menschen sind durch die Kosten von Umbaumaßnahmen eingeschränkt, weshalb Förderprogramme und finanzielle Unterstützung durch staatliche Stellen unerlässlich sind. Durch die Bereitstellung von Zuschüssen oder zinsgünstigen Darlehen können Barrieren, die durch finanzielle Belastungen entstehen, abgebaut werden. Eine transparente Kommunikation über verfügbare Hilfen ist notwendig, um sicherzustellen, dass alle betroffenen Personen die Unterstützung erhalten, die sie benötigen.

Wohnkonzepte für Senioren

Wohnkonzepte für Senioren sollten nicht nur funktionale Aspekte berücksichtigen, sondern auch das Wohlbefinden und die Lebensqualität der älteren Menschen fördern. Barrierefreies Wohnen ist der Schlüssel zu einem selbstbestimmten Leben im Alter. Durch die Gestaltung von Wohnräumen, die sowohl den physischen Bedürfnissen als auch den emotionalen Wünschen der Senioren Rechnung tragen, können wir ein Umfeld schaffen, in dem sie sich sicher und wohlfühlen. Der Einsatz von modernen Technologien, die die Selbstständigkeit unterstützen, wird dabei immer wichtiger und bietet viele Möglichkeiten für ein aktives Leben.

Ein wichtiger Aspekt barrierefreier Wohnkonzepte ist die Zugänglichkeit aller Bereiche der Wohnung. Dies umfasst nicht nur die baulichen Gegebenheiten wie stufenlose Eingänge und breite Türen, sondern auch die durchdachte Anordnung der Möbel und Hilfsmittel. Barrierefreie Wohnungen sollten so gestaltet sein, dass sie eine einfache Navigation ermöglichen und gleichzeitig Raum für soziale Interaktion bieten. Offene Wohnkonzepte fördern die Kommunikation zwischen den Bewohnern und schaffen ein Gefühl der Gemeinschaft, das für das seelische Wohlbefinden entscheidend ist.

Zusätzlich zur physischen Barrierefreiheit spielt auch die emotionale Unterstützung eine zentrale Rolle. Wohnprojekte, die Gemeinschaftsflächen integrieren, wie beispielsweise Gärten oder Aufenthaltsräume, fördern den Austausch zwischen den Bewohnern und tragen zu einem aktiven Lebensstil bei. Diese sozialen Interaktionen sind besonders wichtig für Senioren, da sie Isolation und Einsamkeit entgegenwirken. Veranstaltungen und gemeinsame Aktivitäten können helfen, die Lebensfreude zu steigern und ein Gefühl der Zugehörigkeit zu schaffen.

Die Integration von digitalen Lösungen in Wohnkonzepte für Senioren ist ein weiterer innovativer Ansatz, der immer mehr an Bedeutung gewinnt. Smarte Technologien können nicht nur die Sicherheit erhöhen, sondern auch den Alltag erleichtern. Sprachgesteuerte Systeme, die Licht, Heizung und Sicherheitstechnik steuern, ermöglichen es älteren Menschen, in ihrem eigenen Zuhause unabhängig zu bleiben. Darüber hinaus können digitale Kommunikationsmittel helfen, den Kontakt zu Familie und Freunden aufrechtzuerhalten und so die soziale Vernetzung zu fördern.

Insgesamt sind Wohnkonzepte für Senioren mehr als nur bauliche Lösungen; sie sind Ausdruck einer Gesellschaft, die Inklusion und Teilhabe für alle Menschen, unabhängig von ihrem Alter oder ihren Fähigkeiten, fördert. Durch die Berücksichtigung der Bedürfnisse älterer Menschen in der Planung und Gestaltung ihrer Lebensräume schaffen wir eine Zukunft, in der jeder die Möglichkeit hat, ein erfülltes und aktives Leben zu führen. Indem wir Barrierefreiheit als grundlegendes Prinzip in den Fokus rücken, setzen wir ein Zeichen für Respekt und Wertschätzung gegenüber unseren Senioren.

Anpassungen für ein selbstbestimmtes Leben

Wohnkonzepte für Senioren sollten nicht nur funktionale Aspekte berücksichtigen, sondern auch das Wohlbefinden und die Lebensqualität der älteren Menschen fördern. Barrierefreies Wohnen ist der Schlüssel zu einem selbstbestimmten Leben im Alter. Durch die Gestaltung von Wohnräumen, die sowohl den physischen Bedürfnissen als auch den emotionalen Wünschen der Senioren Rechnung tragen, können wir ein Umfeld schaffen, in dem sie sich sicher und wohlfühlen. Der Einsatz von modernen Technologien, die die Selbstständigkeit unterstützen, wird dabei immer wichtiger und bietet viele Möglichkeiten für ein aktives Leben.

Ein wichtiger Aspekt barrierefreier Wohnkonzepte ist die Zugänglichkeit aller Bereiche der Wohnung. Dies umfasst nicht nur die baulichen Gegebenheiten wie stufenlose Eingänge und breite Türen, sondern auch die durchdachte Anordnung der Möbel und Hilfsmittel. Barrierefreie Wohnungen sollten so gestaltet sein, dass sie eine einfache Navigation ermöglichen und gleichzeitig Raum für soziale Interaktion bieten. Offene Wohnkonzepte fördern die Kommunikation zwischen den Bewohnern und schaffen ein Gefühl der Gemeinschaft, das für das seelische Wohlbefinden entscheidend ist.

Zusätzlich zur physischen Barrierefreiheit spielt auch die emotionale Unterstützung eine zentrale Rolle. Wohnprojekte, die Gemeinschaftsflächen integrieren, wie beispielsweise Gärten oder Aufenthaltsräume, fördern den Austausch zwischen den Bewohnern und tragen zu einem aktiven Lebensstil bei. Diese sozialen Interaktionen sind besonders wichtig für Senioren, da sie Isolation und Einsamkeit entgegenwirken. Veranstaltungen und gemeinsame Aktivitäten können helfen, die Lebensfreude zu steigern und ein Gefühl der Zugehörigkeit zu schaffen.

Die Integration von digitalen Lösungen in Wohnkonzepte für Senioren ist ein weiterer innovativer Ansatz, der immer mehr an Bedeutung gewinnt. Smarte Technologien können nicht nur die Sicherheit erhöhen, sondern auch den Alltag erleichtern. Sprachgesteuerte Systeme, die Licht, Heizung und Sicherheitstechnik steuern, ermöglichen es älteren Menschen, in ihrem eigenen Zuhause unabhängig zu bleiben. Darüber hinaus können digitale Kommunikationsmittel helfen, den Kontakt zu Familie und Freunden aufrechtzuerhalten und so die soziale Vernetzung zu fördern.

Insgesamt sind Wohnkonzepte für Senioren mehr als nur bauliche Lösungen; sie sind Ausdruck einer Gesellschaft, die Inklusion und Teilhabe für alle Menschen, unabhängig von ihrem Alter oder ihren Fähigkeiten, fördert. Durch die Berücksichtigung der Bedürfnisse älterer Menschen in der Planung und Gestaltung ihrer Lebensräume schaffen wir eine Zukunft, in der jeder die Möglichkeit hat, ein erfülltes und aktives Leben zu führen. Indem wir Barrierefreiheit als grundlegendes Prinzip in den Fokus rücken, setzen wir ein Zeichen für Respekt und Wertschätzung gegenüber unseren Senioren.

Letztendlich sollten Anpassungen im Wohnraum nicht isoliert betrachtet werden, sondern als Teil eines umfassenderen Ansatzes zur Schaffung von Barrierefreiheit in allen Lebensbereichen. Die Interaktion zwischen Wohnraum, öffentlichem Raum, Bildungseinrichtungen und anderen Lebensbereichen muss in den Fokus rücken, um ein integratives Umfeld zu schaffen. Nur durch eine ganzheitliche Betrachtung kann eine echte soziale Gerechtigkeit erreicht werden, die es Menschen mit Behinderungen ermöglicht, aktiv am gesellschaftlichen Leben teilzuhaben.

Mobilität und Teilhabe im Alter

Mobilität und Teilhabe im Alter sind entscheidende Aspekte für ein selbstbestimmtes Leben. Viele ältere Menschen sind auf Barrierefreiheit angewiesen, um aktiv am gesellschaftlichen Leben teilzuhaben. Die Gestaltung von öffentlichen Räumen, Verkehrsmitteln und Dienstleistungen muss daher so erfolgen, dass sie den Bedürfnissen älterer Menschen gerecht wird. Dies umfasst nicht nur bauliche

Maßnahmen, sondern auch die Schaffung eines Bewusstseins für die Herausforderungen, mit denen diese Bevölkerungsgruppe konfrontiert ist.

Ein zentraler Punkt ist die Barrierefreiheit im öffentlichen Verkehrsraum. Hierzu gehört die Gewährleistung, dass Haltestellen, Bahnhöfe und Fahrzeuge für ältere Menschen leicht zugänglich sind. Dies bedeutet, dass Treppen, hohe Bordsteine und enge Durchgänge vermieden werden sollten. Ebenso wichtig ist die Schulung des Personals im Umgang mit älteren Fahrgästen, um diesen eine sichere und angenehme Reise zu ermöglichen. Innovative Lösungen, wie die Einführung von taktilen Leitlinien und akustischen Ansagen, können die Mobilität erheblich verbessern.

In Bildungseinrichtungen spielt Barrierefreiheit eine ebenso wichtige Rolle. Ältere Menschen, die sich weiterbilden oder neue Fähigkeiten erlernen möchten, benötigen barrierefreie Zugänge zu Kursen und Veranstaltungen. Dies betrifft nicht nur physische Zugänge, sondern auch die Bereitstellung von Informationen in verständlicher Form und die Möglichkeit, digitale Bildungsangebote barrierefrei nutzen zu können. Eine inklusive Bildungspolitik fördert nicht nur die Teilhabe älterer Menschen, sondern stärkt auch die gesamte Gesellschaft.

Das Gesundheitswesen stellt eine weitere Schlüsselressource dar, wenn es um die Mobilität und Teilhabe im Alter geht. Barrierefreie Arztpraxen, Kliniken und Therapieräume sind unerlässlich, um älteren Menschen den Zugang zu medizinischer Versorgung zu erleichtern. Zudem sollte die Kommunikation zwischen medizinischem Personal und Patienten auf die speziellen Bedürfnisse älterer Menschen abgestimmt sein, etwa durch die Bereitstellung von

Informationen in einfacher Sprache oder die Berücksichtigung von Hör- und Sehbehinderungen.

Schließlich ist die Architektur ein entscheidender Faktor für die Barrierefreiheit im Alter. Wohnanlagen und öffentliche Gebäude sollten so gestaltet sein, dass sie den Bedürfnissen älterer Menschen Rechnung tragen. Dies umfasst nicht nur die Berücksichtigung von Rampen und Aufzügen, sondern auch die Gestaltung von Wohnräumen, die sowohl Sicherheit als auch Komfort bieten. Durch eine inklusive Architektur kann die Selbstständigkeit älterer Menschen gefördert und ihre Teilhabe am gesellschaftlichen Leben sichergestellt werden.

27 Barrierefreiheit für Menschen mit Behinderungen

Diverse Bedürfnisse von Menschen mit unterschiedlichen Behinderungen

Die Bedürfnisse von Menschen mit unterschiedlichen Behinderungen sind vielfältig und erfordern eine differenzierte Betrachtung, um Barrierefreiheit im Alltag zu gewährleisten. Menschen mit körperlichen, sensorischen, geistigen oder psychischen Beeinträchtigungen erleben ihre Umwelt unterschiedlich und benötigen spezifische Anpassungen. Barrierefreiheit bedeutet nicht nur die physische Zugänglichkeit von Gebäuden oder Verkehrsmitteln, sondern auch die Schaffung eines inklusiven Umfelds, das die Teilhabe aller ermöglicht. Ein tiefes Verständnis dieser unterschiedlichen Bedürfnisse ist der Schlüssel zu einer effektiven Umsetzung von Barrierefreiheit.

Im öffentlichen Raum sind Menschen mit Mobilitätseinschränkungen oft mit Herausforderungen konfrontiert, die von unzureichend gestalteten Gehwegen bis hin zu fehlenden Rampen reichen. Gleichzeitig benötigen Menschen mit Sinnesbehinderungen, wie Blindheit oder Hörbeeinträchtigungen, spezielle akustische und visuelle Hinweise, um sich sicher und selbstständig bewegen zu können. Es ist entscheidend, dass städtische Planer und Architekten diese Anforderungen berücksichtigen, um einen Raum zu schaffen, der für alle zugänglich ist und die Unabhängigkeit fördert.

In Bildungseinrichtungen sind die Bedürfnisse von Schülern mit Behinderungen ebenso vielschichtig. Während einige Schüler möglicherweise technische Hilfsmittel benötigen, um am Unterricht teilzunehmen, benötigen andere angepasste Lehrpläne oder spezielle Unterstützung durch geschultes Personal. Eine inklusive Bildung erfordert nicht nur barrierefreie Gebäude, sondern auch die Bereitschaft der Lehrkräfte, unterschiedliche Lernbedürfnisse zu erkennen und zu adressieren. Hierbei spielen Fortbildungsmaßnahmen eine zentrale Rolle, um das Bewusstsein für die Vielfalt der Behinderungen zu schärfen.

Im Gesundheitswesen ist es ebenso wichtig, die unterschiedlichen Bedürfnisse zu berücksichtigen. Menschen mit Behinderungen haben häufig spezifische Anforderungen an die Kommunikation, den Zugang zu medizinischen Informationen und die physische Zugänglichkeit von Einrichtungen. Gesundheitsdienstleister sollten sicherstellen, dass ihre Angebote sowohl für Menschen mit körperlichen als auch für Menschen mit psychischen Beeinträchtigungen angemessen sind. Eine barrierefreie Gesundheitsversorgung verbessert nicht nur die Lebensqualität, sondern fördert auch die Chancengleichheit im Gesundheitsbereich.

Letztlich sind auch soziale Gerechtigkeit und die Arbeitswelt zentrale Aspekte der Barrierefreiheit. Menschen mit Behinderungen stehen oft vor zusätzlichen Hürden bei der Jobsuche und am Arbeitsplatz. Die Schaffung von barrierefreien Arbeitsumgebungen, flexiblen Arbeitsmodellen und einem unterstützenden sozialen Klima ist entscheidend, um die Chancengleichheit zu gewährleisten. Indem wir die unterschiedlichen Bedürfnisse von Menschen mit Behinderungen anerkennen und respektieren, können wir eine integrative Gesellschaft fördern, in der jeder Mensch die Möglichkeit hat, sein volles Potenzial auszuschöpfen.

Die Bedeutung von Freizeit für Menschen mit Behinderung

Die Bedeutung von Freizeit für Menschen mit Behinderung ist ein zentrales Thema, das oft übersehen wird. Freizeitaktivitäten bieten nicht nur einen Ausgleich zum Alltag, sondern sind auch entscheidend für das persönliche Wohlbefinden und die soziale Integration. Menschen mit Behinderung haben das Recht auf eine erfüllte Freizeitgestaltung, die ihren Bedürfnissen und Wünschen entspricht. Der Zugang zu barrierefreien Aktivitäten ist daher von größter Bedeutung, um Gleichheit und Teilhabe in unserer Gesellschaft zu fördern.

Freizeit ermöglicht es Menschen mit Behinderung, ihre Interessen zu entdecken und Talente zu entfalten. Durch die Teilnahme an verschiedenen Aktivitäten können sie neue Fähigkeiten erlernen und Selbstvertrauen aufbauen. Dies fördert nicht nur die persönliche Entwicklung, sondern trägt auch dazu bei, Vorurteile abzubauen und ein besseres Verständnis zwischen Menschen mit und ohne Behinderung zu schaffen. Inklusive Freizeitangebote schaffen Begegnungsräume, in denen Vielfalt gelebt und geschätzt wird.

Darüber hinaus spielt die Freizeitgestaltung eine entscheidende Rolle für die psychische Gesundheit. Menschen mit Behinderung sind oft mit zusätzlichen Herausforderungen im Alltag konfrontiert, die zu Stress und Isolation führen können. Durch gezielte Freizeitaktivitäten können sie Stress abbauen, neue Freundschaften schließen und ein unterstützendes Netzwerk aufbauen. Die Möglichkeit, aktiv und kreativ zu sein, trägt zu einem positiven Lebensgefühl bei und stärkt die Resilienz.

Die Verantwortung für die Schaffung von barrierefreien Freizeitangeboten liegt nicht nur bei den Institutionen, sondern auch bei der Gesellschaft als Ganzes. Geschäfte, Bürger und Organisationen sind gefragt, ihre Angebote so zu gestalten, dass sie für alle zugänglich sind. Dies umfasst nicht nur die physische Barrierefreiheit, sondern auch die digitale Zugänglichkeit und die Sensibilisierung für die Bedürfnisse von Menschen mit Behinderung. Ein gemeinsames Engagement kann dazu beitragen, eine inklusive Kultur zu fördern, in der jeder Mensch die Möglichkeit hat, aktiv am gesellschaftlichen Leben teilzunehmen.

Insgesamt ist die Freizeitgestaltung für Menschen mit Behinderung von fundamentaler Bedeutung. Sie eröffnet

Chancen, die persönliche Lebensqualität zu steigern und aktiv am sozialen Leben teilzuhaben. Indem wir Barrieren abbauen und inklusive Angebote schaffen, tragen wir dazu bei, eine gerechtere und vielfältigere Gesellschaft zu gestalten, in der jeder die Freiheit hat, seine Freizeit nach eigenen Vorstellungen zu gestalten.

Technologien zur Unterstützung der Barrierefreiheit

Technologien zur Unterstützung der Barrierefreiheit spielen eine entscheidende Rolle im Bestreben, eine inklusive Gesellschaft für Menschen mit Behinderungen zu schaffen. Diese Technologien sind darauf ausgelegt, Hindernisse abzubauen und den Zugang zu Informationen, Dienstleistungen und physischen Räumen zu erleichtern. Ein Beispiel hierfür sind digitale Hilfsmittel wie Screenreader, die blinden und sehbehinderten Menschen den Zugang zu Webseiten und digitalen Inhalten ermöglichen. Solche Technologien tragen dazu bei, die digitale Kluft zu überwinden und sicherzustellen, dass alle Menschen gleichberechtigt am gesellschaftlichen Leben teilnehmen können.

Im öffentlichen Raum sind intelligente Verkehrsmanagementsysteme von großer Bedeutung. Diese Systeme können Informationen über Barrieren und Hindernisse in Echtzeit bereitstellen, wodurch Menschen mit Mobilitätseinschränkungen sicherere und zugänglichere Wege finden können. Darüber hinaus gibt es Anwendungen, die es Nutzern ermöglichen, die Barrierefreiheit von Orten im Voraus zu überprüfen. Solche Technologien fördern nicht nur die Selbstständigkeit, sondern stärken auch das Vertrauen in die eigene Mobilität, was für Menschen mit Behinderungen von zentraler Bedeutung ist.

In Bildungseinrichtungen können barrierefreie Technologien das Lernen für alle Schüler und Schülerinnen verbessern. Digitale Plattformen bieten anpassbare Lerninhalte, die auf die individuellen Bedürfnisse eingehen. Beispielsweise können Lehrmaterialien in verschiedenen Formaten wie Audio, Video oder Braille bereitgestellt werden. Solche Anpassungen fördern nicht nur den Zugang zu Bildung, sondern tragen auch zu einem inklusiven Lernumfeld bei, in dem Vielfalt geschätzt wird und alle Teilnehmenden die Möglichkeit haben, ihr volles Potenzial auszuschöpfen.

Im Gesundheitswesen sind Technologien zur Unterstützung der Barrierefreiheit unerlässlich, um sicherzustellen, dass Menschen mit Behinderungen die benötigte medizinische Versorgung erhalten. Telemedizin und digitale Gesundheitsanwendungen ermöglichen es Patienten, ohne physische Barrieren auf Gesundheitsdienste zuzugreifen. Diese Lösungen sind besonders wichtig für Menschen, die in ländlichen Gebieten leben oder Schwierigkeiten haben, zu Arztterminen zu reisen. Die Integration solcher Technologien in das Gesundheitssystem kann die Lebensqualität von Menschen mit Behinderungen erheblich steigern.

Die Architektur spielt ebenfalls eine zentrale Rolle in der Schaffung barrierefreier Umgebungen. Innovative Designansätze, die moderne Technologien integrieren, können Gebäude und öffentliche Räume schaffen, die für alle zugänglich sind. Beispielsweise können sensorbasierte Systeme den Zugang zu Türen und Aufzügen ermöglichen, während klare visuelle und akustische Signale Orientierung bieten. Solche Technologien fördern nicht nur die Barrierefreiheit, sondern auch das Bewusstsein für soziale

Gerechtigkeit, indem sie sicherstellen, dass alle Menschen unabhängig von ihren Fähigkeiten gleichberechtigt am öffentlichen Leben teilnehmen können.

Sensibilisierung der Gesellschaft

Die Sensibilisierung der Gesellschaft ist ein entscheidender Schritt auf dem Weg zu mehr Barrierefreiheit für Menschen mit Behinderungen. Um ein umfassendes Bewusstsein für die Herausforderungen zu schaffen, mit denen Menschen mit Behinderungen konfrontiert sind, ist es unerlässlich, die Öffentlichkeit aktiv einzubeziehen. Durch Informationskampagnen, Workshops und Schulungen können sowohl die Allgemeinheit als auch Entscheidungsträger in Behörden für die verschiedenen Aspekte der Barrierefreiheit sensibilisiert werden. Diese Maßnahmen fördern nicht nur ein besseres Verständnis, sondern tragen auch dazu bei, Vorurteile abzubauen und Empathie zu entwickeln.

Ein zentraler Bereich, in dem Sensibilisierung besonders wichtig ist, betrifft den öffentlichen Raum. Menschen mit Behinderungen haben oft mit physischen Barrieren zu kämpfen, die ihre Bewegungsfreiheit stark einschränken. Die Gesellschaft muss lernen, diese Herausforderungen zu erkennen und zu adressieren. Stadtplaner, Architekten und Politiker sind gefordert, gemeinsam Lösungen zu entwickeln, die eine inklusive Gestaltung des urbanen Raums ermöglichen. Hierbei sollten die Perspektiven von Menschen mit Behinderungen aktiv in den Planungsprozess integriert werden, um sicherzustellen, dass ihre Bedürfnisse berücksichtigt werden.

Die Bildungseinrichtungen spielen eine ebenso wichtige Rolle in der Sensibilisierung. Schulen und Universitäten müssen als Orte des Lernens nicht nur Wissen vermitteln, sondern auch ein Bewusstsein für Diversität und Inklusion fördern. Durch Schulungsprogramme für Lehrkräfte und Schüler kann ein Klima der Akzeptanz und Wertschätzung geschaffen werden. Dies hilft nicht nur den Studierenden mit Behinderungen, sondern bereichert die gesamte Lernumgebung und fördert den respektvollen Umgang miteinander.

Im Gesundheitswesen ist eine Sensibilisierung ebenfalls unerlässlich. Menschen mit Behinderungen benötigen oft spezielle medizinische Betreuung, die auf ihre individuellen Bedürfnisse abgestimmt ist. Gesundheitsdienstleister sollten geschult werden, um die Barrieren zu erkennen, die Patienten im Zugang zu medizinischen Leistungen gegenüberstehen. Durch eine bessere Sensibilisierung können die Dienste so gestaltet werden, dass sie inklusiv sind und den Bedürfnissen aller Menschen gerecht werden, unabhängig von ihren Fähigkeiten.

Schließlich ist die Sensibilisierung der Gesellschaft auch im Bereich der Arbeitswelt von großer Bedeutung. Arbeitgeber sollten über die Vorteile der Inklusion von Menschen mit Behinderungen informiert werden. Durch gezielte Schulungen und Informationsveranstaltungen können Unternehmen lernen, wie sie ein barrierefreies Arbeitsumfeld schaffen und gleichzeitig von den vielfältigen Talenten und Perspektiven profitieren können, die Menschen mit Behinderungen mitbringen. Eine sensibilisierte Gesellschaft ist der Schlüssel zu einer inklusiven Zukunft, in der Barrierefreiheit nicht nur ein Ziel, sondern eine gelebte Realität wird.

28 Barrierefreiheit in der Arbeitswelt

Chancengleichheit für Menschen mit Behinderungen

Chancengleichheit für Menschen mit Behinderungen ist ein zentrales Anliegen in der Diskussion um Barrierefreiheit und soziale Gerechtigkeit. In vielen Lebensbereichen, von Bildung über Beschäftigung bis hin zu Gesundheitsdiensten, stehen Menschen mit Behinderungen vor erheblichen Hürden, die ihre Teilhabe am gesellschaftlichen Leben einschränken. Um Chancengleichheit zu gewährleisten, müssen diese Barrieren nicht nur identifiziert, sondern auch aktiv abgebaut werden. Eine inklusive Gesellschaft erfordert das Engagement aller, um sicherzustellen, dass jeder Mensch, unabhängig von seinen Fähigkeiten, die gleichen Möglichkeiten hat, zu lernen, zu arbeiten und am sozialen Leben teilzunehmen.

Im Bereich der Bildung ist Chancengleichheit von entscheidender Bedeutung. Schulen und Bildungseinrichtungen müssen so gestaltet werden, dass sie für alle Lernenden zugänglich sind. Dies bedeutet nicht nur physische Barrierefreiheit, sondern auch die Bereitstellung individueller Unterstützung und angepasster Lehrmethoden. Lehrpläne müssen inklusiv sein und die Vielfalt der Schüler berücksichtigen. Nur wenn Bildungseinrichtungen Barrieren abbauen und Vielfalt fördern, können sie eine echte Chancengleichheit für Schüler mit Behinderungen bieten.

Im Gesundheitswesen sind die Herausforderungen ähnlich. Menschen mit Behinderungen benötigen oft spezielle medizinische Dienstleistungen, die jedoch nicht immer barrierefrei angeboten werden. Der Zugang zu Gesundheitsversorgung muss für alle Menschen gewährleistet sein, unabhängig von ihren körperlichen oder geistigen Fähigkeiten. Dies erfordert nicht nur bauliche Anpassungen, sondern auch Schulungen für das medizinische Personal, um ein besseres Verständnis für die Bedürfnisse von Menschen mit Behinderungen zu entwickeln. Eine barrierefreie Gesundheitsversorgung ist ein grundlegendes Menschenrecht und ein entscheidender Schritt zur Chancengleichheit.

In der Arbeitswelt ist Chancengleichheit von großer Bedeutung, um die Fähigkeiten und Talente von Menschen mit Behinderungen zu nutzen. Arbeitgeber sollten sich aktiv um die Schaffung eines inklusiven Arbeitsumfeldes bemühen, das nicht nur physische Barrieren abbaut, sondern auch eine Kultur der Wertschätzung und Unterstützung fördert. Programme zur beruflichen Bildung und Weiterbildung sollten darauf abzielen, Menschen mit Behinderungen in den Arbeitsmarkt zu integrieren. Dies fördert nicht nur die wirtschaftliche Unabhängigkeit, sondern bereichert auch die Vielfalt der Belegschaft.

Schließlich spielt die Architektur eine entscheidende Rolle bei der Schaffung einer barrierefreien Umgebung, die Chancengleichheit fördert. Gebäude und öffentliche Räume müssen so gestaltet werden, dass sie für alle Menschen zugänglich sind. Dies umfasst nicht nur die Berücksichtigung von Mobilitätsbedürfnissen, sondern auch die Gestaltung von Räumen, die soziale Interaktionen und Teilhabe ermöglichen. Eine inklusive Architektur fördert das Bewusstsein für die Bedürfnisse von Menschen mit

Behinderungen und trägt dazu bei, eine Gesellschaft zu schaffen, in der jeder Mensch die gleichen Chancen hat, sein volles Potenzial zu entfalten.

Barrierefreie Arbeitsplatzgestaltung

Barrierefreie Arbeitsplatzgestaltung ist ein zentrales Thema, das für Menschen mit Behinderungen von großer Bedeutung ist. Eine inklusive Arbeitsumgebung ermöglicht es diesen Personen, ihre Fähigkeiten voll auszuschöpfen und aktiv am Berufsleben teilzunehmen. Der Arbeitsplatz sollte so gestaltet sein, dass er den individuellen Bedürfnissen gerecht wird, unabhängig von der Art oder Schwere der Behinderung. Dazu gehören sowohl physische Anpassungen als auch technische Hilfsmittel, die eine barrierefreie Nutzung der Arbeitsplätze gewährleisten.

Ergonomie und Zugänglichkeit sind zentrale Aspekte, die in der heutigen Gesellschaft immer mehr an Bedeutung gewinnen. Sie sind nicht nur für Menschen mit Behinderung von Relevanz, sondern betreffen uns alle. Eine ergonomische Gestaltung von Räumen und Produkten sorgt dafür, dass jeder Mensch, unabhängig von seinen physischen oder kognitiven Fähigkeiten, ein erfülltes und aktives Leben führen kann. Durch die Berücksichtigung ergonomischer Prinzipien schaffen wir Umgebungen, die nicht nur funktional, sondern auch einladend sind und ein Gefühl von Zugehörigkeit vermitteln.

Ein weiterer wichtiger Aspekt der barrierefreien Arbeitsplatzgestaltung ist die physische Zugänglichkeit. Dies umfasst den Zugang zu Gebäuden, Büros und

Besprechungsräumen sowie die Gestaltung von Arbeitsplätzen, die eine einfache Nutzung ermöglichen. Rampen, breite Türen und höhenverstellbare Tische sind nur einige Beispiele für Anpassungen, die notwendig sind, um Barrieren abzubauen. Zudem sollte die Gestaltung der Arbeitsumgebung auch die Bedürfnisse von Menschen mit Seh- oder Hörbehinderungen berücksichtigen, etwa durch akustische Signale oder visuelle Hilfen.

Technologische Unterstützung spielt eine entscheidende Rolle bei der Schaffung barrierefreier Arbeitsplätze. Softwarelösungen, die sprachgesteuerte Eingaben oder Bildschirmvergrößerungen ermöglichen, können Menschen mit unterschiedlichen Behinderungen helfen, ihre Arbeit effizient zu erledigen. Zusätzlich sollten Arbeitgeber in die Schulung ihrer Mitarbeiter investieren, um sicherzustellen, dass alle Angestellten die zur Verfügung stehenden Hilfsmittel effektiv nutzen können. Eine solche Schulung fördert nicht nur die Inklusion, sondern auch das Bewusstsein für die Bedürfnisse von Kollegen mit Behinderungen.

Die Förderung einer inklusiven Unternehmenskultur ist ebenso wichtig wie die physische und technische Gestaltung des Arbeitsplatzes. Arbeitgeber sollten ein Umfeld schaffen, in dem Vielfalt geschätzt wird und Menschen mit Behinderungen ermutigt werden, ihre Perspektiven und Ideen einzubringen. Regelmäßige Schulungen zur Sensibilisierung und Workshops zur Teamarbeit können dazu beitragen, Vorurteile abzubauen und die Zusammenarbeit zwischen Mitarbeitern mit und ohne Behinderungen zu stärken.

Abschließend lässt sich sagen, dass eine barrierefreie Arbeitsplatzgestaltung nicht nur gesetzliche Vorgaben erfüllen sollte, sondern auch eine wesentliche Voraussetzung für soziale Gerechtigkeit und Chancengleichheit darstellt. Indem Unternehmen proaktiv Barrieren abbauen und eine inklusive Kultur fördern, tragen sie dazu bei, dass Menschen mit Behinderungen gleichberechtigt am Arbeitsleben teilnehmen können. Dies kommt nicht nur den betroffenen Individuen zugute, sondern bereichert auch die gesamte Gesellschaft durch eine vielfältige und engagierte Belegschaft.

Arbeitgeberverantwortung und Inklusion

Arbeitgeber haben eine entscheidende Verantwortung, um eine inklusive Arbeitsumgebung für Menschen mit Behinderungen zu schaffen. Diese Verantwortung geht über die bloße Einhaltung gesetzlicher Vorgaben hinaus; sie umfasst die aktive Förderung von Barrierefreiheit und Chancengleichheit. Inklusion bedeutet, dass alle Mitarbeiter, unabhängig von ihren individuellen Fähigkeiten, gleichwertige Möglichkeiten zur Teilnahme und zur Entfaltung ihrer Potenziale erhalten. Arbeitgeber sollten sich ihrer Rolle bewusst sein und Strategien entwickeln, die über physische Barrieren hinausgehen, um eine Kultur zu fördern, die Vielfalt wertschätzt und integriert.

Ein zentraler Aspekt der Arbeitgeberverantwortung ist die Schaffung barrierefreier Arbeitsplätze. Dies umfasst nicht nur die bauliche Gestaltung der Arbeitsumgebung, sondern auch die Anpassung von Arbeitsabläufen und Technologien, um sicherzustellen, dass alle Mitarbeiter aktiv am Arbeitsleben teilnehmen können. Arbeitgeber sollten regelmäßig ihre Räumlichkeiten und Arbeitsbedingungen überprüfen, um sicherzustellen, dass sie den Bedürfnissen von Menschen mit unterschiedlichen Behinderungen gerecht werden. Dies kann durch die Einbeziehung von Betroffenen in den Planungsprozess geschehen, um deren Perspektiven und Erfahrungen zu berücksichtigen.

Darüber hinaus sollten Arbeitgeber Schulungsprogramme für alle Mitarbeiter anbieten, um das Bewusstsein für die Herausforderungen und Bedürfnisse von Menschen mit Behinderungen zu schärfen. Eine inklusive Unternehmenskultur kann nur entstehen, wenn alle Mitarbeiter die Bedeutung von Vielfalt und Inklusion verstehen und unterstützen. Diese Schulungen sollten nicht nur rechtliche Aspekte abdecken, sondern auch praktische Tipps und Strategien vermitteln, wie Mitarbeiter mit Behinderungen unterstützt werden können. Ein respektvolles und wertschätzendes Miteinander trägt entscheidend zu einer positiven Arbeitsatmosphäre bei.

Ein weiterer wichtiger Punkt ist die Förderung der beruflichen Weiterentwicklung von Menschen mit Behinderungen. Arbeitgeber sollten gezielte Förderprogramme einführen, die es diesen Mitarbeitern ermöglichen, ihre Fähigkeiten zu erweitern und Karrierechancen zu nutzen. Mentoring-Programme, spezielle Weiterbildungsangebote und Unterstützung bei der beruflichen Neuorientierung können dazu beitragen, Barrieren abzubauen und den Zugang zu Führungspositionen zu erleichtern. Die Verantwortung der Arbeitgeber erstreckt sich somit auch auf die Schaffung von Aufstiegsmöglichkeiten und die Anerkennung der Leistungen von Menschen mit Behinderungen.

216

Förderung der Teilhabe am Arbeitsleben

Die Förderung der Teilhabe am Arbeitsleben ist ein zentraler Aspekt, um Menschen mit Behinderung ein selbstbestimmtes und erfülltes Leben zu ermöglichen. In einer Gesellschaft, die Vielfalt schätzt, ist es entscheidend, Barrieren abzubauen und jedem die Chance zu geben, seine Talente und Fähigkeiten in den Arbeitsmarkt einzubringen. Arbeitgeber sind gefordert, eine inklusive Unternehmenskultur zu schaffen, die nicht nur rechtliche Vorgaben erfüllt, sondern auch das Potenzial jedes Einzelnen erkennt und fördert. Durch gezielte Maßnahmen und Anpassungen kann eine Arbeitsumgebung entstehen, die für alle zugänglich ist.

Ein wichtiger Schritt zur Förderung der Teilhabe ist die Sensibilisierung von Unternehmen. Schulungen und Workshops können helfen, ein Bewusstsein für die Bedürfnisse von Menschen mit Behinderung zu schaffen. Es ist wesentlich, dass Führungskräfte und Mitarbeitende verstehen, welche Herausforderungen diese Menschen im Berufsalltag erleben und wie sie unterstützt werden können. Eine proaktive Herangehensweise an Barrierefreiheit fördert nicht nur das Wohlbefinden der Angestellten, sondern steigert auch die Motivation und Produktivität im gesamten Team.

Die Gestaltung eines barrierefreien Arbeitsplatzes spielt eine zentrale Rolle. Dies umfasst sowohl die physische Gestaltung von Büroräumen als auch die Implementierung digitaler Lösungen, die den Zugang zu Informationen erleichtern. Ergonomische Möbel, barrierefreie Software und technische Hilfsmittel können dazu beitragen, dass Menschen mit unterschiedlichen Bedürfnissen ihren Arbeitsplatz optimal nutzen können. Die Investition in solche Maßnahmen ist nicht nur eine rechtliche Verpflichtung, sondern auch eine Chance, das Unternehmen als attraktiven Arbeitgeber zu positionieren.

Zusätzlich zur physischen und digitalen Barrierefreiheit ist die Förderung einer offenen Kommunikation von großer Bedeutung. Menschen mit Behinderung sollten in den Entscheidungsprozess einbezogen werden, wenn es um die Gestaltung ihres Arbeitsumfeldes geht. Durch regelmäßige Rückmeldungen und den Austausch von Erfahrungen können Unternehmen kontinuierlich an der Verbesserung ihrer Angebote arbeiten. Ein respektvoller Dialog fördert das Vertrauen und schafft ein positives Arbeitsklima, in dem sich alle Mitarbeitenden wertgeschätzt fühlen.

Schließlich ist es wichtig, dass die Gesellschaft als Ganzes die Teilhabe am Arbeitsleben für Menschen mit Behinderung unterstützt. Dies kann durch gezielte Initiativen und Programme geschehen, die sowohl Bildung als auch berufliche Integration fördern. Kooperationen zwischen öffentlichen Institutionen, Bildungseinrichtungen und Unternehmen sind entscheidend, um Barrieren abzubauen und inklusive Arbeitsplätze zu schaffen. Indem wir gemeinsam an der Förderung der Teilhabe arbeiten, können wir eine Zukunft gestalten, in der Vielfalt nicht nur akzeptiert, sondern als Stärke gefeiert wird.

Abschließend lässt sich festhalten, dass die Arbeitgeberverantwortung im Kontext der Inklusion weitreichend ist und sowohl praktische Maßnahmen als auch die Förderung einer inklusiven Unternehmenskultur umfasst. Die Schaffung einer barrierefreien Arbeitsumgebung erfordert Engagement, Kreativität und den Willen, Herausforderungen aktiv anzugehen. Letztlich profitieren nicht nur Menschen mit Behinderungen von diesen Maßnahmen, sondern auch die Unternehmen selbst, die durch Vielfalt und inklusive Praktiken an Innovationskraft und Wettbewerbsfähigkeit gewinnen.

29 Barrierefreiheit und soziale Gerechtigkeit

Zusammenhänge zwischen Barrierefreiheit und sozialer Gerechtigkeit

Die Zusammenhänge zwischen Barrierefreiheit und sozialer Gerechtigkeit sind von zentraler Bedeutung für das Verständnis der Herausforderungen, vor denen Menschen mit Behinderungen im Alltag stehen. Barrierefreiheit bedeutet nicht nur die physische Zugänglichkeit von Räumen und Dienstleistungen, sondern auch die Schaffung von gleichwertigen Chancen und Teilhabe für alle. Soziale Gerechtigkeit beinhaltet die Fairness in der Verteilung von Ressourcen und Chancen, was direkt mit der Barrierefreiheit verknüpft ist. Wenn Barrieren im Alltag bestehen, sei es in der Mobilität, Bildung oder im Gesundheitswesen, wird die soziale Gerechtigkeit untergraben, da Menschen mit Behinderungen oft von grundlegenden Rechten und Möglichkeiten ausgeschlossen werden.

Im öffentlichen Raum zeigt sich, wie essenziell Barrierefreiheit für die soziale Teilhabe ist. Wenn Fußwege, öffentliche Verkehrsmittel und Plätze nicht für alle zugänglich sind, werden Menschen mit Behinderungen in ihrer Bewegungsfreiheit stark eingeschränkt. Diese Einschränkung führt zu einer sozialen Isolation und einer spürbaren Ungleichheit im Zugang zu gesellschaftlichen Ressourcen. Die Gestaltung eines barrierefreien öffentlichen Raums ist daher nicht nur eine technische Herausforderung, sondern ein Akt der sozialen Gerechtigkeit, der es allen ermöglicht, am öffentlichen Leben teilzuhaben.

In Bildungseinrichtungen wird der Zusammenhang zwischen Barrierefreiheit und sozialer Gerechtigkeit besonders deutlich. Eine inklusive Bildung, die Barrieren abbaut, eröffnet allen Lernenden die Möglichkeit, ihr Potenzial zu entfalten. Wenn Schulen und Hochschulen nicht barrierefrei gestaltet sind, werden Schülerinnen und Schüler mit Behinderungen systematisch benachteiligt. Eine gerechte Bildungspolitik muss daher sicherstellen, dass alle Bildungseinrichtungen barrierefrei sind, um Chancengleichheit zu gewährleisten und Diskriminierung zu vermeiden.

Im Gesundheitswesen sind die Auswirkungen mangelnder Barrierefreiheit ebenfalls gravierend. Der Zugang zu medizinischen Behandlungen und Dienstleistungen ist für Menschen mit Behinderungen oft eingeschränkt, was ihre Gesundheit und Lebensqualität beeinträchtigen kann. Eine gerechte Gesundheitsversorgung muss Barrieren abbauen, um sicherzustellen, dass alle Menschen unabhängig von ihren physischen Fähigkeiten die erforderliche medizinische Versorgung erhalten. Dies ist nicht nur eine Frage des Zugangs, sondern auch eine grundlegende Voraussetzung für soziale Gerechtigkeit im Gesundheitsbereich.

Schließlich ist es wichtig, die Barrierefreiheit in der Arbeitswelt zu betrachten. Ein barrierefreier Arbeitsplatz ist entscheidend für die Teilhabe von Menschen mit

Behinderungen am Arbeitsleben. Eine inklusive Arbeitsumgebung fördert nicht nur die Vielfalt, sondern trägt auch zur sozialen Gerechtigkeit bei, indem sie Chancengleichheit schafft. Arbeitgeber und Behörden müssen gemeinsam daran arbeiten, Barrieren abzubauen und ein Arbeitsumfeld zu schaffen, das für alle zugänglich ist. Dies ist ein Schritt in Richtung einer gerechten Gesellschaft, in der jeder die Möglichkeit hat, aktiv und gleichwertig teilzuhaben.

Politische Maßnahmen zur Förderung der Barrierefreiheit

Politische Maßnahmen zur Förderung der Barrierefreiheit sind entscheidend, um ein inklusives Umfeld für Menschen mit Behinderungen zu schaffen. In den letzten Jahren haben verschiedene Regierungen und Institutionen erkannt, dass Barrierefreiheit nicht nur ein rechtliches, sondern auch ein ethisches Gebot ist. Gesetze wie das Behindertengleichstellungsgesetz und die UN-Behindertenrechtskonvention bieten einen rechtlichen Rahmen, der die Notwendigkeit von barrierefreien Lebensbedingungen unterstreicht. Diese Normen fördern die Entwicklung von Richtlinien, die sicherstellen sollen, dass Menschen mit Behinderungen gleichberechtigt am gesellschaftlichen Leben teilnehmen können.

Ein zentraler Aspekt dieser politischen Maßnahmen ist die Verbesserung der Barrierefreiheit im öffentlichen Raum. Dies umfasst die Gestaltung von Gehwegen, Straßen und öffentlichen Verkehrsmitteln. Kommunen sind gefordert, ihre Infrastruktur so zu planen und umzusetzen, dass sie für alle Menschen zugänglich ist. Dazu gehören unter anderem der Einbau von Rampen, die Bereitstellung von taktilen Leitsystemen für Menschen mit Sehbehinderungen sowie die Sicherstellung eines barrierefreien Zugangs zu öffentlichen Gebäuden. Eine umfassende Schulung von Planern und Architekten ist nötig, um diese Standards konsequent anzuwenden.

Im Bildungssektor sind politische Maßnahmen ebenfalls von großer Bedeutung. Es ist unerlässlich, dass Bildungseinrichtungen barrierefrei gestaltet werden, um allen Schülern und Studenten die gleichen Chancen zu bieten. Dies umfasst nicht nur physische Barrierefreiheit, sondern auch die Entwicklung von inklusiven Lehrplänen, die den unterschiedlichen Bedürfnissen der Lernenden gerecht werden. Förderprogramme für Schulen und Hochschulen können dazu beitragen, finanzielle Hürden abzubauen und die Implementierung von barrierefreien Maßnahmen zu unterstützen.

Im Gesundheitswesen müssen Maßnahmen ergriffen werden, um den Zugang zu medizinischen Dienstleistungen zu gewährleisten. Barrierefreiheit in Arztpraxen, Krankenhäusern und anderen Gesundheitseinrichtungen ist unerlässlich, um sicherzustellen, dass Menschen mit Behinderungen die notwendige medizinische Versorgung erhalten. Politische Initiativen könnten Anreize schaffen, um Einrichtungen zu fördern, die barrierefreie Dienstleistungen anbieten, und gleichzeitig die Sensibilität für die spezifischen Bedürfnisse dieser Personengruppe erhöhen.

Zusammenfassend lässt sich sagen, dass politische Maßnahmen zur Förderung der Barrierefreiheit eine grundlegende Rolle für die soziale Gerechtigkeit spielen. Sie tragen dazu bei, Barrieren abzubauen und die Chancengleichheit für Menschen mit Behinderungen zu erhöhen. Es ist wichtig, dass sowohl die Regierung als auch die Gesellschaft als Ganzes diese Verantwortung ernst nehmen und kontinuierlich an Lösungen arbeiten, die eine inklusive und barrierefreie Zukunft ermöglichen. Nur durch gemeinsames Engagement können wir eine Gesellschaft schaffen, in der jeder Mensch unabhängig von seinen Fähigkeiten ein selbstbestimmtes Leben führen kann.

Zukunft der Barrierefreiheit im Kontext sozialer Gerechtigkeit

Die Zukunft der Barrierefreiheit im Kontext sozialer Gerechtigkeit erfordert eine umfassende Betrachtung der bestehenden Strukturen und deren Auswirkungen auf Menschen mit Behinderungen. Eine integrative Gesellschaft sollte Barrieren nicht nur abbauen, sondern auch aktiv daran arbeiten, eine Umgebung zu schaffen, in der jeder unabhängig von seinen physischen, sensorischen oder kognitiven Fähigkeiten vollständig teilnehmen kann. In diesem Sinne ist es entscheidend, dass Behörden und Institutionen sich nicht nur auf gesetzliche Vorgaben beschränken, sondern darüber hinaus eine proaktive Haltung einnehmen, um echte Inklusion zu fördern.

Ein zentraler Aspekt der zukünftigen Barrierefreiheit ist die Gestaltung öffentlicher Räume, die für alle Menschen zugänglich sein müssen. Dies umfasst nicht nur die physische Zugänglichkeit von Gebäuden und Verkehrsanlagen, sondern auch die Berücksichtigung von digitalen Angeboten. Die digitale Barrierefreiheit spielt eine immer größere Rolle, da viele Dienstleistungen online verfügbar sind. Eine gerechte Gesellschaft muss sicherstellen, dass digitale

Plattformen ebenso zugänglich sind wie physische Räume, um allen Menschen die gleichen Chancen zu bieten.

In Bildungseinrichtungen muss Barrierefreiheit über den Zugang zu Räumlichkeiten hinausgehen. Lehrpläne, Lehrmethoden und Prüfungsformate sollten so gestaltet werden, dass sie allen Lernenden gerecht werden. Dazu gehört auch die Schulung von Lehrkräften im Umgang mit Diversität und individuellen Bedürfnissen. Nur durch eine umfassende Bildungsgerechtigkeit kann sichergestellt werden, dass Menschen mit Behinderungen die gleichen Bildungschancen erhalten und ihr volles Potenzial ausschöpfen können.

Im Gesundheitswesen ist Barrierefreiheit entscheidend für die Chancengleichheit. Der Zugang zu medizinischer Versorgung muss nicht nur physisch gewährleistet sein, sondern auch sprachliche und kulturelle Barrieren berücksichtigen. Gesundheitsdienstleister sollten geschult werden, um die Bedürfnisse von Menschen mit Behinderungen zu verstehen und adäquate Unterstützung anzubieten. Eine inklusive Gesundheitsversorgung ist ein wesentlicher Bestandteil sozialer Gerechtigkeit und trägt dazu bei, die Lebensqualität von Menschen mit Behinderungen zu verbessern.

Die Architektur und der Verkehr sind weitere Bereiche, in denen Barrierefreiheit eine Schlüsselrolle spielt. Innovative Ansätze in der Architektur können dazu beitragen, inklusive Räume zu schaffen, die sowohl ästhetisch ansprechend als auch funktional sind. Im Verkehrswesen müssen Lösungen entwickelt werden, die Mobilität für alle gewährleisten, unabhängig von körperlichen Einschränkungen. Die Zusammenarbeit zwischen Architekten, Stadtplanern und Menschen mit Behinderungen ist entscheidend, um eine zukunftsfähige und gerechte Umgebung zu schaffen. Die Vision einer barrierefreien Zukunft erfordert also ein gemeinsames Engagement aller gesellschaftlichen Akteure.

30   Barrierefreies Reisen und Urlaub

Planung barrierefreier Reisen

Planung barrierefreier Reisen ist ein entscheidender Schritt, um sicherzustellen, dass jeder Mensch, unabhängig von seiner Mobilität oder seinen Bedürfnissen, die Welt genießen kann. Die richtige Planung ermöglicht es Menschen mit Behinderungen, unvergessliche Erlebnisse zu sammeln und die Schönheit neuer Orte zu entdecken. Dabei spielen verschiedene Aspekte eine wichtige Rolle, angefangen bei der Auswahl des Reiseziels bis hin zur Buchung von Unterkünften und der Organisation von Transportmitteln. Diese Überlegungen helfen nicht nur Reisenden mit Behinderungen, sondern sensibilisieren auch die Gesellschaft für die Bedeutung von Barrierefreiheit.

Ein zentraler Aspekt bei der Planung barrierefreier Reisen ist die Recherche nach barrierefreien Unterkünften. Viele Hotels und Ferienwohnungen haben mittlerweile spezielle Angebote für Menschen mit Mobilitätseinschränkungen. Dazu gehören rollstuhlgerechte Zugänge, barrierefreie Badezimmer und geeignete Möblierungen. Bei der Buchung ist es wichtig, direkt nach den spezifischen Bedürfnissen zu fragen und sicherzustellen, dass alle versprochenen Einrichtungen tatsächlich vorhanden sind. Eine gute

Kommunikation zwischen Reisenden und Anbietern ist der Schlüssel zu einem stressfreien Aufenthalt.

Ein weiterer wichtiger Punkt ist die Wahl des Transportmittels. Ob Flugzeug, Zug oder Auto – die Zugänglichkeit der Verkehrsmittel muss gewährleistet sein. Airlines und Bahngesellschaften bieten zunehmend spezielle Services für Menschen mit Behinderungen an, wie zum Beispiel Unterstützung beim Ein- und Aussteigen oder spezielle Sitzplatzreservierungen. Auch die Planung von Transfers am Zielort sollte berücksichtigt werden. Hierbei können barrierefreie Taxis oder Mietwagen mit entsprechender Ausstattung eine große Hilfe sein.

Zusätzlich zur Wahl der Unterkunft und der Transportmittel sollte auch die Erschließung von Freizeitaktivitäten in der Umgebung des Reiseziels in den Fokus rücken. Viele Städte und Regionen haben sich auf die Bedürfnisse von Menschen mit Behinderungen eingestellt und bieten zahlreiche barrierefreie Attraktionen an. Ob Museen, Parks oder Veranstaltungen – es gibt eine Vielzahl von Möglichkeiten, die entdeckt werden können. Die Einbeziehung von lokalen Informationen und Empfehlungen kann dazu beitragen, dass die Reise zu einem wertvollen Erlebnis wird.

Schließlich ist es wichtig, dass jeder Reisende auch auf seine eigenen Bedürfnisse hört und sich nicht scheut, im Vorfeld Fragen zu stellen oder besondere Anforderungen zu äußern. Barrierefreies Reisen sollte keine Herausforderung, sondern eine inspirierende Möglichkeit sein, neue Horizonte zu erkunden. Durch die richtige Planung und die Auswahl der passenden Angebote kann jeder Mensch die Freiheit erleben, die Welt zu bereisen und dabei die Vielfalt des Lebens zu genießen.

Reiseziele für alle

Reisen eröffnet uns die Möglichkeit, neue Kulturen zu entdecken, Freundschaften zu schließen und unvergessliche Erinnerungen zu schaffen. Für Menschen mit Behinderung kann die Auswahl des richtigen Reiseziels jedoch eine Herausforderung darstellen. Es ist wichtig, Orte zu finden, die nicht nur zugänglich sind, sondern auch einladend und inspirierend. In diesem Kapitel möchten wir verschiedene Reiseziele vorstellen, die für alle zugänglich sind und bei denen jeder die Freiheit hat, die Welt zu erkunden und zu genießen.

Ein besonders einladendes Reiseziel ist die norddeutsche Küste, wo barrierefreie Strände und Promenaden zum Entspannen und Erholen einladen. Viele Küstenorte haben sich auf die Bedürfnisse von Menschen mit Behinderung eingestellt und bieten rollstuhlgerechte Zugänge zu Stränden, Sanitäranlagen und Freizeitangeboten. Diese Region ermöglicht es Reisenden, die frische Meeresluft zu genießen, während sie gleichzeitig die Schönheit der Natur erleben. Strandpromenaden mit breiten Wegen und speziellen Liegen machen es möglich, dass jeder den Strand genießen kann.

Ein weiteres inspirierendes Ziel ist die bayerische Alpenregion. Hier stehen nicht nur atemberaubende Landschaften im Vordergrund, sondern auch zahlreiche barrierefreie Aktivitäten. Viele Berghütten und Wanderwege sind so gestaltet, dass sie für Menschen mit Mobilitätseinschränkungen zugänglich sind. Mit speziellen Rollstühlen oder E-Bikes können die beeindruckenden Ausblicke und die frische Bergluft für alle zugänglich gemacht werden. Dies fördert nicht nur das körperliche

Wohlbefinden, sondern auch die mentale Gesundheit und das Gefühl der Gemeinschaft.

Städtetrips bieten ebenfalls viele Möglichkeiten für barrierefreies Reisen. Städte wie Berlin und München haben sich zum Ziel gesetzt, ihre Infrastruktur für alle Bürger zugänglich zu machen. Öffentliche Verkehrsmittel, Sehenswürdigkeiten und Museen sind vielfach barrierefrei gestaltet. Diese Städte bieten eine Fülle von kulturellen Erlebnissen und Veranstaltungen, die für alle zugänglich sind. Mit gezielten Informationen und Hilfestellungen wird der Besuch zur Bereicherung für alle Reisenden, unabhängig von ihren individuellen Bedürfnissen.

Abschließend ist es wichtig, dass die Reisebranche weiterhin auf die Bedürfnisse von Menschen mit Behinderung eingeht und barrierefreie Angebote ausbaut. Durch bewusstes Reisen und die Entscheidung für barrierefreie Ziele können wir nicht nur unsere eigenen Horizonte erweitern, sondern auch ein Zeichen für Inklusion und Gleichberechtigung setzen. Lassen Sie sich inspirieren und entdecken Sie die Vielfalt der Welt, die für jeden zugänglich ist.

31 Barrierefreiheit in öffentlichen Verkehrsmitteln

Gestaltung von Verkehrsanlagen

Die Gestaltung von Verkehrsanlagen spielt eine entscheidende Rolle, um allen Menschen, insbesondere jenen mit Behinderungen, eine gleichberechtigte Teilhabe am gesellschaftlichen Leben zu ermöglichen. Eine barrierefreie Infrastruktur ist nicht nur ein gesetzliches Erfordernis, sondern auch ein Ausdruck von Respekt und Wertschätzung gegenüber jedem Einzelnen. Wenn wir Verkehrsanlagen so gestalten, dass sie für alle zugänglich sind, fördern wir ein Umfeld, in dem jeder die Freiheit hat, sich zu bewegen, zu reisen und seine Freizeit zu genießen.

Bei der Planung von Verkehrsanlagen ist es wichtig, die Bedürfnisse verschiedener Nutzergruppen zu berücksichtigen. Menschen mit Gehbehinderungen benötigen vielleicht breitere Gehwege, während Sehbehinderte auf taktile Bodenleitsysteme angewiesen sind. Auch ältere Menschen profitieren von rutschfesten Oberflächen und ausreichend Sitzgelegenheiten in Wartebereichen. Die Einbeziehung dieser Aspekte in die Gestaltung verbessert nicht nur die Zugänglichkeit, sondern steigert auch die Sicherheit und den Komfort für alle Verkehrsteilnehmer.

Innovative Ansätze in der Gestaltung von Verkehrsanlagen können auch dazu beitragen, Barrieren abzubauen. Beispiele hierfür sind die Integration von modernen Technologien, wie Apps zur Navigation für Menschen mit Behinderungen oder die Bereitstellung von Informationen in leichter Sprache. Solche Lösungen machen den öffentlichen Raum verständlicher und einladender. Auch die Schaffung von Begegnungszonen, in denen Menschen sich austauschen und miteinander interagieren können, trägt zur sozialen Integration bei und fördert das Miteinander.

Die Zusammenarbeit zwischen verschiedenen Akteuren, wie Städten, Gemeinden, Architekten und Verbänden für Menschen mit Behinderungen, ist unerlässlich. Nur durch einen offenen Dialog und den Austausch von Ideen können wir wirkungsvolle und nachhaltige Lösungen entwickeln. Workshops und Informationsveranstaltungen bieten die Möglichkeit, die Perspektiven der Betroffenen in den Gestaltungsprozess einzubeziehen. Dadurch entstehen Verkehrsanlagen, die nicht nur funktional, sondern auch inspirierend sind und das Lebensgefühl aller Menschen bereichern.

Abschließend lässt sich sagen, dass die Gestaltung von Verkehrsanlagen eine große Chance bietet, Barrieren abzubauen und Inklusion zu fördern. Indem wir uns gemeinsam für eine barrierefreie Zukunft einsetzen, schaffen wir Räume, in denen jeder die Freiheit hat, aktiv am Leben teilzunehmen. Es ist an der Zeit, dass wir diesen Wandel vollziehen und eine Gesellschaft gestalten, in der jeder Mensch, unabhängig von seinen Fähigkeiten, die Möglichkeit hat, seine Freizeit zu genießen und sich in der Welt zu bewegen.

Nutzung öffentlicher Verkehrsmittel

Die Nutzung öffentlicher Verkehrsmittel stellt für viele Menschen mit Behinderung eine wichtige Möglichkeit dar, Mobilität und Teilhabe am gesellschaftlichen Leben zu erfahren. Barrierefreie Verkehrsmittel sind entscheidend, um sicherzustellen, dass alle Bürger unabhängig und selbstbestimmt reisen können. Es ist erfreulich zu sehen, dass immer mehr Städte und Gemeinden in Deutschland Schritte unternehmen, um den öffentlichen Nahverkehr für Menschen mit unterschiedlichen Bedürfnissen zugänglich zu machen. Diese Entwicklungen sind nicht nur notwendig, sondern auch ein Zeichen für eine inklusive Gesellschaft.

Ein zentraler Aspekt der Barrierefreiheit in öffentlichen Verkehrsmitteln sind die Fahrzeuge selbst. Moderne Busse und Bahnen sind zunehmend mit Rampen, breiteren Türen und speziellen Sitzplätzen ausgestattet, die den Zugang erleichtern. Informationen zu den barrierefreien Angeboten werden oft auch in digitaler Form bereitgestellt, sodass Fahrgäste vorab planen können. Diese Maßnahmen tragen dazu bei, das Gefühl der Sicherheit und Selbstständigkeit zu fördern. Menschen mit Behinderungen sollten die Gewissheit haben, dass sie ohne Hindernisse zu ihren Zielen gelangen können.

Die Infrastruktur rund um die Haltestellen ist ebenso wichtig. Rampen, taktile Leitsysteme und gut gestaltete Sitzgelegenheiten ermöglichen es Menschen mit unterschiedlichen Einschränkungen, sich problemlos zu orientieren und zu warten. Kommunen sollten darauf achten, dass diese Elemente nicht nur vorhanden, sondern auch in einem guten Zustand sind. Regelmäßige Wartung und Überprüfungen sind notwendig, um die Barrierefreiheit konstant zu gewährleisten und das Vertrauen der Nutzer zu sichern.

Zusätzlich zu den physischen Anpassungen ist die Schulung des Personals ein weiterer Schlüssel zur Barrierefreiheit im öffentlichen Verkehr. Fahrer und Mitarbeiter sollten regelmäßig geschult werden, um ein Bewusstsein für die Bedürfnisse von Menschen mit Behinderungen zu entwickeln. Freundliche und kompetente Unterstützung kann oft den entscheidenden Unterschied ausmachen und eine positive Fahrterfahrung fördern. Die Kommunikation zwischen den Fahrgästen und dem Personal sollte offen und respektvoll sein, um gemeinsam Lösungen zu finden.

Letztlich ist die Nutzung öffentlicher Verkehrsmittel nicht nur eine Frage der Barrierefreiheit, sondern auch eine Möglichkeit, das Selbstbewusstsein und die Unabhängigkeit von Menschen mit Behinderung zu stärken. Indem wir gemeinsam an einem barrierefreien Mobilitätssystem arbeiten, schaffen wir eine inklusive Gesellschaft, in der jeder Einzelne die Freiheit hat, seine Freizeitaktivitäten und Ziele zu verfolgen. Öffentliche Verkehrsmittel können somit nicht nur physische Wege eröffnen, sondern auch Brücken zwischen Menschen und ihren Träumen schlagen.

32 Digitale Barrierefreiheit in Webdesign

Grundlagen der digitalen Barrierefreiheit

Digitale Barrierefreiheit ist ein zentrales Thema für die Schaffung einer inklusiven Gesellschaft, in der jeder Mensch, unabhängig von seinen Fähigkeiten, Zugang zu Informationen und Dienstleistungen hat. Diese Grundlagen sind nicht nur für Menschen mit Behinderung von Bedeutung, sondern auch für Geschäfte, Bürger und alle, die an einer barrierefreien Zukunft interessiert sind. Der digitale Raum, von Websites über Apps bis hin zu sozialen Medien, muss so gestaltet werden, dass er für alle zugänglich ist. Dies erfordert ein Umdenken in der Art und Weise, wie digitale Inhalte erstellt und präsentiert werden.

Ein wesentlicher Aspekt der digitalen Barrierefreiheit ist die Wahrnehmbarkeit von Informationen. Texte sollten klar und verständlich formuliert sein, während Bilder und Grafiken mit Alt-Texten versehen werden, um sie für Screenreader nutzbar zu machen. Darüber hinaus sollten Videos Untertitel und Audiodeskriptionen bieten, damit auch Menschen mit Hör- oder Sehbehinderungen die Inhalte vollständig erfassen können. Hierbei sind klare Standards und Richtlinien, wie die Web Content Accessibility Guidelines (WCAG), unerlässlich, um sicherzustellen, dass digitale Angebote für alle verständlich sind.

Interaktivität ist ein weiterer wichtiger Punkt, der bei der Gestaltung digitaler Inhalte berücksichtigt werden muss. Formulare, Buttons und andere interaktive Elemente sollten so gestaltet sein, dass sie mit verschiedenen Eingabegeräten, wie Tastaturen oder Touchscreens, einfach bedient werden können. Außerdem ist es wichtig, dass der Nutzer bei der Navigation durch digitale Inhalte nicht verloren geht. Eine intuitive Benutzerführung und ausreichend Zeit, um Aufgaben zu erledigen, sind entscheidend, um allen Nutzern ein positives Erlebnis zu bieten.

Die Gestaltung von digitalen Inhalten sollte zudem flexibel und anpassbar sein. Menschen haben unterschiedliche Bedürfnisse und Vorlieben, wenn es um die Darstellung von Informationen geht. Die Möglichkeit, Schriftgrößen zu ändern, Kontraste anzupassen oder alternative Farbpaletten auszuwählen, kann entscheidend dafür sein, wie gut ein Nutzer mit einer Webseite interagieren kann. Durch solch flexible Designansätze wird nicht nur die Zugänglichkeit erhöht, sondern auch das Nutzererlebnis insgesamt verbessert.

Schließlich ist es wichtig, die Sensibilisierung für digitale Barrierefreiheit zu fördern. Bildungseinrichtungen, Unternehmen und Organisationen sollten Schulungen anbieten, um das Bewusstsein für die Bedürfnisse von

Menschen mit Behinderung zu schärfen. Gleichzeitig sollten wir als Gesellschaft den Dialog über digitale Barrierefreiheit vorantreiben und die Stimmen von Menschen mit Behinderung in die Entwicklung neuer Technologien und Gestaltungskonzepte einbeziehen. Nur durch gemeinschaftliches Handeln können wir sicherstellen, dass die digitale Welt für jeden zugänglich ist und bleibt, und somit eine Freizeitgestaltung ermöglicht wird, die wirklich für jeden offensteht.

Best Practices für barrierefreies Webdesign

Barrierefreies Webdesign ist ein entscheidender Schritt, um sicherzustellen, dass alle Menschen, unabhängig von ihren Fähigkeiten, Zugang zu Informationen und Dienstleistungen im Internet haben. Bei der Gestaltung von Webseiten sollte die Benutzerfreundlichkeit für Menschen mit Behinderungen immer im Vordergrund stehen. Eine klare und intuitive Navigation ist unerlässlich. Verwenden Sie gut strukturiertes HTML, um sicherzustellen, dass Screenreader die Inhalte korrekt interpretieren können. Denken Sie daran, dass eine einfache Menüführung und eine logische Anordnung der Elemente das Surfen für alle Benutzer erleichtert.

Farben und Kontraste spielen eine wichtige Rolle in der Zugänglichkeit. Achten Sie darauf, dass der Text auf Ihrem Webauftritt ausreichend Kontrast zu seinem Hintergrund bietet, um die Lesbarkeit zu maximieren. Vermeiden Sie es, Informationen ausschließlich durch Farben zu vermitteln, da viele Menschen Farbenblindheit haben. Verwenden Sie stattdessen zusätzliche visuelle Hinweise, wie Symbole oder Text, um sicherzustellen, dass die Informationen für jeden klar verständlich sind. Eine durchdachte Farbpalette kann nicht nur die Ästhetik Ihrer Seite verbessern, sondern auch die Benutzerfreundlichkeit erheblich steigern.

Alternativtexte für Bilder sind ein weiteres wichtiges Element des barrierefreien Webdesigns. Jedes Bild sollte mit einem beschreibenden Alternativtext versehen werden, der den Inhalt und die Funktion des Bildes erklärt. Dies ermöglicht es Menschen mit Sehbehinderungen, die Informationen zu erfassen, die visuelle Inhalte vermitteln. Denken Sie daran, dass nicht nur Bilder, sondern auch Videos und andere Multimedia-Elemente entsprechend beschrieben werden sollten. Dies schafft eine inklusive Umgebung, in der alle Benutzer die gleichen Informationen erhalten, unabhängig von ihren individuellen Fähigkeiten.

Ein responsives Design ist ebenso wichtig, um die Zugänglichkeit zu optimieren. Webseiten sollten auf verschiedenen Geräten und Bildschirmgrößen gut funktionieren, insbesondere auf mobilen Geräten. Eine responsive Gestaltung gewährleistet, dass Inhalte immer zugänglich sind, unabhängig davon, wo und wie sie abgerufen werden. Achten Sie darauf, dass die Benutzeroberfläche auch auf Smartphones und Tablets intuitiv bleibt, um ein gleichbleibend positives Nutzererlebnis zu gewährleisten.

Schließlich ist es wichtig, regelmäßig Feedback von Menschen mit Behinderungen einzuholen, um die Zugänglichkeit Ihrer Webseite kontinuierlich zu verbessern. Ihre Perspektiven sind wertvoll und können Ihnen helfen, potenzielle Barrieren zu identifizieren, die Sie möglicherweise übersehen haben. Indem Sie diese Rückmeldungen aktiv in Ihre Designprozesse einbeziehen, fördern Sie nicht nur Barrierefreiheit, sondern schaffen auch eine Kultur der Inklusion und Wertschätzung, die für alle von

Vorteil ist. Barrierefreies Webdesign ist nicht nur eine gesetzliche Verpflichtung, sondern auch eine Möglichkeit, eine breitere Gemeinschaft zu erreichen und zu unterstützen.

Beispiele erfolgreicher Projekte

Ein herausragendes Beispiel für ein erfolgreiches Projekt im Bereich der barrierefreien Freizeitaktivitäten ist der Umbau eines städtischen Parks in eine inklusive Freizeitanlage. In dieser Initiative arbeiteten lokale Behörden, Bürger und Organisationen für Menschen mit Behinderungen zusammen, um den Park für alle zugänglich zu machen. Der neue Park bietet nun breite, asphaltierte Wege, die Rollstuhlbenutzern und Menschen mit Mobilitätseinschränkungen das Navigieren erleichtern. Zudem wurden spezielle Spielgeräte installiert, die auch für Kinder mit körperlichen Einschränkungen nutzbar sind, was das gemeinsame Spielen und die Integration fördert.

Ein weiteres inspirierendes Projekt ist die Entwicklung barrierefreier Reiseangebote, die speziell für Menschen mit Behinderungen konzipiert sind. Reiseveranstalter haben erkannt, dass der Bedarf an barrierefreien Urlaubszielen wächst. Daher wurden in Kooperation mit Betroffenen und Experten maßgeschneiderte Reisen entwickelt, die sowohl die Anreise als auch den Aufenthalt in barrierefreien Unterkünften umfassen. Diese Projekte haben nicht nur das Reisen für Menschen mit Behinderungen erleichtert, sondern auch das Bewusstsein der Branche für die Notwendigkeit von Barrierefreiheit geschärft.

Die barrierefreie Gestaltung öffentlicher Verkehrsmittel ist ein weiteres Beispiel für erfolgreiche Projekte, die das Leben von Menschen mit Behinderungen positiv beeinflussen. In vielen Städten wurden Busse und Bahnen mit speziellen Rampen und akustischen Ansagen ausgestattet, um die Nutzung für alle zu erleichtern. Diese Änderungen wurden durch das Feedback von Nutzern initiiert, was zeigt, wie wichtig die Einbeziehung der Gemeinschaft ist. Solche Projekte fördern nicht nur die Mobilität, sondern tragen auch zur Selbstständigkeit und zur Teilhabe am gesellschaftlichen Leben bei.

Die digitale Barrierefreiheit hat ebenfalls große Fortschritte gemacht. Verschiedene Initiativen haben dazu beigetragen, dass Websites und Apps nun benutzerfreundlicher gestaltet werden. Ein Beispiel hierfür ist die Entwicklung von Webdesign-Standards, die sicherstellen, dass alle Informationen für Menschen mit Sehbehinderungen oder anderen Einschränkungen zugänglich sind. Diese technologischen Fortschritte ermöglichen nicht nur eine bessere Kommunikation, sondern auch den Zugang zu Bildung und Informationen, die für die persönliche und berufliche Entwicklung entscheidend sind.

Schließlich sind barrierefreie Veranstaltungen und Feste ein weiteres bemerkenswertes Beispiel. Immer mehr Organisatoren setzen sich dafür ein, dass öffentliche Veranstaltungen für alle zugänglich sind. Dies umfasst die Bereitstellung von Gebärdendolmetschern, barrierefreien Zugängen und speziellen Sitzbereichen. Solche Veranstaltungen fördern nicht nur die Inklusion, sondern stärken auch das Gemeinschaftsgefühl und zeigen, dass Vielfalt eine Bereicherung für alle ist. Die positiven Rückmeldungen von Teilnehmern bestätigen den Erfolg dieser Projekte und motivieren weitere Initiativen in der Zukunft.

33 Barrierefreie Freizeitaktivitäten

Sport und Bewegung

Sport und Bewegung sind essenzielle Bestandteile eines gesunden Lebensstils, die für Menschen mit und ohne Behinderung von großer Bedeutung sind. Die Integration von Sport in das tägliche Leben fördert nicht nur die körperliche Fitness, sondern auch das geistige Wohlbefinden und die soziale Interaktion. Es gibt viele Formen von Bewegung, die barrierefrei gestaltet werden können, sodass jeder, unabhängig von seinen physischen Fähigkeiten, die Vorteile der sportlichen Betätigung erleben kann. In dieser Hinsicht ist es entscheidend, geeignete Angebote zu schaffen, die den Bedürfnissen aller gerecht werden.

Die Vielfalt der Sportarten, die für Menschen mit Behinderungen zugänglich sind, ist beeindruckend. Angepasstes Sportequipment, spezielle Trainingsmethoden und inklusive Sportvereine sind nur einige Beispiele dafür, wie Sport und Bewegung für alle zugänglich gemacht werden können. Ob Rollstuhl-Basketball, Schwimmen, Radfahren mit Handbikes oder Sitztanz – die Möglichkeiten sind nahezu unbegrenzt. Die Förderung solcher Aktivitäten in der Gemeinschaft kann helfen, Vorurteile abzubauen und das Bewusstsein für die Fähigkeiten von Menschen mit Behinderungen zu schärfen.

Ein barrierefreier Zugang zu Sportstätten ist unerlässlich, um die Teilnahme an sportlichen Aktivitäten zu ermöglichen. Dies umfasst nicht nur bauliche Maßnahmen wie Rampen und Aufzüge, sondern auch die Schaffung eines inklusiven Umfelds, in dem sich alle wohlfühlen. Schulungen für Trainer und Mitarbeiter in Sporteinrichtungen sind wichtig, um ein Verständnis für die Bedürfnisse von Menschen mit Behinderungen zu entwickeln. Nur so kann eine Atmosphäre geschaffen werden, die Motivation und Freude an der Bewegung fördert.

Darüber hinaus spielt die Gemeinschaft eine zentrale Rolle bei der Förderung von Sport und Bewegung für Menschen mit Behinderungen. Veranstaltungen, die speziell für diese Zielgruppe organisiert werden, bieten nicht nur die Möglichkeit zur sportlichen Betätigung, sondern auch zur sozialen Vernetzung und zum Austausch. Gemeinsam Sport zu treiben, schafft ein Gefühl der Zugehörigkeit und stärkt das Selbstbewusstsein. Bürger und Geschäfte sind gefragt, solche Initiativen zu unterstützen und zu fördern, um eine inklusive Gesellschaft zu gestalten.

Insgesamt zeigt sich, dass Sport und Bewegung nicht nur für die körperliche Gesundheit wichtig sind, sondern auch einen bedeutenden Beitrag zur Integration und zum sozialen Miteinander leisten können. Durch barrierefreie Angebote und eine offene, unterstützende Haltung können wir sicherstellen, dass jeder Mensch, unabhängig von seinen Fähigkeiten, die Chance erhält, aktiv zu sein und die Freude an Bewegung zu erleben. Lasst uns gemeinsam daran arbeiten, eine Welt zu schaffen, in der Sport und Bewegung für alle zugänglich sind und die Vielfalt gefeiert wird.

Kreative Hobbys und Workshops

Kreative Hobbys und Workshops bieten eine wunderbare Möglichkeit, die Freizeit sinnvoll zu gestalten und gleichzeitig Barrieren abzubauen. Diese Aktivitäten fördern nicht nur die Kreativität, sondern auch die sozialen Kontakte und das Gemeinschaftsgefühl. Durch die Teilnahme an Workshops können Menschen mit Behinderung ihre Talente und Fähigkeiten entdecken, neue Techniken erlernen und sich in einem unterstützenden Umfeld entfalten. Die Vielfalt der kreativen Hobbys, von Malerei über Töpfern bis hin zu Musik- und Tanzkursen, ermöglicht es jedem, das Passende für sich zu finden.

Ein barrierefreier Zugang zu kreativen Workshops ist entscheidend, um allen Menschen die Teilnahme zu ermöglichen. Veranstalter sollten darauf achten, dass die Räumlichkeiten sowohl physisch als auch kommunikativ zugänglich sind. Dies bedeutet nicht nur, dass Rollstuhlrampen und breite Türen vorhanden sind, sondern auch, dass die Kursinhalte in einfacher Sprache vermittelt werden. Auch die Ausstattung der Werkstätten sollte an die Bedürfnisse der Teilnehmenden angepasst werden, um eine inklusive Atmosphäre zu schaffen. So können alle unabhängig von ihren Fähigkeiten kreativ tätig werden.

Darüber hinaus können kreative Hobbys eine therapeutische Wirkung haben, indem sie Stress abbauen und das Wohlbefinden steigern. Die Auseinandersetzung mit Kunst und Handwerk ermöglicht es den Teilnehmenden, Emotionen auszudrücken und ihre innere Welt zu reflektieren. Workshops, die speziell auf Menschen mit Behinderung ausgerichtet sind, können therapeutische Elemente integrieren, die den individuellen Bedürfnissen gerecht werden. Die Unterstützung durch Fachkräfte und Gleichgesinnte trägt dazu bei, ein Gefühl der Zugehörigkeit und Selbstwertschätzung zu fördern.

Die Integration von kreativen Hobbys in die Freizeitgestaltung kann zudem die Lebensqualität erheblich steigern. Viele Menschen entdecken durch Workshops neue Leidenschaften, die sie in ihren Alltag einbringen können. Ob als Hobby oder sogar als Beruf – kreative Fähigkeiten eröffnen neue Möglichkeiten und Perspektiven. So können beispielsweise Menschen, die Freude am Malen oder Töpfern haben, ihre Werke ausstellen und somit Anerkennung für ihre Kreativität erhalten. Diese positiven Erfahrungen tragen dazu bei, das Selbstbewusstsein und die soziale Teilhabe zu stärken.

Abschließend lässt sich sagen, dass kreative Hobbys und Workshops nicht nur eine Quelle der Inspiration sind, sondern auch einen wertvollen Beitrag zur Inklusion leisten. Indem wir barrierefreie Angebote schaffen, ermöglichen wir es Menschen mit Behinderung, ihre Talente zu entfalten und aktiv am gesellschaftlichen Leben teilzunehmen. Es liegt an jedem von uns, eine Umgebung zu schaffen, in der Kreativität gedeihen kann und jeder die Chance hat, sich auszudrücken und zu wachsen.

34 Barrierefreie Veranstaltungen und Feste

Planung und Durchführung von Veranstaltungen

Die Planung und Durchführung von Veranstaltungen, die für Menschen mit Behinderung zugänglich sind, erfordert ein hohes Maß an Sensibilität und Weitsicht. Es ist von entscheidender Bedeutung, dass alle Aspekte einer Veranstaltung, von der Location über die Programmgestaltung bis hin zur Kommunikation, barrierefrei gestaltet werden. Dies beginnt bereits bei der Auswahl des Veranstaltungsortes, der nicht nur physische Zugänglichkeit bieten sollte, sondern auch über Einrichtungen verfügt, die den Bedürfnissen aller Teilnehmenden gerecht werden. Hierzu zählen beispielsweise rollstuhlgerechte Eingänge, adäquate sanitäre Anlagen und gut erreichbare Sitzmöglichkeiten.

Ein weiterer wichtiger Aspekt ist die frühzeitige Einbeziehung von Menschen mit Behinderung in den Planungsprozess. Ihre Erfahrungen und Perspektiven sind unverzichtbar, um sicherzustellen, dass die Veranstaltung tatsächlich inklusiv ist. Workshops oder Umfragen können wertvolle Einsichten liefern, die es ermöglichen, die Veranstaltung an die vielfältigen Bedürfnisse aller Teilnehmenden anzupassen. Durch diese partizipative Herangehensweise wird nicht nur die Zugänglichkeit verbessert, sondern auch ein Gefühl der Gemeinschaft und Zugehörigkeit geschaffen.

Die Programmgestaltung sollte abwechslungsreich und ansprechend sein, wobei darauf geachtet werden muss, dass alle Aktivitäten für Menschen mit unterschiedlichen

Fähigkeiten zugänglich sind. Dies kann durch verschiedene Formate, wie beispielsweise interaktive Workshops, Vorträge mit Gebärdensprachdolmetschern oder visuelle Hilfsmittel, erreicht werden. Die Vielfalt der Angebote fördert nicht nur die Teilnahme, sondern bereichert auch die gesamte Veranstaltung. Es ist wichtig, dass die Teilnehmenden sich wohlfühlen und aktiv einbringen können.

Ein weiterer zentraler Punkt ist die Kommunikation. Die Informationen zur Veranstaltung sollten in verschiedenen Formaten bereitgestellt werden, um sicherzustellen, dass sie für alle zugänglich sind. Dazu gehören beispielsweise leicht verständliche Texte, Videos mit Untertiteln oder Gebärdensprache und barrierefreie Websites. Eine klare und offene Kommunikation trägt nicht nur zur Zugänglichkeit bei, sondern fördert auch das Vertrauen und die Transparenz zwischen den Veranstaltern und den Teilnehmenden.

Abschließend lässt sich sagen, dass die Planung und Durchführung von barrierefreien Veranstaltungen eine wertvolle Chance bietet, um Inklusion und Vielfalt zu fördern. Wenn Geschäfte, Bürger und Menschen mit Behinderung zusammenarbeiten, können Veranstaltungen geschaffen werden, die nicht nur zugänglich sind, sondern auch inspirieren und verbinden. Jeder Schritt in Richtung Barrierefreiheit ist ein Schritt in die richtige Richtung, um eine Gesellschaft zu schaffen, in der jeder die Möglichkeit hat, an Freizeitaktivitäten teilzunehmen und seine Stimme zu erheben.

Zugängliche Freizeitangebote

Zugängliche Freizeitangebote sind ein wichtiger Bestandteil für ein selbstbestimmtes Leben von Menschen mit Behinderungen. Sie ermöglichen nicht nur die Teilnahme am gesellschaftlichen Leben, sondern fördern auch die Integration und das Wohlbefinden. In vielen Städten gibt es bereits eine Vielzahl von Freizeitmöglichkeiten, die barrierefrei gestaltet sind. Es ist entscheidend, dass Geschäfte, Bürger und Gemeinden sich aktiv an der Schaffung und Förderung dieser Angebote beteiligen, um ein inklusives Umfeld zu schaffen, in dem jeder das Recht auf Freizeitgestaltung hat.

Ein Beispiel für zugängliche Freizeitangebote sind Sportvereine, die spezielle Programme für Menschen mit Behinderungen anbieten. Diese Vereine schaffen nicht nur die nötige Infrastruktur, sondern tragen auch zur gesellschaftlichen Akzeptanz bei. Von Rollstuhlbasketball bis hin zu inklusiven Schwimmkursen – die Möglichkeiten sind vielfältig und bieten allen Beteiligten eine Plattform, um sich sportlich zu betätigen und soziale Kontakte zu knüpfen. Solche Initiativen stärken das Gemeinschaftsgefühl und zeigen, dass Barrierefreiheit nicht nur eine Notwendigkeit, sondern auch eine Bereicherung für die Gesellschaft ist.

Darüber hinaus spielen kulturelle Veranstaltungen eine wesentliche Rolle in der Freizeitgestaltung. Museen, Theater und Konzerte, die barrierefrei zugänglich sind, bieten Menschen mit Behinderungen die Möglichkeit, Kultur zu erleben und sich inspirieren zu lassen. Viele Einrichtungen haben erkannt, wie wichtig es ist, alle Menschen einzubeziehen, und arbeiten kontinuierlich daran, ihre Angebote zu verbessern. Diese Veränderungen sind nicht nur für die Besucher von Vorteil, sondern fördern auch ein Bewusstsein für die Belange von Menschen mit Behinderungen in der breiteren Öffentlichkeit.

Auch in der Natur können barrierefreie Angebote geschaffen werden. Wander- und Radwege, die für Menschen mit Mobilitätseinschränkungen geeignet sind, eröffnen neue Perspektiven und laden zum Entdecken ein. Die Natur bietet eine Vielzahl von Möglichkeiten zur Erholung und zum Austausch mit anderen. Indem Gemeinden und Tourismusverbände barrierefreie Ausflugsziele fördern, tragen sie dazu bei, dass jeder die Schönheit unserer Landschaften genießen kann, unabhängig von körperlichen Einschränkungen.

Abschließend ist es wichtig, dass alle Akteure – von der Politik über die Wirtschaft bis hin zu den Bürgern – gemeinsam an einem Strang ziehen, um zugängliche Freizeitangebote zu schaffen und zu fördern. Die Sensibilisierung für die Bedürfnisse von Menschen mit Behinderungen sollte in allen Bereichen des Lebens verankert werden. Eine inklusive Gesellschaft, in der alle Menschen die gleichen Möglichkeiten zur Freizeitgestaltung haben, ist nicht nur ein Ziel, sondern eine wertvolle Chance für alle, gemeinsam zu wachsen und voneinander zu lernen.

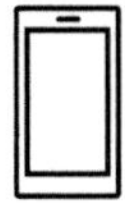

35 Barrierefreie Kommunikation und Medienzugänglichkeit

Medien für alle

Medien sind ein unverzichtbarer Bestandteil unseres Lebens und sollten für alle zugänglich sein, unabhängig von körperlichen oder geistigen Einschränkungen. In unserer zunehmend digitalisierten Welt ist es von größter Bedeutung, dass Menschen mit Behinderung die gleichen Möglichkeiten haben, Informationen zu erhalten, sich zu vernetzen und an gesellschaftlichen Aktivitäten teilzunehmen. Die Schaffung von barrierefreien Medien umfasst nicht nur die Anpassung bestehender Inhalte, sondern auch die Entwicklung neuer Formate, die die Vielfalt der Bedürfnisse aller Nutzer berücksichtigen.

Die digitale Barrierefreiheit spielt eine Schlüsselrolle in diesem Prozess. Webseiten und Anwendungen sollten so gestaltet werden, dass sie für Menschen mit unterschiedlichen Fähigkeiten nutzbar sind. Dazu gehört die Verwendung von klarer Sprache, die Bereitstellung von Alternativtexten für Bilder und die Gewährleistung, dass alle Funktionen auch mit Tastatur und Screenreadern bedient werden können. Unternehmen und Designer sind gefordert, ihre Verantwortung ernst zu nehmen und Inklusion in den Mittelpunkt ihrer digitalen Strategien zu stellen.

Doch barrierefreie Medien beschränken sich nicht nur auf das Digitale. Auch traditionelle Medienformate wie Zeitungen, Bücher und Fernsehsendungen müssen für alle zugänglich sein. Dies kann durch die Bereitstellung von Gebärdensprache, Untertiteln oder Audiodeskriptionen erfolgen. Hier sind die Medienanbieter gefordert, innovative

Lösungen zu entwickeln, die die Bedürfnisse von Menschen mit Behinderung berücksichtigen. Eine inklusive Medienlandschaft fördert nicht nur das Verständnis und die Akzeptanz in der Gesellschaft, sondern bereichert auch die kulturelle Vielfalt.

Die Verantwortung für barrierefreie Medien liegt nicht nur bei den Anbietern, sondern auch bei den Konsumenten. Menschen mit Behinderung sollten ermutigt werden, ihre Stimmen zu erheben und ihre Bedürfnisse klar zu kommunizieren. Feedback und Anregungen sind unerlässlich, um bestehende Angebote zu verbessern und neue zu schaffen. Eine aktive Teilhabe an der Mediengestaltung kann dazu beitragen, dass die Produkte und Dienstleistungen wirklich den Anforderungen aller gerecht werden.

Insgesamt ist es entscheidend, dass wir uns gemeinsam für eine inklusive Medienlandschaft einsetzen. Geschäfte, Bürger und Menschen mit Behinderung können gemeinsam daran arbeiten, Barrieren abzubauen und sicherzustellen, dass Medien für alle zugänglich sind. Indem wir die Vielfalt der Perspektiven und Erfahrungen anerkennen, schaffen wir eine Gemeinschaft, die nicht nur informierter, sondern auch empathischer und respektvoller ist. Lassen Sie uns gemeinsam für eine Zukunft arbeiten, in der jeder Zugang zu den Informationen und Unterhaltung hat, die er verdient.

Barrierefreie Informationsvermittlung

Barrierefreie Informationsvermittlung ist ein entscheidender Bestandteil einer inklusiven Gesellschaft, die allen Menschen, unabhängig von ihren Fähigkeiten, die Teilnahme am gesellschaftlichen Leben ermöglicht. In einer Welt, die zunehmend digitalisiert wird, ist es unerlässlich, dass Informationen so aufbereitet werden, dass sie für Menschen mit unterschiedlichen Bedürfnissen zugänglich sind. Dies umfasst nicht nur die Berücksichtigung von körperlichen Behinderungen, sondern auch von kognitiven Einschränkungen und sensorischen Beeinträchtigungen. Eine barrierefreie Informationsvermittlung fördert die Teilhabe und das Verständnis und ist somit der Schlüssel zu einer gleichberechtigten Gesellschaft.

In Geschäften und öffentlichen Einrichtungen sind klare und verständliche Informationen von großer Bedeutung. Schilder und Hinweise sollten in einfacher Sprache verfasst sein und zudem visuell ansprechend gestaltet werden, um sie für alle Kunden zugänglich zu machen. Die Verwendung von Piktogrammen und Symbolen kann die Verständlichkeit verbessern und Menschen mit Lernschwierigkeiten oder nicht-deutscher Muttersprache unterstützen. Zusätzlich sollte die digitale Präsenz von Geschäften und Einrichtungen barrierefrei gestaltet sein, sodass auch Menschen mit Sehbehinderungen oder motorischen Einschränkungen problemlos auf Informationen zugreifen können.

Die barrierefreie Informationsvermittlung erstreckt sich jedoch nicht nur auf den stationären Handel, sondern auch auf Freizeitaktivitäten und Veranstaltungen. Inklusion sollte bereits bei der Planung von Festen und Veranstaltungen im Vordergrund stehen. Informationsmaterialien müssen in verschiedenen Formaten bereitgestellt werden, sei es in Brailleschrift, als Audioaufnahme oder in leichter Sprache. Dies eröffnet Menschen mit Behinderungen die Möglichkeit, aktiv teilzunehmen und sich gleichwertig in die Gemeinschaft einzubringen. Die Schaffung eines inklusiven

Umfelds ist ein Gewinn für alle und fördert den Austausch zwischen den Generationen und unterschiedlichen Gruppen.

Ein weiterer wichtiger Aspekt ist die digitale Barrierefreiheit. Webseiten und Apps sollten mit Bedacht gestaltet werden, um sicherzustellen, dass sie für alle Benutzer zugänglich sind. Dies bedeutet, dass Screenreader-kompatible Inhalte, klare Navigation und eine angemessene Farbgestaltung berücksichtigt werden müssen. Unternehmen und Institutionen sind gefordert, ihre digitalen Angebote kontinuierlich zu überprüfen und zu optimieren. Dadurch wird nicht nur die Zugänglichkeit für Menschen mit Behinderungen verbessert, sondern auch die Nutzererfahrung für alle Kunden gesteigert.

Zusammenfassend lässt sich sagen, dass barrierefreie Informationsvermittlung ein unverzichtbarer Schritt auf dem Weg zu einer inklusiven Gesellschaft ist. Jeder hat das Recht, Informationen zu erhalten und aktiv am Leben teilzunehmen. Indem wir Barrieren abbauen und die Zugänglichkeit erhöhen, schaffen wir nicht nur ein besseres Umfeld für Menschen mit Behinderungen, sondern bereichern auch unsere Gemeinschaft insgesamt. Lassen Sie uns gemeinsam an einer Welt arbeiten, in der jeder die Freiheit hat, seine Freizeit zu genießen und aktiv am sozialen Leben teilzunehmen.

36 Ableismus: Ein deutlicher Blick auf die Diskriminierung von Menschen mit Behinderung

Einführung in den Ableismus sowie Definition und Ursprung des Ableismus

Ableismus bezeichnet eine Diskriminierungsform, die Menschen aufgrund ihrer körperlichen, geistigen oder psychischen Fähigkeiten benachteiligt. Er manifestiert sich in der Annahme, dass Menschen mit Behinderungen weniger wert sind oder weniger leisten können als Menschen ohne Behinderungen. Diese Sichtweise führt nicht nur zu individuellen Vorurteilen, sondern auch zu strukturellen Barrieren in der Gesellschaft. Ableismus ist somit nicht nur ein persönliches Problem, sondern ein gesellschaftliches Phänomen, das weitreichende Konsequenzen für die Betroffenen hat.

Der Ursprung des Ableismus lässt sich bis in die Antike zurückverfolgen, als Menschen mit Behinderungen oft als minderwertig oder unglücklich betrachtet wurden. Diese negativen Ansichten wurden über die Jahrhunderte hinweg verfestigt und führten zu einer marginalisierten Stellung von Menschen mit Behinderungen in vielen Kulturen. Im Laufe der Zeit entstanden verschiedene Theorien und Modelle, die das Verständnis von Behinderung prägten, jedoch oft an den Bedürfnissen und Rechten der Betroffenen vorbeigingen.

In Deutschland hat sich die Diskussion über Ableismus in den letzten Jahrzehnten intensiviert. Die Aufklärung über die Rechte von Menschen mit Behinderungen und die Forderung nach Inklusion sind zentrale Aspekte dieser Entwicklung.

Doch trotz gesetzlicher Fortschritte, wie dem Behindertengleichstellungsgesetz, bleibt Ableismus in vielen Lebensbereichen präsent. Ob im Bildungswesen, am Arbeitsplatz oder im sozialen Leben – die Herausforderungen, mit denen Menschen mit Behinderungen konfrontiert sind, sind häufig das Ergebnis tief verwurzelter ableistischer Überzeugungen.

Die Auswirkungen von Ableismus erstrecken sich auch auf soziale Beziehungen und Netzwerke. Menschen mit Behinderungen erleben häufig Isolation und Ausschluss, was zu einem Verlust an sozialen Kontakten und Unterstützung führt. Diese Dynamik verstärkt nicht nur das Gefühl der Einsamkeit, sondern hat auch negative Auswirkungen auf die psychische Gesundheit. Es ist wichtig, diese Zusammenhänge zu erkennen und aktiv an der Schaffung inklusiver Gemeinschaften zu arbeiten, in denen jeder Mensch seinen Platz hat.

Aktuelle Bewegungen und Initiativen gegen Ableismus in Deutschland setzen sich dafür ein, das Bewusstsein für diese Problematik zu schärfen und Veränderung zu bewirken. Sie fördern Empowerment und Selbstvertretung von Menschen mit Behinderungen und fordern eine aktive Auseinandersetzung mit den eigenen Vorurteilen. Indem wir uns gemeinsam für eine inklusive Gesellschaft einsetzen, können wir nicht nur den Ableismus abbauen, sondern auch ein Umfeld schaffen, in dem alle Menschen, unabhängig von ihren Fähigkeiten, gleichwertig sind und die Möglichkeit haben, ihr volles Potenzial zu entfalten.

Historische Entwicklung der Diskriminierung von Menschen mit Behinderung

Die historische Entwicklung der Diskriminierung von Menschen mit Behinderung in Deutschland ist ein komplexes und vielschichtiges Thema, das über Jahrhunderte hinweg geprägt wurde. In der Antike wurden Menschen mit sichtbaren Behinderungen oft als Zeichen des Unglücks angesehen und aus der Gesellschaft ausgeschlossen. Im Mittelalter und in der frühen Neuzeit wurden sie häufig als besessen oder als Strafe Gottes betrachtet. Diese Sichtweisen führten zu Stigmatisierung und einer systematischen Marginalisierung, die bis ins 19. Jahrhundert anhielt, als die ersten Versuche unternommen wurden, Menschen mit Behinderungen in die Gesellschaft zu integrieren.

Im 19. Jahrhundert begann sich das Bild von Menschen mit Behinderung allmählich zu wandeln. Die Aufklärung und die Entstehung der modernen Medizin führten zu einem besseren Verständnis von Behinderungen. Gleichzeitig entstand die Idee der Rehabilitation, die darauf abzielte, Menschen mit Behinderungen zu unterstützen und ihnen ein selbstbestimmtes Leben zu ermöglichen. Trotz dieser Fortschritte blieb die gesellschaftliche Akzeptanz oft auf der Strecke, und viele Menschen mit Behinderungen lebten weiterhin in Einrichtungen, die durch Isolation und Diskriminierung geprägt waren.

Die Zeit des Nationalsozialismus stellte einen der dunkelsten Abschnitte in der Geschichte der Diskriminierung von Menschen mit Behinderung dar. Die Ideologie der "Rassenreinheit" führte zur systematischen Tötung von Menschen mit Behinderungen, die als "lebensunwert" galten. Diese Gräueltaten hinterließen tiefe Wunden in der

Gesellschaft und führten zu einer verstärkten Sensibilisierung für die Rechte von Menschen mit Behinderungen in der Nachkriegszeit. Dennoch dauerte es mehrere Jahrzehnte, bis grundlegende gesetzliche Änderungen und eine gesellschaftliche Umorientierung stattfanden.

In den letzten Jahrzehnten hat sich die Wahrnehmung von Behinderung zunehmend gewandelt. Die UN-Behindertenrechtskonvention von 2006 stellte einen Meilenstein dar, der die Rechte von Menschen mit Behinderungen weltweit stärkt. In Deutschland hat diese Konvention dazu beigetragen, dass das Thema Ableismus in den Diskurs aufgenommen wurde. Es entstanden zahlreiche Bewegungen und Initiativen, die sich für Gleichstellung, Inklusion und die Bekämpfung von Diskriminierung einsetzen. Diese Entwicklungen geben Anlass zur Hoffnung und zeigen, dass ein Umdenken stattfindet.

Trotz dieser positiven Veränderungen bleibt die Diskriminierung von Menschen mit Behinderungen in vielen Bereichen der Gesellschaft ein drängendes Problem. Der Einfluss von Ableismus auf soziale Beziehungen und Netzwerke ist nach wie vor spürbar und hat Auswirkungen auf das psychische Wohlbefinden der Betroffenen. Es ist entscheidend, dass wir diesen Herausforderungen weiterhin mit einem kritischen Blick begegnen und die Stimmen von Menschen mit Behinderungen in den Mittelpunkt der Diskussion stellen. Nur so kann eine inklusive Gesellschaft entstehen, die Vielfalt wertschätzt und jedem Einzelnen die Chance auf ein erfülltes Leben bietet.

Formen der Diskriminierung

Offene und subtile Diskriminierung

Diskriminierung gegen Menschen mit Behinderung kann in verschiedenen Formen auftreten, wobei offene Diskriminierung oft sofort ins Auge fällt. Diese Form der Diskriminierung äußert sich in beleidigenden Äußerungen, diskriminierenden Gesetzen oder dem Ausschluss von Menschen mit Behinderung aus bestimmten gesellschaftlichen Bereichen. Solche Handlungen sind in der Regel leicht zu identifizieren und werden häufig von der Gesellschaft verurteilt. Es ist wichtig, diese offenen Formen der Diskriminierung anzusprechen, um das Bewusstsein zu schärfen und eine inklusive Gesellschaft zu fördern, in der jeder Mensch, unabhängig von seinen Fähigkeiten, respektiert wird.

Jedoch gibt es auch subtile Formen der Diskriminierung, die schwerer zu erkennen sind, jedoch ebenso schädlich sein können. Diese subtilen Diskriminierungen manifestieren sich oft in alltäglichen Situationen, wie zum Beispiel in der Sprache, die verwendet wird, oder in den Annahmen, die über die Fähigkeiten von Menschen mit Behinderungen getroffen werden. Oft werden Menschen mit Behinderung als weniger kompetent oder weniger wertvoll angesehen, was sich in der Art und Weise zeigt, wie sie behandelt oder in Gesprächen einbezogen werden. Diese subtile Diskriminierung kann tiefgreifende Auswirkungen auf das Selbstwertgefühl und die psychische Gesundheit von Betroffenen haben, da sie sich ständig anpassen und beweisen müssen, um akzeptiert zu werden.

Ein weiterer Aspekt der subtilen Diskriminierung ist die Unsichtbarkeit vieler Behinderungen. Menschen mit psychischen Erkrankungen oder chronischen Krankheiten sehen sich oft einem besonderen Stigma gegenüber, da ihre Schwierigkeiten nicht sofort erkennbar sind. Diese Unsichtbarkeit kann dazu führen, dass ihre Erfahrungen und Bedürfnisse nicht ernst genommen werden, was zu einem Gefühl der Isolation und Entfremdung führt. In sozialen Beziehungen und Netzwerken kann dies dazu führen, dass Menschen mit Behinderungen ausgeschlossen oder nicht als gleichwertig wahrgenommen werden, was ihre Integration in die Gesellschaft erheblich erschwert.

Aktuelle Bewegungen und Initiativen in Deutschland setzen sich aktiv gegen diese Formen der Diskriminierung ein. Sie fördern das Bewusstsein für die verschiedenen Facetten des Ableismus und die Notwendigkeit, sowohl offene als auch subtile Diskriminierung zu bekämpfen. Diese Initiativen bieten Plattformen für den Austausch von Erfahrungen und stärken das Gemeinschaftsgefühl unter Menschen mit Behinderungen. Sie ermutigen Betroffene, ihre Stimmen zu erheben und sich für ihre Rechte einzusetzen, was entscheidend ist für eine positive Veränderung in der Gesellschaft.

Die Bekämpfung von offener und subtiler Diskriminierung ist ein gemeinsames Anliegen, das alle betrifft. Jeder Einzelne kann einen Beitrag leisten, indem er diskriminierendes Verhalten hinterfragt und sich für eine inklusive Gesellschaft stark macht. Indem wir uns gegenseitig unterstützen und aufklären, können wir eine Umgebung schaffen, die Menschen mit Behinderung wertschätzt und ihnen die Möglichkeit gibt, aktiv am gesellschaftlichen Leben teilzunehmen. Es ist an der Zeit, sowohl die offenen als auch

die subtilen Formen der Diskriminierung zu erkennen und
gemeinsam für eine Veränderung zu kämpfen.

Strukturelle Diskriminierung im Bildungssystem

Strukturelle Diskriminierung im Bildungssystem ist ein
zentrales Thema, das die Lebensrealitäten von Menschen mit
Behinderungen in Deutschland maßgeblich beeinflusst. Trotz
vielfältiger gesetzlicher Regelungen und der Verpflichtung
zur Inklusion stehen viele Schulen und
Bildungseinrichtungen vor der Herausforderung, die
Bedürfnisse aller Schüler*innen zu berücksichtigen. Oftmals
sind es die bestehenden Strukturen und Normen, die es
schwierig machen, eine wirklich inklusive Bildung zu
gewährleisten. Diese strukturellen Barrieren führen nicht nur
zu einer Benachteiligung von Schüler*innen mit
Behinderungen, sondern auch zu einem Verlust an Potenzial
und Vielfalt in der gesamten Bildungsgemeinschaft.

Ein Beispiel für strukturelle Diskriminierung ist die
unzureichende Ausstattung von Schulen mit Ressourcen, die
für die Unterstützung von Schüler*innen mit besonderen
Bedürfnissen notwendig sind. Oft fehlen spezialisierte
Lehrkräfte, geeignete Lehrmaterialien oder barrierefreie
Räumlichkeiten. Diese Defizite führen dazu, dass viele
Schüler*innen nicht die Unterstützung erhalten, die sie
benötigen, um ihr volles Potenzial auszuschöpfen. Die Folge
ist nicht nur eine ungleiche Bildungschance, sondern auch
eine Stigmatisierung, die das Selbstwertgefühl und die
psychische Gesundheit der Betroffenen beeinträchtigen kann.

Darüber hinaus spielt die gesellschaftliche Wahrnehmung von Behinderung eine entscheidende Rolle im Bildungssystem. Vorurteile und stereotype Vorstellungen über Menschen mit Behinderungen beeinflussen die Erwartungen von Lehrkräften, Mitschüler*innen und sogar der Familien. Diese Einstellungen können dazu führen, dass Schüler*innen mit Behinderungen nicht die gleichen Chancen erhalten, um aktiv am Unterricht teilzunehmen oder Verantwortung zu übernehmen. Es ist wichtig, diese Vorurteile abzubauen und ein Umfeld zu schaffen, in dem Vielfalt als Bereicherung wahrgenommen wird, um eine inklusive Bildung für alle zu ermöglichen.

Aktuelle Bewegungen und Initiativen setzen sich verstärkt dafür ein, strukturelle Diskriminierung im Bildungssystem zu bekämpfen. Organisationen und Aktivist*innen arbeiten daran, das Bewusstsein für die Herausforderungen zu schärfen, denen Menschen mit Behinderungen gegenüberstehen. Durch Aufklärungsarbeit und Advocacy werden nicht nur die Rechte der Betroffenen gestärkt, sondern auch Lehrer*innen und Bildungseinrichtungen sensibilisiert, um Veränderungen herbeizuführen. Diese Initiativen sind ein wichtiges Zeichen dafür, dass sich etwas bewegt und dass ein Umdenken in der Gesellschaft notwendig ist.

Letztendlich ist es entscheidend, dass wir alle Verantwortung übernehmen, um strukturelle Diskriminierung im Bildungssystem zu erkennen und aktiv zu bekämpfen. Jeder von uns kann einen Beitrag leisten, sei es durch Engagement in lokalen Initiativen, Aufklärung im eigenen Umfeld oder durch Unterstützung von betroffenen Personen. Indem wir uns gemeinsam für eine inklusive Bildung einsetzen, können wir eine Gesellschaft schaffen, in der alle Schüler*innen –

unabhängig von ihren Fähigkeiten – die gleichen Chancen auf Bildung und persönliche Entfaltung erhalten.

Diskriminierung im Arbeitsmarkt

Diskriminierung im Arbeitsmarkt ist ein zentrales Thema, das die Lebensrealität vieler Menschen mit Behinderung in Deutschland stark beeinflusst. Die Arbeitswelt sollte ein Ort der Chancengleichheit sein, doch leider erleben viele Menschen mit Behinderung tagtäglich Vorurteile und Benachteiligungen. Diese Diskriminierung manifestiert sich nicht nur in der Einstellungspolitik, sondern auch in der Unternehmenskultur und den allgemeinen Arbeitsbedingungen. Es ist ermutigend zu sehen, dass immer mehr Menschen und Organisationen sich für eine inklusive Arbeitswelt einsetzen und auf die Herausforderungen aufmerksam machen, mit denen Menschen mit Behinderung konfrontiert sind.

Die rechtlichen Rahmenbedingungen in Deutschland bieten zwar einige Schutzmaßnahmen gegen Diskriminierung, doch die Umsetzung bleibt oft unzureichend. Viele Arbeitgeber zeigen sich skeptisch gegenüber der Einstellung von Menschen mit Behinderung, aus Angst, dass diese nicht den Anforderungen des Arbeitsplatzes gerecht werden könnten. Diese Ängste basieren häufig auf Stereotypen und Missverständnissen, die es zu überwinden gilt. Durch gezielte Aufklärung und Sensibilisierung kann das Bewusstsein für die Fähigkeiten und Potenziale von Menschen mit Behinderung gestärkt werden. Dies ist nicht nur ein Gewinn für die Betroffenen, sondern auch für die

Unternehmen selbst, die von vielfältigen Perspektiven und einem breiteren Erfahrungshorizont profitieren können.

In den letzten Jahren haben Initiativen und Bewegungen, die sich gegen Ableismus einsetzen, an Bedeutung gewonnen. Diese Gruppen arbeiten daran, die Sichtbarkeit von Menschen mit Behinderung im Arbeitsmarkt zu erhöhen und fordern faire Bedingungen für alle. Sie setzen sich für eine Veränderung der gesellschaftlichen Wahrnehmung ein und zeigen auf, wie wichtig es ist, Barrieren abzubauen und Inklusion zu fördern. Diese Bewegungen bieten nicht nur Unterstützung für Betroffene, sondern tragen auch dazu bei, ein Umdenken in der Gesellschaft zu initiieren. Die wachsende Solidarität und das Engagement innerhalb der Community sind ermutigende Zeichen für einen Wandel.

Ein weiterer wichtiger Aspekt der Diskriminierung im Arbeitsmarkt ist die psychische Gesundheit. Menschen mit Behinderung sind oft zusätzlichen Belastungen ausgesetzt, die ihre psychische Gesundheit beeinträchtigen können. Diskriminierungserfahrungen führen häufig zu Stress, Angst und Depressionen. Es ist entscheidend, dass Arbeitgeber nicht nur die physischen, sondern auch die psychischen Bedürfnisse ihrer Mitarbeitenden berücksichtigen. Ein unterstützendes Arbeitsumfeld, das auf Verständnis und Empathie basiert, kann dazu beitragen, dass Menschen mit Behinderung ihr volles Potenzial entfalten können. Programme zur Förderung der psychischen Gesundheit am Arbeitsplatz sind daher unerlässlich.

Die Herausforderungen sind zwar groß, doch die Zukunft bietet auch viele Chancen. Der Weg zu einem diskriminierungsfreien Arbeitsmarkt erfordert Engagement und Mut von allen Seiten. Durch Zusammenarbeit, Bildung und einen offenen Dialog können wir eine inklusive

Gesellschaft fördern, in der Menschen mit Behinderung die gleichen Möglichkeiten und Rechte haben wie alle anderen. Indem wir Diskriminierung im Arbeitsmarkt aktiv bekämpfen, schaffen wir nicht nur gerechtere Bedingungen für Menschen mit Behinderung, sondern bereichern auch unsere Gemeinschaften mit Vielfalt und Innovation. Gemeinsam können wir eine positive Veränderung bewirken und die Grundlagen für eine gerechtere Zukunft legen.

Einfluss von Ableismus auf soziale Beziehungen und Netzwerke - Soziale Isolation und Exklusion

Soziale Isolation und Exklusion sind zentrale Themen, die in der Diskussion über Ableismus in Deutschland oft übersehen werden. Menschen mit Behinderung erleben häufig nicht nur physische Barrieren, sondern auch soziale Hürden, die sie daran hindern, aktiv am gesellschaftlichen Leben teilzunehmen. Diese Isolation kann zu einem Teufelskreis führen, in dem das Fehlen sozialer Kontakte und Unterstützung die psychische Gesundheit weiter beeinträchtigt. Es ist wichtig, diese Aspekte zu beleuchten, um ein umfassendes Verständnis für die Herausforderungen zu entwickeln, denen Menschen mit Behinderungen gegenüberstehen.

Die gesellschaftlichen Strukturen und Normen, die Ableismus fördern, tragen maßgeblich zur sozialen Isolation bei. Oftmals werden Menschen mit Behinderung in sozialen Netzwerken marginalisiert oder gar ausgeschlossen. Dies geschieht nicht nur durch bewusste Diskriminierung, sondern auch durch unbewusste Vorurteile und stereotype Vorstellungen darüber, was "normal" ist. Die Folge ist, dass viele Betroffene sich zurückziehen, weil sie sich nicht akzeptiert fühlen oder Angst haben, negativ beurteilt zu werden. Es ist von entscheidender Bedeutung, diese Barrieren zu erkennen und abzubauen, um eine inklusive Gesellschaft zu schaffen.

Aktuelle Bewegungen und Initiativen setzen sich aktiv gegen diese Formen der Isolation ein. Organisationen und Gruppierungen, die sich für die Rechte von Menschen mit Behinderungen einsetzen, fördern den Austausch und die Vernetzung. Veranstaltungen, Workshops und soziale Medien bieten Plattformen, um sich zu vernetzen und Erfahrungen auszutauschen. Diese Initiativen zeigen, dass Gemeinschaft und Unterstützung entscheidend sind, um die Auswirkungen von Ableismus zu überwinden. Gemeinsam können wir eine Solidargemeinschaft aufbauen, die in der Lage ist, Vorurteile abzubauen und Inklusion zu fördern.

Die psychische Gesundheit ist ein weiterer Aspekt, der im Zusammenhang mit sozialer Isolation und Exklusion betrachtet werden muss. Menschen mit Behinderungen erleben oft zusätzliche Belastungen, die ihre psychische Gesundheit beeinträchtigen können. Einsamkeit, Angst und Depression sind häufige Begleiter in ihrem Alltag. Es ist wichtig, diese Themen offen anzusprechen und geeignete Unterstützungssysteme zu schaffen. Psychische Gesundheit sollte ein integraler Bestandteil jeder Diskussion über Inklusion und soziale Gerechtigkeit sein.

Abschließend lässt sich sagen, dass die Förderung von sozialen Beziehungen und Netzwerken für Menschen mit Behinderungen unerlässlich ist, um soziale Isolation und Exklusion zu bekämpfen. Es liegt an uns allen, eine inklusive Gesellschaft zu gestalten, in der jeder Mensch die Möglichkeit hat, aktiv teilzunehmen und seine Stimme zu erheben. Indem wir Barrieren abbauen und ein unterstützendes Umfeld schaffen, können wir dazu beitragen, dass Menschen mit Behinderungen sich nicht nur akzeptiert, sondern auch geschätzt fühlen. Gemeinsam können wir einen positiven Wandel herbeiführen und ein Zeichen gegen Ableismus setzen.

Auswirkungen auf Freundschaften und Familienbeziehungen

Ableismus hat tiefgreifende Auswirkungen auf Freundschaften und Familienbeziehungen, die oft übersehen werden. Menschen mit Behinderung sehen sich nicht nur gesellschaftlichen Barrieren gegenüber, sondern erleben auch in ihrem sozialen Umfeld Diskriminierung und Vorurteile. Diese Herausforderungen können zu Missverständnissen und Spannungen innerhalb von Freundschaften und Familien führen. Es ist jedoch wichtig zu betonen, dass diese Beziehungen auch eine Quelle der Unterstützung und des Verständnisses sein können, wenn sie mit Empathie und Offenheit angegangen werden.

In vielen Fällen kommen Freunde und Familienmitglieder von Menschen mit Behinderung mit eigenen Ängsten und Unsicherheiten in Berührung. Sie wissen möglicherweise nicht, wie sie am besten unterstützen oder kommunizieren können. Das kann dazu führen, dass sie sich zurückziehen oder ungeschickte Bemerkungen machen. Dennoch ist es entscheidend, dass diese Beziehungen Raum für Dialog und Bildung bieten. Wenn Angehörige bereit sind, zuzuhören und zu lernen, können sie zu starken Verbündeten werden, die die Lebensqualität von Menschen mit Behinderung erheblich verbessern.

Die Auswirkungen von Ableismus manifestieren sich nicht nur in der Art und Weise, wie Menschen mit Behinderung behandelt werden, sondern auch in dem, wie sie sich selbst sehen. Negative Stereotype und gesellschaftliche Erwartungen können das Selbstwertgefühl und das Vertrauen in zwischenmenschliche Beziehungen beeinträchtigen. Dies kann dazu führen, dass Betroffene sich isoliert fühlen, was wiederum Freundschaften und familiäre Bindungen belastet. Eine offene und unterstützende Kommunikation kann helfen, diese Barrieren abzubauen und das Gefühl von Zugehörigkeit zu stärken.

Es gibt jedoch auch positive Entwicklungen zu beobachten. Aktuelle Bewegungen und Initiativen in Deutschland setzen sich aktiv dafür ein, die Sichtweise auf Behinderung zu verändern und den Ableismus zu bekämpfen. Diese Bewegungen fördern das Bewusstsein für die Bedeutung von Inklusion und Gleichheit in sozialen Beziehungen. Durch gemeinschaftliche Aktionen und Bildungsangebote können Freundschaften und Familienbeziehungen gestärkt werden und ein Umfeld geschaffen werden, in dem jeder Mensch, unabhängig von seinen Fähigkeiten, respektiert und geschätzt wird.

Zusammenfassend lässt sich sagen, dass die Auswirkungen von Ableismus auf Freundschaften und Familienbeziehungen sowohl herausfordernd als auch transformierend sein können. Durch das Streben nach Verständnis, Empathie und Unterstützung können wir die Dynamik dieser Beziehungen positiv verändern. Indem wir uns aktiv gegen Ableismus einsetzen, schaffen wir nicht nur eine bessere Gesellschaft für Menschen mit Behinderung, sondern fördern auch stärkere und gesündere zwischenmenschliche Beziehungen für alle.

Die Rolle von Unterstützungsnetzwerken

Unterstützungsnetzwerke spielen eine entscheidende Rolle im Leben von Menschen mit Behinderungen und sind ein wesentlicher Faktor im Kampf gegen Ableismus in Deutschland. Diese Netzwerke bestehen aus verschiedenen Akteuren, darunter Familie, Freunde, Nachbarn, Fachleute und Selbsthilfegruppen. Sie bieten nicht nur emotionale Unterstützung, sondern auch praktische Hilfen, die es Menschen mit Behinderungen ermöglichen, ein erfülltes und selbstbestimmtes Leben zu führen. Die Stärkung und der Ausbau solcher Netzwerke sind daher unerlässlich, um Diskriminierung abzubauen und inklusive Gemeinschaften zu fördern.

Ein zentrales Element von Unterstützungsnetzwerken ist die Förderung sozialer Beziehungen. Diese Netzwerke helfen, Isolation zu vermeiden, die häufig mit Behinderungen einhergeht. Sie schaffen Gelegenheiten für Begegnungen und Interaktionen, die für die psychische Gesundheit und das Wohlbefinden von Menschen mit Behinderungen von großer Bedeutung sind. Indem sie ein Gefühl der Zugehörigkeit und des Verständnisses vermitteln, tragen sie dazu bei, Vorurteile abzubauen und das Bewusstsein für die Herausforderungen, mit denen Menschen mit Behinderungen konfrontiert sind, zu schärfen.

Darüber hinaus sind Unterstützungsnetzwerke auch entscheidend für die Mobilisierung von Ressourcen und die Schaffung von Zugängen. Oftmals sind Menschen mit Behinderungen auf spezielle Dienstleistungen und Hilfsangebote angewiesen, die sie alleine schwer finden oder nutzen können. Durch den Austausch von Informationen und Erfahrungen innerhalb der Netzwerke können Betroffene gezielt auf diese Angebote zugreifen. Dies fördert nicht nur die individuelle Selbsthilfe, sondern stärkt auch das kollektive Bewusstsein für die Notwendigkeit von Veränderungen in der Gesellschaft.

Aktuelle Bewegungen und Initiativen gegen Ableismus in Deutschland setzen zunehmend auf die Bedeutung von Unterstützungsnetzwerken. Sie erkennen, dass gemeinschaftlicher Zusammenhalt und Solidarität entscheidend sind, um eine inklusive Gesellschaft zu schaffen. Durch die Bildung von Netzwerken können Betroffene ihre Stimmen erheben und sich aktiv für ihre Rechte einsetzen. Solche Initiativen zeigen, dass Veränderung möglich ist, wenn Menschen zusammenarbeiten und sich gegenseitig unterstützen.

In der Auseinandersetzung mit Ableismus darf die psychische Gesundheit nicht vernachlässigt werden. Unterstützungsnetzwerke bieten nicht nur praktische Hilfe, sondern auch einen Raum für den Austausch von Erfahrungen, der für die psychische Stabilität unerlässlich ist. Menschen mit Behinderungen können in diesen Netzwerken offen über ihre Herausforderungen sprechen, was zu einem erhöhten Verständnis und einer stärkeren Akzeptanz innerhalb der Gemeinschaft führt. Indem sie diese Netzwerke fördern und stärken, können wir gemeinsam eine positive Veränderung herbeiführen und die Diskriminierung von Menschen mit Behinderungen in Deutschland nachhaltig bekämpfen.

Aktuelle Bewegungen und Initiativen gegen Ableismus in Deutschland

Überblick über relevante Organisationen

In Deutschland gibt es zahlreiche Organisationen, die sich aktiv mit den Themen Ableismus und Diskriminierung von Menschen mit Behinderung auseinandersetzen. Diese Organisationen spielen eine entscheidende Rolle bei der Sensibilisierung der Öffentlichkeit, der Unterstützung von Betroffenen und der Förderung von politischen Veränderungen. Dazu gehören sowohl große, etablierte Verbände als auch kleinere Initiativen, die oft innovative Ansätze verfolgen. Ihre Arbeit ist von essenzieller Bedeutung, um die gesellschaftliche Wahrnehmung von Behinderung zu verändern und eine inklusive Gesellschaft zu fördern.

Eine der bekanntesten Organisationen ist der Deutsche Behindertenrat, der eine Vielzahl von Interessenvertretungen für Menschen mit unterschiedlichen Behinderungen vereint. Durch Lobbyarbeit, Aufklärungskampagnen und die Teilnahme an politischen Diskussionen setzt sich der Deutsche Behindertenrat dafür ein, die Rechte von Menschen mit Behinderung zu stärken und Diskriminierung abzubauen. Ihre Stimme ist in der politischen Landschaft Deutschlands unverzichtbar, und sie leisten einen wichtigen Beitrag zur Sichtbarmachung der Herausforderungen, mit denen Menschen mit Behinderung konfrontiert sind.

Neben großen Verbänden gibt es in Deutschland auch zahlreiche lokale Initiativen, die sich für die Rechte von Menschen mit Behinderung einsetzen. Diese Organisationen sind oft direkt mit den Betroffenen verbunden und bieten maßgeschneiderte Unterstützung an. Sie organisieren Workshops, Informationsveranstaltungen und soziale Netzwerke, um den Austausch und die Solidarität unter Menschen mit Behinderung zu fördern. Diese „von-unten-kommende" Bewegungen sind besonders wichtig, da sie den direkten Kontakt zu den Bedürfnissen und Wünschen der Betroffenen ermöglichen und somit eine authentische Vertretung ihrer Interessen gewährleisten.

Ein weiterer wichtiger Aspekt sind die aktuellen Bewegungen, die sich gegen Ableismus richten. Initiativen wie „Inklusion jetzt!" setzen sich aktiv für eine inklusive Gesellschaft ein und fordern Veränderungen in Bildung, Arbeitswelt und Freizeit. Diese Bewegungen mobilisieren Menschen, sensibilisieren die Öffentlichkeit und regen kritische Diskussionen an. Sie sind ein ermutigendes Zeichen dafür, dass sich immer mehr Menschen für die Gleichstellung und die Rechte von Menschen mit Behinderung einsetzen und sich gegen Diskriminierung stark machen.

Schließlich ist auch die psychische Gesundheit ein oft übersehener Bereich, der eng mit dem Thema Ableismus verknüpft ist. Organisationen, die sich auf die psychische Gesundheit von Menschen mit Behinderung konzentrieren, leisten wertvolle Arbeit, indem sie Aufklärungsarbeit leisten und Ressourcen bereitstellen. Sie helfen dabei, das Stigma abzubauen, das oft mit psychischen Erkrankungen verbunden ist, und fördern ein besseres Verständnis für die Herausforderungen, mit denen Betroffene konfrontiert sind. Diese Perspektive ist entscheidend, um ein umfassendes Bild von Ableismus zu erhalten und um zu erkennen, dass die Unterstützung von Menschen mit Behinderung in all ihren Facetten wichtig ist.

Strategien zur Sensibilisierung und Aufklärung

Strategien zur Sensibilisierung und Aufklärung sind entscheidend, um das Bewusstsein für Ableismus in Deutschland zu schärfen und eine inklusive Gesellschaft zu fördern. Bildung spielt eine zentrale Rolle in diesem Prozess. Durch gezielte Aufklärungsprogramme in Schulen, Universitäten und am Arbeitsplatz können wir die Wahrnehmung von Menschen mit Behinderungen verändern und Vorurteile abbauen. Workshops, Informationsveranstaltungen und Schulungen sollten nicht nur die Herausforderungen, sondern auch die Stärken und Fähigkeiten von Menschen mit Behinderungen hervorheben. So schaffen wir ein Umfeld, in dem Vielfalt geschätzt wird und jeder die Möglichkeit hat, sein Potenzial zu entfalten.

Ein weiterer wichtiger Aspekt ist die Nutzung von Medien und sozialen Netzwerken, um das Thema Ableismus stärker in den öffentlichen Diskurs zu integrieren. Durch Kampagnen, die Geschichten von Menschen mit Behinderungen erzählen, können wir Empathie und Verständnis fördern. Influencer und öffentliche Personen, die sich für Inklusion einsetzen, können eine breites Publikum erreichen und als Vorbilder fungieren. Indem wir die Sichtbarkeit von Menschen mit Behinderungen erhöhen, tragen wir dazu bei, stereotype Vorstellungen abzubauen und ein neues Bild von Behinderung zu vermitteln, das Respekt und Anerkennung fördert.

Zusätzlich sollten wir uns darauf konzentrieren, bestehende gesetzliche Rahmenbedingungen zu überprüfen und gegebenenfalls anzupassen. Eine klare gesetzliche Grundlage, die Diskriminierung aufgrund von Behinderungen verbietet und die Rechte von Menschen mit

Behinderungen schützt, ist unerlässlich. Initiativen, die sich mit der Umsetzung und Durchsetzung dieser Gesetze beschäftigen, müssen unterstützt werden. Öffentlichkeitsarbeit, die auf diese rechtlichen Rahmenbedingungen aufmerksam macht, kann dazu beitragen, dass mehr Menschen über ihre Rechte Bescheid wissen und sich aktiv für ihre Durchsetzung einsetzen.

Die Einbeziehung von Menschen mit Behinderungen in Entscheidungsprozesse ist eine weitere Strategie, die sowohl Sensibilisierung als auch Aufklärung fördert. Wenn Menschen mit Behinderungen an der Planung und Umsetzung von Programmen und Initiativen beteiligt werden, können ihre Perspektiven und Erfahrungen direkt in die Entwicklung einfließen. Dies stärkt nicht nur das Gefühl der Zugehörigkeit, sondern sorgt auch dafür, dass die Maßnahmen tatsächlich den Bedürfnissen und Wünschen der Betroffenen entsprechen. Eine inklusive Gesellschaft kann nur dann entstehen, wenn alle Stimmen gehört werden und die Vielfalt der Erfahrungen anerkannt wird.

Schließlich sollten wir den Fokus auf die psychische Gesundheit legen und die oft übersehene Perspektive von Menschen mit Behinderungen in diesem Kontext einbeziehen. Sensibilisierungsmaßnahmen, die sich mit den psychischen Belastungen befassen, die aus Diskriminierung und Ableismus resultieren, sind von großer Bedeutung. Es ist wichtig, dass wir den Dialog über psychische Gesundheit enttabuisieren und Räume schaffen, in denen Betroffene ihre Erfahrungen teilen können. Durch die Förderung eines unterstützenden und verständnisvollen Umfelds tragen wir dazu bei, dass Menschen mit Behinderungen nicht nur in der Gesellschaft akzeptiert werden, sondern auch die notwendige Unterstützung erhalten, um ein erfülltes Leben zu führen.

Erfolgreiche Kampagnen und deren Auswirkungen

Erfolgreiche Kampagnen gegen Ableismus in Deutschland haben nicht nur das Bewusstsein für die Diskriminierung von Menschen mit Behinderung geschärft, sondern auch konkrete Veränderungen in der Gesellschaft bewirkt. Diese Kampagnen, oft getragen von engagierten Initiativen und Aktivisten, zielen darauf ab, Vorurteile abzubauen und ein inklusives Umfeld zu schaffen. Ein Beispiel ist die Kampagne „Inklusion ist ein Menschenrecht", die durch öffentliche Veranstaltungen und Medienpräsenz sowohl die breite Öffentlichkeit als auch Entscheidungsträger in Politik und Wirtschaft erreicht hat. Solche Initiativen zeigen, dass gemeinsames Handeln zu einem Umdenken führen kann.

Die Auswirkungen dieser Kampagnen sind vielfältig. Sie fördern nicht nur ein besseres Verständnis für die Herausforderungen, mit denen Menschen mit Behinderung konfrontiert sind, sondern sie schaffen auch Raum für Dialog und Austausch. In vielen Städten wurden durch erfolgreiche Kampagnen inklusive Veranstaltungen organisiert, die Menschen mit und ohne Behinderung zusammenbringen. Diese Interaktionen sind entscheidend, um soziale Netzwerke zu fördern und das Gefühl der Zugehörigkeit zu stärken, was wiederum die psychische Gesundheit aller Beteiligten verbessert.

Ein weiterer wichtiger Aspekt erfolgreicher Kampagnen ist deren Einfluss auf die Gesetzgebung. Durch stetigen Druck und Aufklärung haben Aktivisten erreicht, dass Gesetze zur Gleichstellung und Inklusion überarbeitet und verbessert wurden. Die Einführung von Antidiskriminierungsgesetzen hat dazu beigetragen, dass Menschen mit Behinderung rechtlich besser geschützt sind. Diese Veränderungen sind nicht nur ein Gewinn für die Betroffenen, sondern auch für die Gesellschaft insgesamt, da sie das Bewusstsein für Diversität und Chancengleichheit fördern.

Darüber hinaus zeigen erfolgreiche Kampagnen auch, wie wichtig es ist, die Stimmen von Menschen mit Behinderung selbst in den Mittelpunkt zu stellen. Initiativen, die betroffene Personen in den Entscheidungsprozess einbeziehen, haben oft die größte Wirkung. Durch die Schaffung von Plattformen, auf denen Menschen mit Behinderung ihre Erfahrungen und Perspektiven teilen können, wird nicht nur das eigene Empowerment gefördert, sondern auch ein tieferes Verständnis für die Thematik in der breiten Öffentlichkeit erreicht.

Abschließend lässt sich sagen, dass die positiven Auswirkungen erfolgreicher Kampagnen gegen Ableismus in Deutschland weitreichend sind und das Potenzial haben, die Gesellschaft nachhaltig zu verändern. Indem wir uns gemeinsam für die Rechte und die Gleichstellung von Menschen mit Behinderung einsetzen, können wir ein inklusives Umfeld schaffen, in dem jeder Mensch Wertschätzung und Unterstützung erfährt. Es ist ermutigend zu sehen, wie durch engagierte Zusammenarbeit und kreative Ansätze Barrieren abgebaut werden können, und es bleibt zu hoffen, dass diese Bemühungen weiterhin Früchte tragen werden.

Die Auswirkungen von Ableismus auf die psychische Gesundheit

Die Auswirkungen von Ableismus auf die psychische Gesundheit sind ein zentrales Thema, das oft im Schatten der sichtbaren Diskriminierung steht. Ableismus, die Diskriminierung von Menschen mit Behinderungen, manifestiert sich nicht nur in physischen Barrieren, sondern auch in sozialen und emotionalen Dimensionen, die tiefgreifende Konsequenzen für das psychische Wohlbefinden haben. Menschen, die aufgrund ihrer Behinderung abgewertet oder ausgeschlossen werden, erleben häufig ein vermindertes Selbstwertgefühl und innere Konflikte, die zu einer erhöhten Anfälligkeit für psychische Erkrankungen führen können. Diese Realität sollte uns dazu anregen, über die weitreichenden Folgen von Ableismus nachzudenken und aktiv gegen diese Ungerechtigkeiten vorzugehen.

Die gesellschaftliche Stigmatisierung von Behinderungen führt häufig zu Isolation und Einsamkeit. Menschen mit Behinderungen finden sich oft in einem sozialen Umfeld wieder, das sie nicht versteht oder akzeptiert. Diese Isolation kann das Risiko für Depressionen und Angststörungen erheblich erhöhen. Der Zugang zu sozialen Netzwerken, die Unterstützung bieten könnten, ist für viele stark eingeschränkt. Hier ist es entscheidend, dass wir als Gesellschaft unsere Haltung ändern und inklusivere Gemeinschaften schaffen, in denen jeder Mensch, unabhängig von seinen Fähigkeiten, akzeptiert und wertgeschätzt wird.

Ein weiterer Aspekt der Auswirkungen von Ableismus auf die psychische Gesundheit ist die wiederholte Konfrontation mit Diskriminierung und Vorurteilen. Diese ständigen Erfahrungen können zu einem Zustand führen, der als "Mikroaggression" bekannt ist, wobei subtile, oft unbeabsichtigte Äußerungen und Handlungen das Selbstwertgefühl und das psychische Wohlbefinden beeinträchtigen. Menschen, die ständig mit solchen Erfahrungen konfrontiert sind, entwickeln häufig eine Art von traumatischem Stress, der sich in einer Vielzahl von psychischen Erkrankungen äußern kann. Es ist wichtig, diese Dynamik zu erkennen und zu benennen, um gezielte Unterstützungsangebote zu entwickeln.

Gleichzeitig gibt es in Deutschland eine wachsende Bewegung gegen Ableismus, die sich aktiv für die Rechte und das Wohlbefinden von Menschen mit Behinderungen einsetzt. Initiativen und Organisationen, die sich für Inklusion und Gleichstellung stark machen, spielen eine entscheidende Rolle bei der Bekämpfung von Ableismus und dessen negativen Auswirkungen auf die psychische Gesundheit. Durch Aufklärung, Sensibilisierung und Interessenvertretung-Arbeit können sie dazu beitragen, das Bewusstsein für die psychischen Belastungen zu schärfen, die durch Diskriminierung entstehen, und so einen Raum für Heilung und Unterstützung zu schaffen.

Abschließend ist es wichtig, dass wir alle Verantwortung übernehmen, um die Auswirkungen von Ableismus auf die psychische Gesundheit zu verstehen und zu bekämpfen. Die Schaffung eines inklusiven Umfelds, das Menschen mit Behinderungen unterstützt und wertschätzt, ist nicht nur eine Frage der Gerechtigkeit, sondern auch der menschlichen Würde. Indem wir gemeinsam an einem inklusiven Deutschland arbeiten, können wir nicht nur die Lebensqualität von Menschen mit Behinderungen verbessern, sondern auch unsere gesamte Gesellschaft stärken. Jeder Schritt in Richtung Akzeptanz und Verständnis ist ein Schritt in die richtige Richtung für die psychische Gesundheit aller.

Stigmatisierung von psychischen Erkrankungen bei Menschen mit Behinderung

Die Stigmatisierung von psychischen Erkrankungen stellt ein zentrales Problem für Menschen mit Behinderung dar. Oftmals werden psychische Erkrankungen in der Gesellschaft nicht nur als individuelle Herausforderungen, sondern auch als Symptome der Behinderung selbst wahrgenommen. Diese verzerrte Wahrnehmung führt dazu, dass Menschen, die sowohl mit physischen als auch mit psychischen Beeinträchtigungen leben, in ihrer Gesamtheit stigmatisiert werden. Die gesellschaftlichen Vorurteile verstärken die Isolation und den Ausschluss dieser Personen, was wiederum ihre Teilhabe am sozialen Leben erheblich einschränkt.

In vielen Fällen sind die Erfahrungen von Menschen mit Behinderung, die zusätzlich an psychischen Erkrankungen leiden, von einer doppelten Stigmatisierung geprägt. Diese Personen sehen sich nicht nur den Vorurteilen gegenüber ihrer körperlichen Einschränkung ausgesetzt, sondern auch den negativen Stereotypen, die mit psychischen Erkrankungen einhergehen. Diese doppelte Belastung führt oft zu einem Gefühl der Hilflosigkeit und dem Wunsch, sich aus sozialen Kontakten zurückzuziehen, was die psychische Gesundheit weiter beeinträchtigen kann. Es ist wichtig, diese Zusammenhänge zu erkennen, um die richtigen Maßnahmen zur Unterstützung und Integration zu entwickeln.

Aktuelle Bewegungen und Initiativen in Deutschland setzen sich aktiv gegen die Stigmatisierung von psychischen Erkrankungen und Ableismus ein. Sie fördern Aufklärung und Sensibilisierung in der Gesellschaft, um Vorurteile abzubauen und ein besseres Verständnis für die Lebensrealitäten von Menschen mit Behinderungen zu schaffen. Diese Initiativen bieten Plattformen, auf denen Betroffene ihre Erfahrungen teilen können, was nicht nur zur Sichtbarkeit beiträgt, sondern auch das Gefühl der Gemeinschaft und des gegenseitigen Supports stärkt. Indem wir diese Stimmen hören, können wir ein Umfeld schaffen, das Akzeptanz und Verständnis fördert.

Ein weiterer wichtiger Aspekt ist die Rolle der sozialen Netzwerke und Beziehungen. Menschen mit Behinderung, die an psychischen Erkrankungen leiden, benötigen ein starkes soziales Umfeld, das sie unterstützt und ermutigt. Freundschaften und familiäre Bindungen können einen entscheidenden Einfluss auf die Bewältigung von Schwierigkeiten haben. Es ist entscheidend, dass wir als Gesellschaft daran arbeiten, inklusive Räume zu schaffen, die es Menschen ermöglichen, ihre Herausforderungen offen zu teilen, ohne Angst vor Stigmatisierung oder Ablehnung. Die Förderung von Empathie und Verständnis in unseren sozialen Kreisen kann helfen, Brücken zu bauen und die Isolation zu verringern.

Letztlich ist es von großer Bedeutung, dass wir die Diskussion um psychische Gesundheit und Behinderung fortsetzen und weiter intensivieren. Indem wir uns für die Rechte und die Würde von Menschen mit Behinderung einsetzen, können wir nicht nur die Stigmatisierung verringern, sondern auch ein hilfreiches und unterstützendes Umfeld schaffen. Jeder Schritt in Richtung Akzeptanz und Verständnis ist ein Schritt in die richtige Richtung. Lassen Sie uns gemeinsam daran arbeiten, eine inklusive Gesellschaft zu fördern, in der alle Menschen, unabhängig von ihren gesundheitlichen Herausforderungen, respektiert und unterstützt werden.

Ansätze zur Förderung der psychischen Gesundheit im Kontext von Ableismus

Ansätze zur Förderung der psychischen Gesundheit im Kontext von Ableismus sind entscheidend, um die Lebensqualität von Menschen mit Behinderungen zu verbessern. In Deutschland ist es wichtig, dass wir die spezifischen Herausforderungen erkennen, die aufgrund von Ableismus entstehen, und entsprechende Strategien entwickeln, um diesen Herausforderungen zu begegnen. Psychische Gesundheit ist ein grundlegendes Menschenrecht, das oft durch gesellschaftliche Vorurteile und Diskriminierung gefährdet wird. Indem wir die Bedürfnisse und Erfahrungen von Menschen mit Behinderungen in den Mittelpunkt stellen, können wir Wege finden, um eine inklusive und unterstützende Gesellschaft zu fördern.

Ein zentraler Ansatz zur Verbesserung der psychischen Gesundheit ist die Sensibilisierung der Gesellschaft für die Auswirkungen von Ableismus. Bildungsprogramme, die sich mit den Themen Behinderung und psychische Gesundheit auseinandersetzen, können helfen, Vorurteile abzubauen und ein besseres Verständnis für die Herausforderungen zu schaffen, mit denen Menschen mit Behinderungen konfrontiert sind. Solche Programme sollten sich nicht nur an Fachkräfte im Gesundheitswesen richten, sondern auch an die breite Öffentlichkeit. Auf diese Weise können wir ein unterstützendes Umfeld schaffen, das das Wohlbefinden aller fördert.

Darüber hinaus ist die Schaffung von unterstützenden Netzwerken und Gemeinschaften von großer Bedeutung. Menschen mit Behinderungen sollten Zugang zu Ressourcen haben, die ihnen helfen, ihre psychische Gesundheit zu stärken. Initiativen, die Peer-Support-Gruppen, Selbsthilfeorganisationen und Online-Communities umfassen, bieten Raum für den Austausch von Erfahrungen und Strategien zur Bewältigung von Diskriminierung. Diese Netzwerke können nicht nur emotionale Unterstützung bieten, sondern auch praktische Tipps und Hilfestellungen, um den Alltag besser zu bewältigen.

Ein weiterer wichtiger Ansatz ist die Integration von psychischer Gesundheitsförderung in die Gesundheitsversorgung. Fachkräfte sollten geschult werden, um die spezifischen Bedürfnisse von Menschen mit Behinderungen zu erkennen und zu adressieren. Dies umfasst nicht nur den Zugang zu psychologischer Unterstützung, sondern auch die Berücksichtigung von barrierefreien Angeboten. Eine inklusive Gesundheitsversorgung trägt dazu bei, dass Menschen mit Behinderungen die notwendige Unterstützung erhalten, um ihre psychische Gesundheit zu fördern und Diskriminierung zu überwinden.

Schließlich sollten aktuelle Bewegungen und Initiativen gegen Ableismus in Deutschland als Vorbilder dienen. Diese Bewegungen fordern nicht nur Veränderungen in der Gesellschaft, sondern bieten auch konkrete Ansätze zur Verbesserung der psychischen Gesundheit. Indem wir diese Initiativen unterstützen und ihre Botschaften verbreiten, können wir gemeinsam an einer Gesellschaft arbeiten, die die

Vielfalt anerkennt und die psychische Gesundheit aller Menschen wertschätzt. Es ist wichtig, dass wir nicht nur auf die Herausforderungen hinweisen, sondern auch die positiven Ansätze und Lösungen hervorheben, die bereits existieren und die uns auf dem Weg zu einer inklusiveren Gesellschaft unterstützen.

Wege zur Veränderung - Bildung und Aufklärung als Schlüssel

Bildung und Aufklärung spielen eine entscheidende Rolle im Kampf gegen Ableismus in Deutschland. Sie sind nicht nur Werkzeuge, um Wissen zu vermitteln, sondern auch Mittel, um Vorurteile abzubauen und Empathie zu fördern. In einer Gesellschaft, die oft von Stereotypen und Missverständnissen geprägt ist, können Bildungsinitiativen dazu beitragen, ein besseres Verständnis für die Erfahrungen und Herausforderungen von Menschen mit Behinderungen zu schaffen. Durch gezielte Aufklärung können wir ein Bewusstsein für die Vielfalt menschlicher Fähigkeiten entwickeln und die gesellschaftliche Wahrnehmung von Behinderung positiv verändern.

Die Geschichte der Aufklärung zeigt, dass Wissen Macht ist. Wenn wir die Grundlagen des Ableismus verstehen, können wir die Mechanismen hinter Diskriminierung und Ausgrenzung hinterfragen. Bildung ermöglicht es uns, die strukturellen Ungleichheiten zu erkennen, die Menschen mit Behinderungen benachteiligen. Indem wir Lehrpläne anpassen und inklusive Bildungsansätze fördern, können wir die nächste Generation sensibilisieren und dazu anregen, eine inklusive Gesellschaft zu schaffen, in der alle Menschen gleichwertig sind und respektiert werden.

Eine wichtige Komponente der Bildung ist die Sensibilisierung für psychische Gesundheit. Oftmals wird das Thema Behinderung auf körperliche Einschränkungen reduziert, während psychische Erkrankungen häufig übersehen oder stigmatisiert werden. Durch Bildungsangebote, die sich mit der Vielfalt psychischer Gesundheit auseinandersetzen, können wir das Bewusstsein für die Herausforderungen stärken, denen Menschen mit psychischen Erkrankungen gegenüberstehen. Dies fördert nicht nur das Verständnis, sondern hilft auch, die soziale Isolation zu verringern und unterstützende Netzwerke zu schaffen.

Aktuelle Bewegungen und Initiativen gegen Ableismus in Deutschland setzen zunehmend auf die Kraft von Bildung und Aufklärung. Diese Gruppen nutzen Workshops, Informationskampagnen und soziale Medien, um das Bewusstsein für Diskriminierung zu schärfen und Menschen zu ermutigen, sich aktiv gegen Ableismus einzusetzen. Solche Initiativen sind nicht nur wichtig, um Veränderungen herbeizuführen, sondern auch um Solidarität zu fördern und Gemeinschaften zu stärken. Jeder Einzelne kann einen Beitrag leisten, indem er sich informiert und andere über die Realität von Menschen mit Behinderungen aufklärt.

Letztlich ist Bildung der Schlüssel zu einer inklusiven Gesellschaft, in der Ableismus keinen Platz hat. Indem wir uns gemeinsam für Aufklärung einsetzen, können wir nicht nur Vorurteile abbauen, sondern auch eine Kultur der Akzeptanz und des Respekts fördern. Es liegt an uns allen, die Stimme zu erheben und für Gleichheit zu kämpfen. Gemeinsam können wir eine Zukunft gestalten, in der Vielfalt geschätzt wird und jeder Mensch die Chance erhält, seine Talente und Fähigkeiten zu entfalten.

Politische Maßnahmen und gesetzliche Rahmenbedingungen

Politische Maßnahmen und gesetzliche Rahmenbedingungen spielen eine entscheidende Rolle im Kampf gegen Ableismus in Deutschland. Die rechtlichen Grundlagen, die die Rechte von Menschen mit Behinderungen schützen, sind im Grundgesetz verankert. Artikel 3 garantiert die Gleichheit vor dem Gesetz und das Recht auf Teilhabe am gesellschaftlichen Leben. Diese Bestimmungen bilden das Fundament für zahlreiche weitere Gesetze und Verordnungen, die darauf abzielen, Diskriminierung abzubauen und Inklusion zu fördern. Es ist wichtig, dass diese Gesetze nicht nur auf dem Papier existieren, sondern auch in der Praxis wirksam umgesetzt werden.

In den letzten Jahren wurden verschiedene politische Initiativen ins Leben gerufen, die sich gezielt mit den Herausforderungen befassen, denen Menschen mit Behinderung gegenüberstehen. Hierzu zählen unter anderem die Umsetzung der UN-Behindertenrechtskonvention und die Förderung von barrierefreien Lebensräumen. Diese Maßnahmen sind ein Schritt in die richtige Richtung, um die gesellschaftliche Teilhabe zu verbessern und Vorurteile abzubauen. Es ist ermutigend zu sehen, dass die Politik zunehmend auf die Bedürfnisse von Menschen mit Behinderungen eingeht und deren Stimmen in Entscheidungsprozesse einbezieht.

Dennoch gibt es nach wie vor erhebliche Herausforderungen, die bewältigt werden müssen. Oftmals sind die gesetzlichen Rahmenbedingungen nicht ausreichend oder werden nicht konsequent genug umgesetzt. Dies führt dazu, dass viele Menschen mit Behinderungen weiterhin Diskriminierung und Ausgrenzung erfahren. Es ist daher entscheidend, dass Betroffene und ihre Interessenvertretungen aktiv in politische Prozesse eingebunden werden, um sicherzustellen, dass ihre Bedürfnisse und Anliegen Gehör finden. Eine stärkere Lobbyarbeit und das Engagement in der Zivilgesellschaft sind unerlässlich, um positive Veränderungen zu bewirken.

Zusätzlich zu den bestehenden gesetzlichen Regelungen sind auch neue Ansätze erforderlich, um den Einfluss von Ableismus auf soziale Beziehungen und Netzwerke zu verringern. Es ist wichtig, dass die Gesellschaft ein Bewusstsein für die Herausforderungen entwickelt, die Menschen mit Behinderungen in ihrem Alltag begegnen. Sensibilisierungskampagnen und Bildungsangebote können dazu beitragen, Vorurteile abzubauen und ein inklusives Miteinander zu fördern. Wenn wir gemeinsam an einem Strang ziehen, können wir eine Atmosphäre schaffen, in der jeder Mensch, unabhängig von seinen Fähigkeiten, respektiert und geschätzt wird.

Abschließend lässt sich sagen, dass es in Deutschland bereits positive Entwicklungen im Bereich der politischen Maßnahmen und gesetzlichen Rahmenbedingungen gibt, die den Kampf gegen Ableismus unterstützen. Dennoch ist es von zentraler Bedeutung, dass wir weiterhin aktiv für die Rechte von Menschen mit Behinderungen eintreten und uns für eine inklusive Gesellschaft stark machen. Nur durch kollektives Engagement und den Willen zur Veränderung können wir sicherstellen, dass jeder Mensch die gleichen Chancen und Möglichkeiten erhält, sein volles Potenzial zu entfalten.

Die Rolle der Gesellschaft im Kampf gegen Ableismus

Die gesellschaftliche Rolle im Kampf gegen Ableismus ist von entscheidender Bedeutung, um ein inklusives und gerechtes Miteinander zu fördern. Es ist wichtig, dass alle Mitglieder der Gesellschaft, unabhängig von ihrer eigenen Erfahrung mit Behinderung, aktiv an der Bekämpfung von Diskriminierung und Vorurteilen teilnehmen. Durch Aufklärung und Sensibilisierung können wir eine Kultur des Respekts und der Akzeptanz schaffen, in der Vielfalt gefeiert und nicht als Bedrohung wahrgenommen wird. Jeder Einzelne hat die Verantwortung, seine Stimme zu erheben und über die Herausforderungen zu informieren, mit denen Menschen mit Behinderungen konfrontiert sind.

Initiativen und Bewegungen, die sich gegen Ableismus richten, sind ein zentraler Bestandteil dieses Wandels. In Deutschland gibt es zahlreiche Organisationen und Gruppen, die sich für die Rechte von Menschen mit Behinderungen einsetzen. Diese Bewegungen sind nicht nur wichtig für die Sichtbarkeit der Themen, sondern auch für die Mobilisierung der Gesellschaft. Indem wir uns diesen Initiativen anschließen oder sie unterstützen, können wir ein starkes Zeichen für Solidarität und Zusammenhalt setzen. Die Bedeutung der kollektiven Anstrengungen darf nicht unterschätzt werden: Gemeinsam können wir Barrieren abbauen und ein Umfeld schaffen, das für alle zugänglich ist.

Ein weiterer Aspekt, der oft übersehen wird, ist der Einfluss von Ableismus auf soziale Beziehungen und Netzwerke. Diskriminierung kann dazu führen, dass Menschen mit Behinderungen isoliert werden, was ihre psychische Gesundheit erheblich beeinträchtigen kann. Die Gesellschaft muss sich aktiv dafür einsetzen, Inklusion in allen sozialen Bereichen zu fördern. Dies bedeutet, dass wir Räume schaffen, in denen Menschen mit Behinderungen gesehen und gehört werden. Durch den Abbau von Vorurteilen und die Förderung von Empathie können wir Beziehungen stärken und ein Netzwerk der Unterstützung aufbauen, das für alle von Vorteil ist.

Psychische Gesundheit spielt eine wesentliche Rolle im Kontext von Ableismus. Oft wird die psychische Belastung, die durch Diskriminierung entsteht, nicht ausreichend anerkannt oder adressiert. Die Gesellschaft hat die Aufgabe, nicht nur die physischen, sondern auch die psychischen Bedürfnisse von Menschen mit Behinderungen zu berücksichtigen. Durch offene Gespräche über psychische Gesundheit und die Bereitstellung von Ressourcen können wir Barrieren abbauen und ein unterstützendes Umfeld schaffen. Es ist wichtig, dass wir die Stimmen der Betroffenen hören und ihre Erfahrungen ernst nehmen, um ein umfassenderes Verständnis für die Auswirkungen von Ableismus zu entwickeln.

Letztlich ist der Kampf gegen Ableismus eine gesamtgesellschaftliche Aufgabe, die das Engagement und die Beteiligung aller erfordert. Jeder Schritt, den wir in Richtung Inklusion und Gerechtigkeit unternehmen, ist ein Schritt in die richtige Richtung. Indem wir uns gemeinsam für eine Gesellschaft einsetzen, die Vielfalt schätzt und Diskriminierung ablehnt, können wir eine Zukunft gestalten, in der Menschen mit Behinderungen die gleichen Chancen und Rechte wie alle anderen haben. Lassen Sie uns gemeinsam aktiv werden und den Wandel herbeiführen, den wir uns wünschen.

Zukünftige Herausforderungen und Chancen im Kampf gegen Ableismus

Die Diskussion über Ableismus in Deutschland steht an einem entscheidenden Wendepunkt. Während wir eine zunehmende Sensibilisierung für die Rechte von Menschen mit Behinderungen erleben, bestehen weiterhin erhebliche Herausforderungen, die es zu bewältigen gilt. Eine dieser Herausforderungen ist die tief verwurzelte gesellschaftliche Einstellung gegenüber Behinderung. Es ist wichtig, dass wir uns nicht nur mit den sichtbaren Aspekten der Diskriminierung auseinandersetzen, sondern auch mit den subtilen, oft unbewussten Vorurteilen, die in sozialen Beziehungen und Netzwerken existieren. Diese Vorurteile können den Zugang zu Bildung, Beschäftigung und sozialen Interaktionen erheblich beeinträchtigen.

Gleichzeitig ergeben sich aus diesen Herausforderungen auch Chancen für positive Veränderungen. Die fortschreitende Digitalisierung und der Einsatz neuer Technologien bieten innovative Ansätze zur Verbesserung der Lebensqualität von Menschen mit Behinderungen. Diese Technologien können Barrieren abbauen und Inklusion fördern, indem sie individuelle Bedürfnisse besser berücksichtigen. Initiativen, die sich auf digitale Teilhabe konzentrieren, können dazu beitragen, soziale Isolation zu verringern und den Zugang zu Informationen und Dienstleistungen zu erleichtern. Dies eröffnet neue Möglichkeiten für Menschen mit Behinderungen, aktiv am gesellschaftlichen Leben teilzunehmen.

Ein weiterer wichtiger Aspekt ist die zunehmende Mobilisierung von Bewegungen und Initiativen, die sich gegen Ableismus einsetzen. Diese Gruppen arbeiten daran, das Bewusstsein für die Herausforderungen von Menschen mit Behinderungen zu schärfen und fordern eine aktive Beteiligung an der Gestaltung von politischen und gesellschaftlichen Prozessen. Sie schaffen Räume für Dialog und Austausch, die es Betroffenen ermöglichen, ihre Stimmen zu erheben und ihre Erfahrungen zu teilen. Die Zusammenarbeit zwischen verschiedenen Akteuren, einschließlich der Zivilgesellschaft, Unternehmen und staatlichen Institutionen, kann zu einem kraftvollen Katalysator für Veränderungen werden.

Es ist ebenfalls unerlässlich, die psychische Gesundheit als Teil der Diskussion über Ableismus zu betrachten. Oftmals wird die psychische Belastung, die durch Diskriminierung und soziale Ausgrenzung entsteht, übersehen. Hier liegt eine bedeutende Chance, das Verständnis für die Bedürfnisse von Menschen mit Behinderungen zu erweitern und Ansätze zu entwickeln, die sowohl physische als auch psychische Gesundheit fördern. Programme, die auf das Wohlbefinden abzielen und die Resilienz stärken, können nicht nur das individuelle Leben verbessern, sondern auch zu einer insgesamt integrativeren Gesellschaft beitragen.

Die Zukunft der Inklusion und der Bekämpfung von Ableismus in Deutschland hängt von unserem kollektiven Engagement ab. Indem wir uns den Herausforderungen stellen und die Chancen nutzen, können wir eine Gesellschaft schaffen, in der Vielfalt geschätzt wird und jeder Mensch die Möglichkeit hat, sein volles Potenzial zu entfalten. Es liegt an uns allen, aktiv an diesem Wandel mitzuwirken und eine inklusive Kultur zu fördern, die nicht nur Menschen mit Behinderungen, sondern uns alle bereichert.

Der Weg zu einer inklusiven Gesellschaft

Der Weg zu einer inklusiven Gesellschaft beginnt mit dem Verständnis, dass Vielfalt eine Stärke ist und dass jeder Mensch, unabhängig von seinen Fähigkeiten, wertvoll ist. In Deutschland gibt es bereits zahlreiche Initiativen, die sich für die Rechte von Menschen mit Behinderungen einsetzen und ein Bewusstsein für die Herausforderungen schaffen, mit denen sie konfrontiert sind. Diese Bewegungen zeigen, dass es möglich ist, Barrieren abzubauen und eine Gesellschaft zu gestalten, in der alle Mitglieder gleichberechtigt und respektiert werden.

Ein zentraler Aspekt auf diesem Weg ist die Sensibilisierung der Gesellschaft für die Themen Ableismus und Diskriminierung. Bildung spielt hierbei eine entscheidende Rolle. Durch Schulungen, Workshops und öffentliche Kampagnen kann das Bewusstsein für die Bedürfnisse und Perspektiven von Menschen mit Behinderungen geschärft werden. Diese Bildungsmaßnahmen fördern nicht nur das Verständnis, sondern auch Empathie und Solidarität, die essenziell sind, um eine inklusive Gesellschaft zu schaffen.

Ein weiterer wichtiger Schritt ist die Förderung von sozialen Netzwerken, die Menschen mit und ohne Behinderungen verbinden. Diese Netzwerke können als Plattformen dienen, um Erfahrungen auszutauschen, Vorurteile abzubauen und gegenseitige Unterstützung zu bieten. Indem Menschen miteinander interagieren und gemeinsam Projekte umsetzen, entsteht ein Gefühl der Gemeinschaft, das dazu beiträgt, den Einfluss von Ableismus in sozialen Beziehungen zu verringern. Eine inklusive Gesellschaft ist nur dann möglich, wenn alle Stimmen gehört und respektiert werden.

Aktuelle Bewegungen und Initiativen in Deutschland zeigen, dass der Wandel bereits im Gange ist. Von der Einführung barrierefreier Infrastruktur bis hin zu Kampagnen, die auf die Rechte von Menschen mit Behinderungen aufmerksam machen, gibt es zahlreiche Beispiele für positiven Fortschritt. Diese Initiativen ermutigen Menschen, sich aktiv für Veränderungen einzusetzen und ihre Stimme zu erheben. Jeder Einzelne kann einen Beitrag leisten, sei es durch freiwillige Arbeit, durch die Unterstützung von Organisationen oder durch das Teilen von Informationen in sozialen Medien.

Schließlich ist es wichtig, die psychische Gesundheit von Menschen mit Behinderungen in den Fokus zu rücken. Oft wird die psychische Belastung, die durch Diskriminierung und gesellschaftliche Ausgrenzung entsteht, übersehen. Eine inklusive Gesellschaft muss daher auch Wege finden, um die psychische Gesundheit aller Mitglieder zu unterstützen. Dies kann durch Zugang zu Ressourcen, spezialisierte Therapien und durch die Schaffung eines unterstützenden Umfelds geschehen. Indem wir diese Themen ansprechen und Lösungen entwickeln, bauen wir nicht nur eine inklusivere Gesellschaft auf, sondern fördern auch das Wohlbefinden aller.

Aufruf zum Handeln: Jeder kann einen Beitrag leisten

In der Auseinandersetzung mit dem Thema Ableismus ist es wichtig zu erkennen, dass jeder Einzelne einen wertvollen Beitrag leisten kann. Ob im persönlichen Umfeld, am Arbeitsplatz oder in der Öffentlichkeit – kleine Veränderungen im Alltag können eine große Wirkung erzielen. Indem wir uns aktiv gegen diskriminierende Verhaltensweisen und Denkmuster einsetzen, schaffen wir Raum für mehr Akzeptanz und Verständnis. Es ist an der Zeit, dass wir alle Verantwortung übernehmen und uns für eine inklusive Gesellschaft starkmachen.

Ein effektiver Weg, um aktiv zu werden, besteht darin, das eigene Wissen über die Herausforderungen und Diskriminierungen, die Menschen mit Behinderungen erfahren, zu erweitern. Dies kann durch das Lesen von Fachliteratur, das Besuchen von Vorträgen oder Workshops geschehen. Je mehr wir über die Erfahrungen anderer Menschen erfahren, desto empathischer können wir agieren. Das Teilen von Informationen und das Fördern von Diskussionen in unserem Freundes- und Bekanntenkreis sind weitere Schritte, um das Bewusstsein für Ableismus zu schärfen.

Darüber hinaus können wir uns ehrenamtlich in Initiativen und Organisationen engagieren, die sich für die Rechte von Menschen mit Behinderungen einsetzen. Diese Gruppen bieten oft die Möglichkeit, aktiv an Projekten mitzuwirken, die Barrieren abbauen und die Sichtbarkeit von Menschen mit Behinderung erhöhen. Indem wir unsere Zeit und Energie in solche Bewegungen investieren, tragen wir nicht nur zu einer positiven Veränderung bei, sondern lernen auch von den Erfahrungen und Perspektiven der Betroffenen.

Ein weiterer wichtiger Aspekt ist die Unterstützung von aktuellen Bewegungen und Kampagnen gegen Ableismus. Indem wir ihre Anliegen sichtbar machen und aktiv an Veranstaltungen teilnehmen, zeigen wir Solidarität und stärken die Stimme derjenigen, die oft übersehen werden. Ob durch das Teilen von Posts in sozialen Medien, das Unterzeichnen von Petitionen oder das Organisieren von

Diskussionsrunden – jede Aktion zählt und kann dazu beitragen, ein größeres Bewusstsein in der Gesellschaft zu schaffen.

Letztlich ist die Förderung der psychischen Gesundheit ein zentrales Anliegen im Kampf gegen Ableismus. Menschen mit Behinderungen sind häufig mit zusätzlichen psychischen Belastungen konfrontiert, die aus Diskriminierung und Stigmatisierung resultieren. Indem wir uns für eine offene und unterstützende Kommunikationskultur einsetzen, können wir dazu beitragen, dass sich Betroffene sicher fühlen, ihre Erfahrungen zu teilen. Jeder von uns hat die Möglichkeit, durch Verständnis, Respekt und aktive Unterstützung einen positiven Einfluss auszuüben. Gemeinsam können wir die Barrieren des Ableismus durchbrechen und eine inklusive Gesellschaft schaffen, in der jeder Mensch wertgeschätzt wird.

37 Parteien und Regierungen im Kontext zur Inklusion

Wer sich realistisch mit der Umsetzung der Inklusion in Deutschland beschäftigt, kommt nicht umhin, einen kritischen Blick auf die Programme und das tatsächliche Handeln der einzelnen Parteien und die Erfolge der Regierungen zu werfen. In den vielen Jahren meiner ehrenamtlichen Arbeit und der Analyse der Programme und deren Umsetzung ergab sich für mich nachfolgendes persönliches Bild.

Die CDU

Die CDU hat in den letzten Jahren immer wieder betont, wie wichtig ihr das Thema Inklusion sei, doch die Umsetzung ihrer Politik bleibt weit hinter den Ansprüchen und Versprechen zurück. Die Inklusionspolitik der CDU weist deutliche Schwächen auf, besonders im Bildungsbereich, im Arbeitsmarkt und in der gesellschaftlichen Teilhabe. Die Kritikpunkte lassen sich in mehreren Bereichen zusammenfassen:

Bildung: Die CDU verspricht zwar eine inklusive Bildung, aber in der Praxis fehlt es an konkreten und nachhaltigen Maßnahmen. Zwar wird auf dem Papier von inklusiven Schulen gesprochen, doch die Realität sieht oft anders aus. Es fehlen genügend Ressourcen wie gut ausgebildetes Personal, geeignete Räumlichkeiten und finanzielle Mittel, um Inklusion in Schulen wirklich zu leben. Lehrer*innen und Schulen sind häufig überlastet, weil sie nicht die Unterstützung erhalten, die sie benötigen, um die Anforderungen einer inklusiven Bildung zu erfüllen. Stattdessen werden Kinder mit Behinderungen oftmals in Förderschulen separiert, was dem Grundgedanken der Inklusion widerspricht.

Arbeitsmarkt: Die Inklusion auf dem Arbeitsmarkt ist eine weitere Baustelle, an der die CDU kaum nennenswerte Fortschritte vorweisen kann. Menschen mit Behinderungen haben weiterhin große Schwierigkeiten, eine reguläre Anstellung zu finden. Obwohl es gesetzliche Vorgaben zur Beschäftigung von Menschen mit Behinderungen gibt, sieht die Realität oft anders aus. Viele Unternehmen zahlen lieber Ausgleichsabgaben, als tatsächlich Menschen mit

Behinderungen einzustellen. Die CDU verpasst es, hier wirksame Anreize oder Sanktionen zu schaffen, die Unternehmen stärker in die Pflicht nehmen und so für eine gerechte Integration in den Arbeitsmarkt sorgen würden.

Gesellschaftliche Teilhabe: Trotz aller Lippenbekenntnisse ist die gesellschaftliche Teilhabe von Menschen mit Behinderungen in vielen Bereichen des öffentlichen Lebens eingeschränkt. Barrierefreiheit in öffentlichen Einrichtungen, im Nahverkehr und in der digitalen Infrastruktur bleibt weiterhin mangelhaft umgesetzt. Die CDU scheut sich oft davor, klare gesetzliche Vorgaben zur Barrierefreiheit durchzusetzen. Vieles bleibt bei freiwilligen Standards und Empfehlungen, die nicht die nötige Verbindlichkeit haben, um wirkliche Verbesserungen zu bewirken.

Mangelnde Innovationsbereitschaft: Die CDU setzt häufig auf bewährte, aber veraltete Ansätze und scheut sich, innovative Ideen und Ansätze zur Förderung der Inklusion auszuprobieren. Während andere Länder Inklusionskonzepte erfolgreich modernisieren und Menschen mit Behinderungen stärker in den Mittelpunkt rücken, setzt die CDU auf konservative Lösungen, die wenig Fortschritt bringen und keine langfristigen Perspektiven bieten.

Fehlende Partizipation und Mitsprache: Echte Inklusion bedeutet auch, dass Menschen mit Behinderungen selbst an politischen Prozessen teilhaben und ihre eigenen Bedürfnisse formulieren können. Hier zeigt sich ein weiteres Defizit der CDU-Politik, die oft über, aber selten mit Menschen mit Behinderungen spricht. So werden Entscheidungen getroffen, die nicht den tatsächlichen Bedürfnissen der Betroffenen entsprechen und somit weit an der Realität vorbeigehen.

Zusammengefasst zeigt sich, dass die CDU das Thema Inklusion häufig als Symbolpolitik betreibt, ohne jedoch die notwendigen Schritte zu ergreifen, um echte Fortschritte zu erzielen. Statt ambitionierte Ziele zu formulieren und die erforderlichen Ressourcen bereitzustellen, bleibt die CDU bei halbherzigen Maßnahmen stehen. Wenn die Partei Inklusion wirklich ernst nehmen möchte, müsste sie ihre Prioritäten ändern und konkrete, messbare und verbindliche Maßnahmen einführen, die den Anspruch auf eine inklusive Gesellschaft verwirklichen.

Die FDP

Die Inklusionspolitik der FDP bleibt trotz ihrer betonten liberalen Werte häufig oberflächlich und unzureichend. Obwohl die Partei immer wieder von der Förderung individueller Freiheit und Chancengleichheit spricht, vernachlässigt sie wichtige strukturelle und finanzielle Maßnahmen, die notwendig wären, um Menschen mit Behinderungen wirklich zu integrieren. Die Schwächen ihrer Inklusionspolitik lassen sich wie folgt zusammenfassen:

Marktorientierung statt echter Teilhabe: Die FDP vertritt eine stark marktorientierte Politik, die auch auf die Inklusion übertragen wird. Anstatt Inklusion als Grundrecht zu verstehen und strukturelle Veränderungen anzustoßen, wird oft versucht, die Herausforderungen des Arbeitsmarktes auf freiwillige, private Lösungen abzuwälzen. Die Idee, dass der Markt die besten Lösungen für alle finden wird, verkennt, dass Menschen mit Behinderungen besondere Unterstützung benötigen, die sich nicht allein durch Marktmechanismen regeln lässt. Oft bedeutet dies, dass diese Gruppe nur unzureichend in den Arbeitsmarkt integriert wird.

Mangelnde finanzielle Investitionen in inklusive Bildung: Die FDP fordert immer wieder eine Verschlankung des Staates und die Reduzierung von Sozialausgaben. Diese Haltung erschwert jedoch den Aufbau eines inklusiven Bildungssystems erheblich. Es fehlt an Investitionen in Schulen, an der Ausbildung von Sonderpädagoginnen und Sonderpädagogen sowie an einer angemessenen Ausstattung der Schulen. Inklusive Bildung erfordert erhebliche finanzielle Mittel, um barrierefreie Schulen, kleinere Klassen und spezialisierte Lehrkräfte bereitzustellen. Die FDP steht jedoch oft auf der Bremse, wenn es um öffentliche Investitionen geht, was die Inklusion im Bildungsbereich stark behindert.

Fehlende Gesetzgebung zur Barrierefreiheit: Die FDP spricht sich häufig gegen Regulierungen aus, die Unternehmen und öffentliche Einrichtungen zu verpflichtenden Maßnahmen für Barrierefreiheit und Inklusion zwingen könnten. Stattdessen setzt sie auf freiwillige Maßnahmen und Anreize, die sich jedoch oft als ineffektiv erweisen. Ohne verbindliche Gesetze bleibt Barrierefreiheit in vielen Bereichen, wie im öffentlichen Verkehr und bei digitalen Angeboten, ein ferner Wunsch. Diese Haltung trägt dazu bei, dass Menschen mit Behinderungen weiterhin täglich auf Hindernisse stoßen, die ihre Teilhabe einschränken.

Betonung der Eigenverantwortung: Die FDP betont oft das Prinzip der Eigenverantwortung und geht davon aus, dass Menschen mit Behinderungen ihre Anliegen und Bedürfnisse selbst organisieren können. Diese Sichtweise ignoriert jedoch, dass viele Menschen aufgrund physischer, kognitiver oder psychischer Beeinträchtigungen auf Unterstützung angewiesen sind, um gleichberechtigt am gesellschaftlichen Leben teilzunehmen. Ohne gezielte Unterstützung durch den

Staat kann das Prinzip der Eigenverantwortung in eine Falle der Benachteiligung führen.

Digitalisierung ohne Inklusion: Obwohl die FDP die Digitalisierung stark fördert, wird oft übersehen, dass eine digitale Gesellschaft auch barrierefrei gestaltet werden muss. Viele digitale Angebote bleiben für Menschen mit Behinderungen unzugänglich, weil die FDP die Dringlichkeit verbindlicher Barrierefreiheitsstandards im digitalen Raum nicht erkannt hat. Das führt dazu, dass Menschen mit Behinderungen von neuen digitalen Chancen ausgeschlossen bleiben.

Mangelndes Engagement für politische Partizipation: Die FDP spricht sich zwar für politische Teilhabe aus, jedoch fehlt es an konkreten Maßnahmen, um die politische Mitbestimmung von Menschen mit Behinderungen zu fördern. Es gibt wenig Unterstützung für Initiativen, die Menschen mit Behinderungen politisch stärker einbinden und sicherstellen, dass ihre Interessen auf allen politischen Ebenen Gehör finden. So werden wichtige Entscheidungen oft ohne die Perspektive der Betroffenen getroffen.

Zusammengefasst bleibt die Inklusionspolitik der FDP oberflächlich und setzt mehr auf individuelle Verantwortung und marktwirtschaftliche Lösungen, ohne die strukturellen Herausforderungen wirklich anzugehen. Wer Inklusion ernst meint, muss bereit sein, öffentliche Mittel zu investieren, verbindliche Regelungen zu schaffen und staatliche Verantwortung wahrzunehmen. Die FDP müsste ihre ideologischen Grundsätze überdenken und die Bedürfnisse von Menschen mit Behinderungen stärker in den Mittelpunkt ihrer Politik rücken, wenn sie echte Inklusion erreichen möchte.

Die Grünen

Die Grünen präsentieren sich als Partei, die sich für eine gerechte und inklusive Gesellschaft einsetzt. Besonders im Bildungsbereich, im sozialen Bereich und in der Umweltpolitik betonen sie ihre Verantwortung für eine Gesellschaft, die niemanden ausschließt. Doch bei genauerem Hinsehen zeigt die Inklusionspolitik der Grünen einige Schwächen. Die Umsetzung ihrer Ideale bleibt oft hinter den Erwartungen zurück, vor allem bei der praktischen Umsetzung und der Bereitstellung notwendiger Ressourcen. Eine kritische Analyse der Inklusionspolitik der Grünen zeigt folgende Herausforderungen und Defizite:

Überambitionierte Zielsetzungen ohne klare Umsetzung: Die Grünen formulieren ehrgeizige Ziele für die Inklusion, die jedoch oft nicht ausreichend durch konkrete Maßnahmen und Schritte unterlegt sind. Gerade im Bildungsbereich setzen sie sich stark für inklusive Schulen ein, doch die Umsetzung bleibt schwierig. Zwar fordern die Grünen Inklusion im Regelschulsystem, doch in der Praxis fehlen häufig die notwendigen Strukturen, personellen Ressourcen und finanziellen Mittel. Viele Schulen sind schlicht nicht in der Lage, alle Kinder gleichermaßen zu fördern, was häufig zu einer Überforderung der Lehrkräfte und zu einer Frustration der Betroffenen führt.

Hohe Abhängigkeit von kommunaler Umsetzung: Die Grünen setzen bei der Inklusionspolitik häufig auf die Verantwortung der Kommunen. Dies führt dazu, dass die Qualität und der Umfang der Inklusionsmaßnahmen stark von der jeweiligen Kommune abhängen. Gerade kleinere oder finanzschwache Kommunen können die ambitionierten inklusiven Projekte nicht in vollem Umfang umsetzen. Es mangelt an einer zentralen Steuerung und an klaren Standards, die eine einheitliche und gerechte Umsetzung der Inklusion bundesweit sicherstellen könnten.

Fokus auf Umweltpolitik und fehlende Integration der Inklusion: Die Grünen sind als Umweltpartei bekannt und setzen einen Großteil ihrer Ressourcen und Aufmerksamkeit auf den Klimaschutz und nachhaltige Politik. Diese Themen sind zweifelsohne wichtig, aber die Inklusion wird hier oft vernachlässigt oder als nachrangig behandelt. Es fehlt an einer umfassenden Strategie, die Inklusion konsequent in alle Politikbereiche integriert, von der Verkehrspolitik bis zur Digitalisierung. Menschen mit Behinderungen und deren Bedürfnisse bleiben oft an den Rand gedrängt.

Unzureichende Förderung der Barrierefreiheit im öffentlichen Raum: Die Grünen sprechen sich zwar für barrierefreie Städte und Gemeinden aus, doch konkrete Fortschritte sind oft schwer zu erkennen. Zwar gibt es viele Initiativen und Vorschläge zur barrierefreien Gestaltung des öffentlichen Raums, doch die Umsetzung erfolgt meist nur langsam und bleibt oft bei Pilotprojekten stehen. Um echte Teilhabe zu ermöglichen, bräuchte es verbindliche Regelungen und finanzielle Anreize, damit Barrierefreiheit konsequent und flächendeckend umgesetzt wird.

Unklare Linie bei der Arbeitsmarktintegration: Die Grünen sprechen sich zwar für eine stärkere Integration von Menschen mit Behinderungen in den Arbeitsmarkt aus, doch konkrete Maßnahmen und klare Forderungen bleiben oft aus. Während die Grünen häufig auf Bewusstsein und Freiwilligkeit setzen, fehlen verbindliche Regelungen und Anreize, die Unternehmen tatsächlich motivieren, Menschen mit Behinderungen einzustellen. Der Arbeitsmarkt ist ein zentraler Bereich für Inklusion, aber die grüne Politik setzt hier zu sehr auf Appelle statt auf eine zielgerichtete und verbindliche Gesetzgebung.

Digitalisierung ohne ausreichend Barrierefreiheit: Die Grünen setzen sich für eine moderne und digitale Gesellschaft ein, doch die Barrierefreiheit in digitalen Angeboten ist immer noch unzureichend umgesetzt. Viele digitale Angebote, sowohl von staatlicher Seite als auch im privaten Sektor, sind weiterhin für Menschen mit Behinderungen schwer zugänglich. Trotz ihres Einsatzes für eine soziale Digitalpolitik fehlt es an klaren Vorgaben und Standards für barrierefreie digitale Lösungen, um Inklusion in der digitalen Gesellschaft zu gewährleisten.

Mangelnde Partizipation der Betroffenen: Die Grünen betonen zwar die Bedeutung von Partizipation und Bürgerbeteiligung, doch in der praktischen Inklusionspolitik bleiben Menschen mit Behinderungen oft unzureichend eingebunden. Ihre spezifischen Bedürfnisse und Erfahrungen werden zwar thematisiert, aber es fehlt an einem direkten Dialog und an einer aktiven Einbindung von Betroffenen in die Entscheidungsprozesse. Damit riskieren die Grünen, an den tatsächlichen Bedürfnissen vorbeizugehen und Entscheidungen zu treffen, die nicht die Perspektiven der Betroffenen berücksichtigen.

Zusammengefasst lässt sich sagen, dass die Grünen zwar eine hohe Sensibilität für die Themen der Inklusion zeigen und engagierte Programme formulieren, aber oft Schwierigkeiten bei der konkreten Umsetzung und der Bereitstellung der notwendigen Ressourcen haben. Die Inklusionspolitik der Grünen bleibt in vielen Bereichen zu vage und unverbindlich, wodurch tatsächliche Fortschritte ausbleiben. Wenn die Grünen die Inklusion wirklich als gesellschaftliche Priorität

verstehen wollen, müssen sie diese stärker in alle
Politikbereiche integrieren, verbindliche Regelungen
schaffen und mehr finanzielle Mittel zur Verfügung stellen.

Die Linke

Die Partei Die Linke setzt sich in ihrer politischen Agenda
stark für soziale Gerechtigkeit und Teilhabe ein und betont
oft die Wichtigkeit der Inklusion für eine gerechte
Gesellschaft. Auch wenn dies auf dem Papier
vielversprechend klingt, bleibt die praktische Umsetzung der
Inklusionspolitik der Linken in mehreren Bereichen
unzureichend. Eine kritische Analyse zeigt Schwächen, die
darauf hinweisen, dass die Linke zwar hohe Ideale hat, diese
aber oft nicht realistisch und pragmatisch genug angeht:

Überbetonung staatlicher Interventionen ohne konkrete
Pläne: Die Linke setzt bei Inklusion stark auf den Staat und
fordert umfangreiche staatliche Eingriffe und Programme.
Zwar ist diese Forderung berechtigt, da eine inklusive
Gesellschaft ohne staatliche Unterstützung kaum möglich ist.
Allerdings bleibt die Linke bei der Ausarbeitung realistischer
und umsetzbarer Konzepte oft vage. Es fehlt an klaren
Plänen, wie etwa eine umfassende Inklusion im Bildungs-
oder Arbeitsbereich tatsächlich organisiert und finanziert
werden kann. Die Forderungen klingen oft idealistisch, aber
wenig praktikabel, was die Akzeptanz und Machbarkeit
solcher Maßnahmen erschwerten.

Fokus auf soziale Gerechtigkeit, aber wenig spezifische
Maßnahmen für Inklusion: Die Linke betont soziale
Gerechtigkeit als übergeordnetes Ziel, was auch die Rechte
von Menschen mit Behinderungen umfasst. Jedoch verliert

sich die Partei in allgemeinen Forderungen und konkreten sozialpolitischen Maßnahmen, die nicht gezielt genug auf die spezifischen Bedürfnisse und Hürden für Menschen mit Behinderungen eingehen. Eine gerechte Sozialpolitik ist wichtig, aber Inklusion erfordert spezifische Maßnahmen und Programme, die genau an den Bedürfnissen der Betroffenen ausgerichtet sind, was bei der Linken oft zu kurz kommt.

Zu wenig Förderung individueller Selbstständigkeit: Die Linke setzt stark auf kollektive Lösungen und fordert umfassende Unterstützungsprogramme. Während solche Programme notwendig und hilfreich sind, mangelt es oft an Maßnahmen, die Menschen mit Behinderungen gezielt darin fördern, eine möglichst eigenständige Lebensführung zu entwickeln. Die Partei könnte hier stärker auf Programme zur Förderung von Selbstbestimmung und Empowerment setzen, die auf die individuellen Fähigkeiten und Bedürfnisse der Betroffenen eingehen. Der starke Fokus auf kollektive staatliche Unterstützung birgt die Gefahr, dass individuelle Wege zur Teilhabe vernachlässigt werden.

Mangel an differenzierten Lösungen im Bildungsbereich: Die Linke fordert konsequent eine inklusive Bildung für alle, was im Grundsatz zu begrüßen ist. Allerdings bleibt die Partei auch hier oft unkonkret, wie genau Inklusion in Schulen praktisch umgesetzt werden soll, vor allem in Hinblick auf die Finanzierung, die personellen Ressourcen und die Unterstützung der Lehrkräfte. Die Linke setzt stark auf eine Gesamtschule für alle Kinder, vernachlässigt aber die Frage, wie das Schulsystem strukturell angepasst werden muss, damit individuelle Bedürfnisse wirklich berücksichtigt werden können.

Unklare Ansätze zur Integration in den Arbeitsmarkt: Die Linke setzt sich zwar für eine gerechte Teilhabe am Arbeitsmarkt ein und fordert bessere Bedingungen für Menschen mit Behinderungen. Allerdings bleibt sie oft bei allgemeinen Forderungen nach mehr Arbeitsplätzen im öffentlichen Sektor oder besseren Arbeitsbedingungen stehen. Es fehlen konkrete Konzepte, wie Menschen mit Behinderungen besser in den Arbeitsmarkt integriert werden können, insbesondere im privaten Sektor. Die Linke könnte hier stärkere Anreize schaffen, Unternehmen für Inklusion zu gewinnen und Förderprogramme zu entwickeln, die gezielt auf die Arbeitsmarktintegration von Menschen mit Behinderungen abzielen.

Anspruch auf umfassende Barrierefreiheit ohne konkrete Priorisierungen: Die Linke fordert Barrierefreiheit in allen Lebensbereichen, was theoretisch sinnvoll ist, in der Praxis aber Priorisierungen erfordert. Eine vollständige und sofortige Barrierefreiheit ist kaum realisierbar, da hierfür immense finanzielle und logistische Ressourcen nötig sind. Die Linke bleibt oft unkonkret, welche Bereiche zuerst barrierefrei gestaltet werden sollten und welche Maßnahmen realistisch und kurzfristig umsetzbar sind. Diese fehlende Priorisierung kann dazu führen, dass wichtige Fortschritte verzögert werden, weil keine gezielten Schritte unternommen werden.

Digitalisierung als vernachlässigtes Thema: Die Linke hat sich zwar zu sozialen Themen im digitalen Bereich geäußert, aber die Bedeutung der digitalen Inklusion wird oft unterschätzt. Für viele Menschen mit Behinderungen ist die digitale Barrierefreiheit essenziell, um Zugang zu Informationen, Dienstleistungen und gesellschaftlicher Teilhabe zu erhalten. Die Linke könnte hier mehr Gewicht auf die Förderung einer barrierefreien digitalen Infrastruktur legen, um sicherzustellen, dass Menschen mit Behinderungen in der digitalen Gesellschaft nicht abgehängt werden.

Zusammenfassend zeigt sich, dass die Linke hohe Ansprüche an Inklusion stellt und sich für soziale Gerechtigkeit einsetzt, aber die praktischen und organisatorischen Hürden der Inklusionspolitik oft nicht ausreichend berücksichtigt. Die Partei bleibt bei idealistischen Forderungen stehen, ohne klare und pragmatische Pläne zu entwickeln, wie diese im Alltag der Menschen umgesetzt werden können. Inklusion braucht nicht nur visionäre Ideen, sondern auch detaillierte Konzepte, wie diese erreicht werden können, und realistische Prioritäten, die Fortschritte ermöglichen.

Die SPD

Die SPD hat sich traditionell für soziale Gerechtigkeit und Chancengleichheit starkgemacht und verfolgt eine Inklusionspolitik, die darauf abzielt, Menschen mit Behinderungen umfassend am gesellschaftlichen Leben teilhaben zu lassen. Die Partei hat in den letzten Jahren einige wichtige Fortschritte in der Inklusionspolitik erzielt, besonders im Bildungsbereich, auf dem Arbeitsmarkt und in der sozialen Absicherung. Dennoch gibt es auch hier Bereiche, in denen die Umsetzung verbessert werden könnte. Eine positive Analyse mit einigen kritischen Anmerkungen zur Inklusionspolitik der SPD zeigt folgende Punkte:

Fortschritte im Bildungsbereich: Die SPD setzt sich stark für eine inklusive Bildungspolitik ein und hat in mehreren Bundesländern Programme zur Förderung inklusiver Schulen angestoßen. Diese Initiativen haben dazu beigetragen, dass immer mehr Kinder mit Behinderungen in

Regelschulen unterrichtet werden können, was ihnen eine gleichberechtigte Bildung und das gemeinsame Lernen mit nicht-behinderten Kindern ermöglicht. Kritisch anzumerken ist jedoch, dass die finanziellen und personellen Ressourcen oft nicht ausreichen. Lehrkräfte sind häufig überfordert, weil es an ausreichend geschultem Personal und speziellen Fördermaßnahmen fehlt. Hier könnte die SPD ihre Inklusionspolitik weiter stärken, indem sie sich gezielt für mehr Investitionen in inklusive Bildungsangebote und eine bessere Ausstattung der Schulen einsetzt.

Inklusion auf dem Arbeitsmarkt: Die SPD hat sich auch für die Förderung der Inklusion auf dem Arbeitsmarkt starkgemacht. Durch Programme und gesetzliche Regelungen, wie das Budget für Arbeit, hat sie dazu beigetragen, dass mehr Menschen mit Behinderungen eine Chance auf eine reguläre Beschäftigung erhalten. Diese Maßnahmen erleichtern den Übergang von Werkstätten für behinderte Menschen in den allgemeinen Arbeitsmarkt und schaffen Anreize für Unternehmen, Menschen mit Behinderungen einzustellen. Dennoch gibt es hier ebenfalls Verbesserungsbedarf. Unternehmen entscheiden sich oft noch für die Zahlung von Ausgleichsabgaben, anstatt wirklich Menschen mit Behinderungen einzustellen. Die SPD könnte hier durch strengere Anreize und Sanktionen nachbessern und gleichzeitig mehr Förderung für kleine und mittlere Unternehmen anbieten, die sich die Integration oft nur schwer leisten können.

Stärkung der Barrierefreiheit im öffentlichen Raum: Die SPD hat sich konsequent für eine barrierefreie Gestaltung des öffentlichen Raums eingesetzt und hierzu auch in der Regierung mehrere Gesetzesinitiativen unterstützt. Gerade im Bereich der öffentlichen Verkehrsmittel und im Städtebau hat die SPD Fortschritte erzielt, sodass mehr Menschen mit

Behinderungen die nötige Mobilität und Unabhängigkeit gewinnen können. Ein Kritikpunkt bleibt allerdings die Geschwindigkeit, mit der diese Maßnahmen umgesetzt werden. Viele Projekte zur Barrierefreiheit ziehen sich über Jahre hinweg, was die Teilhabe von Menschen mit Behinderungen in bestimmten Regionen weiterhin erschwert. Hier wäre eine schnellere und verbindlichere Umsetzung der Projekte wünschenswert.

Förderung der digitalen Inklusion: Die SPD hat das Thema digitale Inklusion aufgegriffen und setzt sich dafür ein, dass digitale Angebote und Dienstleistungen für alle zugänglich sind. Die Partei hat sich für Gesetze eingesetzt, die die Barrierefreiheit digitaler Angebote im öffentlichen Bereich fördern. Allerdings ist die digitale Barrierefreiheit im privaten Sektor noch unzureichend umgesetzt. Die SPD könnte hier weitere Maßnahmen vorschlagen, um sicherzustellen, dass auch private Unternehmen – etwa im E-Commerce und im Finanzbereich – barrierefreie digitale Lösungen anbieten.

Starke Sozialpolitik als Grundlage für Inklusion: Die SPD betrachtet soziale Absicherung als Grundlage für Inklusion und hat sich für eine Reihe sozialpolitischer Verbesserungen starkgemacht, die besonders Menschen mit Behinderungen zugutekommen. Dazu gehören Maßnahmen zur Erhöhung des Mindestlohns und die Stärkung von Pflegeleistungen sowie finanzielle Unterstützung für Familien mit behinderten Kindern. Diese soziale Basis schafft eine solide Grundlage für eine gerechtere und inklusivere Gesellschaft. Allerdings gibt es immer noch bürokratische Hürden, die den Zugang zu Leistungen erschweren. Menschen mit Behinderungen und ihre Familien sehen sich oft mit einem komplizierten Antrags- und Nachweisesystem konfrontiert. Hier könnte die SPD ihre sozialpolitische Strategie weiter verbessern, indem sie den Zugang zu Unterstützungsleistungen vereinfacht und bürokratische Prozesse abbaut.

Partizipation und Mitsprache von Betroffenen: Die SPD legt großen Wert darauf, Menschen mit Behinderungen und ihre Vertreterinnen in politische Entscheidungsprozesse einzubinden. Durch den Dialog mit Behindertenverbänden und die Einbindung in Gesetzgebungsprozesse wird sichergestellt, dass die Betroffenen selbst ihre Perspektiven einbringen können. Dies fördert eine Politik, die näher an den Bedürfnissen der Menschen orientiert ist. Kritisch anzumerken ist jedoch, dass die Beteiligung von Betroffenen in der Praxis nicht immer so umfassend und wirksam ist, wie sie sein könnte. Oft bleiben die Stimmen der Betroffenen in Entscheidungsprozessen schwächer als die von Expertinnen oder politischen Entscheidungsträger*innen. Hier könnte die SPD noch konsequenter auf echte Mitbestimmung setzen.

Zusammenfassend zeigt sich, dass die SPD im Bereich der Inklusionspolitik klare Fortschritte erzielt hat und sich aktiv für die Teilhabe von Menschen mit Behinderungen einsetzt. Ihre Inklusionspolitik ist durch konkrete Maßnahmen und Förderprogramme geprägt, die sowohl im Bildungsbereich als auch auf dem Arbeitsmarkt und im öffentlichen Raum positive Veränderungen bewirken. Um jedoch eine wirklich umfassende und nachhaltige Inklusion zu erreichen, könnte die SPD verstärkt auf eine schnellere und konsequentere Umsetzung, eine bessere Ausstattung der inklusiven Bildung und mehr Unterstützung für barrierefreie digitale Angebote im privaten Sektor setzen. Mit diesen Verbesserungen könnte die SPD ihre Rolle als bisherige Vorreiterin der Inklusionspolitik weiter stärken und eine gerechtere Gesellschaft fördern.

Die AfD

Die Alternative für Deutschland (AfD) hat in der Vergangenheit wenig konkrete Maßnahmen oder Programme zur Förderung der Inklusion von Menschen mit Behinderungen vorgelegt. Ihr Ansatz zur Inklusion ist nicht nur unzureichend, sondern oft widersprüchlich und problematisch. In der politischen Rhetorik der AfD werden Inklusionsziele häufig ignoriert oder in Frage gestellt. Eine deutliche Kritik an der Umsetzung der Inklusionspolitik der AfD zeigt folgende zentrale Punkte:

Mangelnde Bekenntnisse zur Inklusion: Die AfD hat sich in ihren Programmen und öffentlichen Äußerungen kaum zu einer inklusiven Gesellschaft bekannt. Stattdessen betont sie häufig ein traditionelles Gesellschaftsbild, das Menschen mit Behinderungen nicht aktiv einbezieht. Es fehlen klare und verbindliche Aussagen, dass Inklusion ein wichtiger Bestandteil der Gesellschaft sein soll. Dieser Mangel an Bekenntnis erschwert es, den Inklusionsgedanken in der politischen Arbeit der AfD wiederzufinden.

Gegen Position zur Inklusion im Bildungsbereich: Im Bildungsbereich steht die AfD der Inklusion skeptisch gegenüber. Die Partei kritisiert oft die Integration von Kindern mit sonderpädagogischem Förderbedarf in Regelschulen und fordert stattdessen eine Rückkehr zu speziellen Förderschulen. Diese Haltung läuft den Zielen der Inklusion, die auf eine gemeinsame Bildung für alle Kinder abzielt, entgegen. Sie ignoriert Studien, die zeigen, dass inklusiver Unterricht nicht nur Kindern mit Behinderungen, sondern auch der gesamten Schulgemeinschaft zugutekommt. Statt die Rahmenbedingungen für Inklusion zu verbessern – etwa durch mehr personelle Unterstützung und Ressourcen –, fordert die AfD eine Rückkehr zu segregierenden Bildungskonzepten, die die Teilhabe von Kindern mit Behinderungen stark einschränken.

Fehlende Unterstützung von Barrierefreiheit: Die AfD hat sich bislang kaum für Maßnahmen zur Barrierefreiheit im öffentlichen Raum und im digitalen Bereich eingesetzt. Während andere Parteien Initiativen und Programme vorantreiben, um Menschen mit Behinderungen den Zugang zu öffentlichen Einrichtungen, Verkehrsmitteln und digitalen Angeboten zu erleichtern, bleibt die AfD in diesem Bereich weitgehend inaktiv. Die Partei setzt keine Schwerpunkte auf Barrierefreiheit, was zeigt, dass die Bedürfnisse von Menschen mit Behinderungen bei der AfD keine hohe Priorität haben.

Sozialpolitik ohne Fokus auf Inklusion: Die AfD setzt sich zwar gelegentlich für Sozialpolitik ein, jedoch ohne besonderen Fokus auf die Belange von Menschen mit Behinderungen. Während andere Parteien gezielte Maßnahmen und Unterstützungsleistungen für Menschen mit Behinderungen fördern, bleibt die AfD häufig auf eine allgemeine, nicht zielgerichtete Sozialpolitik beschränkt. Ein gezieltes Eintreten für die Rechte und Bedürfnisse von Menschen mit Behinderungen ist in ihrem Sozialprogramm nicht erkennbar.

Ablehnung der Vielfalt und Auswirkungen auf Inklusion: Die AfD zeigt sich oft ablehnend gegenüber gesellschaftlicher Vielfalt, und diese Einstellung betrifft auch das Thema Inklusion. Die Partei lehnt es ab, Vielfalt als Bereicherung zu sehen und versteht die Bedürfnisse und Rechte von Minderheiten nicht als Priorität. Menschen mit Behinderungen gehören zu den Gruppen, die in einer vielfältigen und offenen Gesellschaft besondere Unterstützung benötigen, um gleichberechtigt teilhaben zu können. Diese Haltung der AfD erschwert es, Inklusion als wichtigen gesellschaftlichen Wert zu etablieren und Menschen mit Behinderungen aktiv einzubeziehen.

Fehlende Programme zur Arbeitsmarktintegration: Die AfD hat keine nennenswerten Programme oder Maßnahmen zur Förderung der Arbeitsmarktintegration von Menschen mit Behinderungen entwickelt. Während andere Parteien Programme unterstützen, die Menschen mit Behinderungen den Zugang zum regulären Arbeitsmarkt erleichtern und Unternehmen Anreize bieten, Menschen mit Behinderungen einzustellen, zeigt die AfD in diesem Bereich kein Engagement. Der Mangel an Programmen zur Arbeitsmarktintegration von Menschen mit Behinderungen verdeutlicht, dass die AfD die soziale und wirtschaftliche Teilhabe dieser Gruppe nicht aktiv fördert.

Verharmlosung der Bedeutung von Inklusion: Die AfD hat mehrfach die Bedeutung von Inklusion heruntergespielt oder sogar als „Ideologie" bezeichnet. Solche Aussagen tragen dazu bei, dass die Bedürfnisse und Rechte von Menschen mit Behinderungen nicht ernst genommen werden. Statt Inklusion als wichtigen und notwendigen gesellschaftlichen Prozess zu fördern, betrachtet die AfD ihn eher als Belastung oder übertriebenes Projekt. Diese Haltung entwertet die Bemühungen vieler Menschen, die sich für eine inklusive Gesellschaft einsetzen.

Zusammengefasst lässt sich feststellen, dass die AfD sich kaum für eine inklusive Gesellschaft einsetzt und die Interessen und Rechte von Menschen mit Behinderungen vernachlässigt. Ihr Ansatz widerspricht grundlegenden Zielen der Inklusion, die auf Gleichberechtigung und

Teilhabe abzielen. Indem die AfD auf eine segregierende Bildungspolitik setzt, Barrierefreiheit ignoriert und die Bedeutung von Inklusion herunterspielt, trägt sie dazu bei, dass Menschen mit Behinderungen in der Gesellschaft weiterhin auf Hindernisse stoßen und ausgegrenzt werden. Eine echte Inklusionspolitik erfordert Engagement, konkrete Maßnahmen und die Bereitschaft, gesellschaftliche Vielfalt als Stärke zu begreifen – Werte, die die AfD in ihrer Programmatik und ihrem politischen Handeln bisher nicht zeigt.

Die regierungsmäßige Umsetzung der Inklusionspolitik in Deutschland

Die Umsetzung der Inklusionspolitik in Deutschland variiert stark je nach Bundesland und Regierungskonstellation, da Bildungspolitik und viele Aspekte der Sozialpolitik in Deutschland Ländersache sind. Dennoch haben einige Regierungen und Koalitionen auf Landesebene sowie in der Bundespolitik besondere Fortschritte im Bereich Inklusion erzielt.

2013 – 2021 Große Koalition aus CDU/CSU und SPD

Auf Bundesebene wurden unter den großen Koalitionen zwischen CDU/CSU und SPD wichtige Schritte zur Stärkung der Inklusion unternommen. Vor allem das Bundesteilhabegesetz (2016) hat die Rechte von Menschen mit Behinderungen gestärkt, ihnen mehr Selbstbestimmung ermöglicht und den Zugang zu Arbeitsmarkt- und Sozialleistungen verbessert. Dieses Gesetz gilt als Meilenstein für die Inklusionspolitik in Deutschland. Kritiker monierten jedoch, dass die Umsetzung teils schleppend verlief und immer noch bürokratische Hürden bestehen. Nichtsdestotrotz hat die Große Koalition in der Bundespolitik wesentliche Grundlagen für eine inklusivere Gesellschaft gelegt.

2021 – 2025 Die Ampelkoalition aus SPD, Grünen und FDP

Die Bundesregierung hat seit 2021 einige positive Schritte unternommen. So wurden zusätzliche Stellen für Sonderpädagogen geschaffen, und das Thema Inklusion wird zunehmend in die Lehrerausbildung integriert. Auch die Sensibilisierung für Inklusion und Diversität in den Schulen nimmt zu. Dennoch bleibt die finanzielle und strukturelle Unterstützung oft hinter den Anforderungen zurück, was nicht zuletzt von Vertretern wie dem Bayerischen Lehrer- und Lehrerinnenverband kritisiert wird, der einen höheren Mitteleinsatz und klarere Regelungen fordert und diese erfolgreich umzusetzen.

Zusammengefasst gibt es also sowohl Fortschritte als auch deutliche Mängel in der Umsetzung der Inklusionspolitik seit 2021. Die Regierung steht weiterhin in der Pflicht, umfassendere, nachhaltige Maßnahmen zu ergreifen, um die Inklusion auf allen Ebenen des Bildungssystems und der Gesellschaft konsequent voranzutreiben.

Fazit der Regierungspolitiken zu Inklusion

Insgesamt lässt sich feststellen, dass SPD-geführte Regierungen, häufig in Koalition mit Grünen oder Linken, besonders engagiert in der Inklusionspolitik waren. Sie legten den Fokus stark auf inklusive Bildung und Barrierefreiheit. Die Große Koalition auf Bundesebene trug durch das Bundesteilhabegesetz zur Verbesserung der Inklusion im Sozial- und Arbeitsbereich bei. In fast allen Fällen bleibt jedoch der Mangel an Ressourcen eine Herausforderung. Die Bereitschaft der Landesregierungen, finanzielle Mittel und Personal bereitzustellen, variiert, und nicht alle Schulen und Institutionen verfügen über ausreichende Unterstützung, um Inklusion optimal umzusetzen.

Die Umsetzung der Inklusion in den einzelnen Bundesländern Deutschlands seit 2021 ist uneinheitlich und oft nur begrenzt erfolgreich. Trotz der Verpflichtung zur inklusiven Bildung durch die UN-Behindertenrechts-konvention (BRK) gibt es große Unterschiede in den Ansätzen und dem Erfolg der Umsetzung in den einzelnen Ländern. Drei grundlegende Modelle werden genutzt: allgemeine Schulen mit inklusivem Unterricht (z. B. Bremen), Profilschulen für freiwillige Inklusion (z. B. Bayern), und Schwerpunktschulen mit besonderer Zuständigkeit für Inklusion (z. B. Hessen).

In Bremen und Hamburg gibt es umfangreiche Bemühungen, sonderpädagogische Ressourcen in allgemeine Schulen zu integrieren. Damit sind diese beiden Bundesländer am ehesten auf einem inklusiven Kurs, da Förderschulen reduziert und vorhandene Ressourcen in den Regelschulbereich verlagert wurden. Bremen gilt dabei als

Vorreiter, da die sonderpädagogische Unterstützung hier fast vollständig in regulären Schulen stattfindet.

Andere Bundesländer wie Bayern und Brandenburg setzen auf freiwillige Profilschulen, die sich zur inklusiven Förderung verpflichten. Diese Herangehensweise lässt jedoch Spielraum für Schulen, die sich gegen eine vollständige Inklusion entscheiden, was zu einer langsamen und regional uneinheitlichen Entwicklung beiträgt. In Bundesländern wie Nordrhein-Westfalen und Sachsen bleibt das Förderschulsystem weitgehend bestehen, was zwar spezialisierten Unterricht ermöglicht, aber den Inklusionsanspruch in der Breite schwächt.

Ein häufiges Problem in vielen Bundesländern ist die mangelnde Ausstattung mit sonderpädagogischen Ressourcen und qualifiziertem Personal, was zu einer Überlastung in Regelschulen führt und oft eine ressourcenneutrale Umsetzung verhindert. Diese Herausforderung ist vor allem in Ländern spürbar, die ihre Förderschulen beibehalten und parallel inklusiv arbeiten, da hier doppelte Strukturen entstehen, die Ressourcen binden und den Fortschritt verlangsamen.

Insgesamt haben einige Bundesländer bedeutende Schritte unternommen, doch oft fehlt es an einer umfassenden Strategie und ausreichenden Ressourcen, um die Inklusion flächendeckend und nachhaltig umzusetzen.

38 Der Zusammenhang Inklusion und Partizipation

Inklusion und Partizipation sind eng miteinander verknüpft, da beide darauf abzielen, allen Menschen – unabhängig von individuellen Unterschieden – gleichberechtigte Teilhabe an der Gesellschaft zu ermöglichen.

Inklusion: Zugang und Gleichberechtigung

Inklusion bedeutet, dass jeder Mensch, unabhängig von seinen Fähigkeiten, Behinderungen, Herkunft oder anderen Unterschieden, das Recht hat, an allen gesellschaftlichen Bereichen teilzunehmen. Inklusion zielt darauf ab, Barrieren abzubauen, die Menschen davon abhalten, sich frei zu bewegen, zu lernen, zu arbeiten oder zu leben. Es geht um die Anerkennung und Wertschätzung von Vielfalt und darum, allen Menschen die gleichen Chancen zu ermöglichen.

Partizipation: Mitwirkung und Einfluss

Partizipation bezeichnet die Möglichkeit und das Recht, aktiv an Entscheidungsprozessen teilzunehmen und Einfluss auf die eigene Lebenssituation und die Gemeinschaft zu nehmen. Sie umfasst Mitbestimmung und Mitsprache, sei es in Schulen, am Arbeitsplatz oder in der Politik. Ohne Partizipation bleibt die Inklusion unvollständig, da echte gesellschaftliche Teilhabe nur möglich ist, wenn Menschen nicht nur „dabei" sein dürfen, sondern auch Einfluss nehmen und Verantwortung übernehmen können.

Der Zusammenhang: Inklusion als Basis für Partizipation

Inklusion schafft die Grundlage für Partizipation. Nur wenn Menschen durch inklusiven Zugang zu Bildung, Arbeitsmarkt und gesellschaftlichen Ressourcen einbezogen sind, können sie auch aktiv teilnehmen und mitgestalten. Ohne Inklusion gibt es oft physische, soziale und kulturelle Barrieren, die eine echte Teilhabe verhindern. Ein inklusives Umfeld – ob in Schulen, Unternehmen oder der Politik – bedeutet, dass unterschiedliche Bedürfnisse berücksichtigt werden, was wiederum die Partizipationsmöglichkeiten für alle verbessert.

Beispiel im Bildungsbereich

Im Bildungsbereich zeigt sich der Zusammenhang besonders deutlich. Inklusive Schulen ermöglichen es Kindern mit und ohne Behinderungen, gemeinsam zu lernen. Dies fördert nicht nur die soziale Integration, sondern ermöglicht auch, dass alle Schülerinnen und Schüler an schulischen Entscheidungsprozessen teilnehmen und ihre eigenen Perspektiven einbringen. Ohne ein inklusives Umfeld blieben viele Kinder von diesen Erfahrungen ausgeschlossen, und ihre Partizipationsmöglichkeiten wären eingeschränkt.

Fazit

Zusammengefasst kann man sagen, dass Inklusion die Grundvoraussetzung ist, um Partizipation für alle zu ermöglichen. Nur durch eine inklusive Gesellschaft, die

Barrieren abbaut und Vielfalt wertschätzt, können Menschen
ihr Recht auf Mitgestaltung und Einflussnahme in allen
Lebensbereichen voll ausüben.

39 Quintessenz und mögliche Handlungsempfehlungen der Themen dieses Buches

Zusammenfassung der wichtigsten Erkenntnisse

Die Analyse der Barrierefreiheit im Alltag hat gezeigt, dass
viele Herausforderungen für Menschen mit Behinderungen
bestehen, die in verschiedenen Lebensbereichen, wie dem
öffentlichen Raum, der Bildung, dem Gesundheitswesen und
der Architektur, auftreten. Eine der zentralen Erkenntnisse
ist, dass Barrierefreiheit nicht nur eine gesetzliche
Verpflichtung darstellt, sondern auch eine gesellschaftliche
Verantwortung ist. Behörden und Institutionen sind
gefordert, aktiv Barrieren abzubauen und inklusive
Lösungen zu fördern. Die Notwendigkeit einer
ganzheitlichen Betrachtung ist unerlässlich, um
sicherzustellen, dass alle Menschen, unabhängig von ihren
Fähigkeiten, gleichberechtigt am gesellschaftlichen Leben
teilnehmen können.

Im öffentlichen Raum sind viele Städte und Gemeinden noch
nicht ausreichend auf die Bedürfnisse von Menschen mit
Behinderungen ausgerichtet. Hindernisse wie unzureichende
Gehwege, fehlende Rampen und unübersichtliche

Verkehrssituationen erschweren die Mobilität. Die Erkenntnisse zeigen, dass eine frühe Einbeziehung von Menschen mit Behinderungen in Planungsprozesse dazu beitragen kann, diese Barrieren zu identifizieren und effektive Lösungen zu entwickeln. Ein barrierefreier öffentlicher Raum fördert nicht nur die Mobilität, sondern auch die soziale Teilhabe und das Wohlbefinden aller Bürger.

In Bildungseinrichtungen ist die Barrierefreiheit ein wesentlicher Faktor für den Bildungserfolg von Menschen mit Behinderungen. Die Analyse hat gezeigt, dass viele Schulen und Hochschulen noch nicht über die notwendigen Ressourcen und Unterstützungssysteme verfügen, um inklusive Bildung zu gewährleisten. Die Sensibilisierung von Lehrkräften und die Bereitstellung geeigneter Lernmaterialien sind entscheidend. Eine inklusive Lernumgebung ermöglicht es allen Schülerinnen und Schülern, ihr volles Potenzial zu entfalten und voneinander zu lernen.

Im Gesundheitswesen sind Barrieren oft nicht nur physischer Natur, sondern auch in der Kommunikation und im Zugang zu Informationen zu finden. Menschen mit Behinderungen benötigen häufig spezifische Informationen und Unterstützung, um ihre Gesundheitsversorgung in Anspruch nehmen zu können. Die Erkenntnisse belegen, dass eine bessere Schulung von medizinischem Personal und die Schaffung barrierefreier Gesundheitseinrichtungen notwendig sind, um eine gleichwertige Gesundheitsversorgung zu gewährleisten. Zugängliche Informationen in verständlicher Form sind unerlässlich, damit alle Patienten eigenständig Entscheidungen über ihre Gesundheit treffen können.

Zusammenfassend lässt sich sagen, dass Barrierefreiheit eine grundlegende Voraussetzung für soziale Gerechtigkeit ist. Die Analyse hat klar aufgezeigt, dass eine umfassende Betrachtung der Barrieren in verschiedenen Lebensbereichen unabdingbar ist, um nachhaltige Lösungen zu entwickeln. Die Verantwortung liegt nicht nur bei den Behörden, sondern auch in der gesamten Gesellschaft, die Vielfalt zu akzeptieren und zu fördern. Es ist an der Zeit, Barrieren abzubauen und ein inklusives Umfeld zu schaffen, in dem jeder Mensch die gleichen Chancen hat, am Leben teilzuhaben und seine Fähigkeiten zu entfalten.

Handlungsempfehlungen für Behörden und Gesellschaft

Die Schaffung einer barrierefreien Umgebung erfordert ein gemeinsames Engagement von Behörden und der Gesellschaft. Es ist unerlässlich, dass die Verantwortlichen in den Kommunen, Städten und Ländern aktiv auf die Bedürfnisse von Menschen mit Behinderungen eingehen. Dazu gehört die Implementierung von gesetzlichen Vorgaben zur Barrierefreiheit in öffentlichen Gebäuden, Verkehrsmitteln und im urbanen Raum. Behörden sollten regelmäßige Schulungen für Architekten und Stadtplaner anbieten, um sicherzustellen, dass sie die neuesten Standards und Best Practices für Barrierefreiheit kennen und anwenden.

In Bildungseinrichtungen ist es von großer Bedeutung, dass Lehrpläne und Unterrichtsmethoden so gestaltet werden, dass sie die Vielfalt der Lernenden berücksichtigen. Behörden sollten Richtlinien entwickeln, die Schulen dazu anregen, inklusive Bildungsangebote auszubauen und Barrieren im Lernumfeld abzubauen. Dies umfasst nicht nur die physische Zugänglichkeit, sondern auch die Bereitstellung von unterstützenden Technologien und Ressourcen, die den individuellen Bedürfnissen von Schülern mit Behinderungen gerecht werden.

Im Gesundheitswesen müssen die Einrichtungen so gestaltet sein, dass sie für alle Menschen zugänglich sind. Dies erfordert eine enge Zusammenarbeit zwischen Gesundheitsbehörden und Fachleuten, um sicherzustellen, dass medizinische Geräte, Informationsmaterialien und Dienstleistungen barrierefrei sind. Zusätzlich sollten Sensibilisierungsprogramme für das Gesundheitspersonal entwickelt werden, um das Bewusstsein für die speziellen Bedürfnisse von Patienten mit Behinderungen zu fördern und die Qualität der Versorgung zu verbessern.

Der Verkehrssektor spielt eine entscheidende Rolle in der Schaffung einer barrierefreien Gesellschaft. Behörden sollten den öffentlichen Nahverkehr so gestalten, dass er für alle zugänglich ist, einschließlich der Bereitstellung von barrierefreien Haltestellen und Fahrzeugen. Gleichzeitig ist es wichtig, dass die Stadtplanung die Bedürfnisse älterer Menschen und Menschen mit Behinderungen berücksichtigt, indem sichere und zugängliche Wege für Fußgänger und Radfahrer geschaffen werden. Die Förderung von alternativen Mobilitätsformen, wie Car-Sharing oder Fahrdiensten, kann ebenfalls zur Verbesserung der Zugänglichkeit beitragen.

Schließlich ist es entscheidend, dass die Gesellschaft als Ganzes ein Bewusstsein für die Bedeutung von Barrierefreiheit entwickelt. Sensibilisierungskampagnen können dazu beitragen, Vorurteile abzubauen und die Akzeptanz von Menschen mit Behinderungen zu fördern. Ein offener Dialog zwischen den verschiedenen Akteuren – Behörden, zivilgesellschaftlichen Organisationen und der breiten Öffentlichkeit – ist notwendig, um gemeinsam Lösungen zu finden und soziale Gerechtigkeit zu gewährleisten. Nur durch eine umfassende Zusammenarbeit kann eine inklusive Gesellschaft geschaffen werden, in der alle Menschen, unabhängig von ihren Fähigkeiten, gleichberechtigt am Leben teilhaben können.

Perspektiven für eine barrierefreie Zukunft

In der heutigen Gesellschaft wird die Notwendigkeit einer barrierefreien Umgebung zunehmend anerkannt. Die Schaffung von Zugänglichkeit ist nicht nur eine rechtliche Verpflichtung, sondern auch ein ethisches Gebot. Für Menschen mit Behinderungen ist es entscheidend, dass sie gleichberechtigt an allen Lebensbereichen teilnehmen können. Um dies zu erreichen, ist es notwendig, sowohl politische als auch gesellschaftliche Maßnahmen zu ergreifen, die die Barrierefreiheit im öffentlichen Raum fördern. Ein integrativer Ansatz, der die Bedürfnisse aller Bürger berücksichtigt, ist der Schlüssel zu einer inklusiven Zukunft.

In Bildungseinrichtungen muss der Fokus auf der Schaffung barrierefreier Lernumgebungen liegen. Dies umfasst nicht nur physische Zugänglichkeit, sondern auch die Anpassung von Lehrmethoden und Materialien. Innovative Technologien können dazu beitragen, individuelle Lernbedürfnisse zu erfüllen und eine aktive Teilnahme zu ermöglichen. Darüber hinaus sollten Schulen und Universitäten regelmäßig Schulungen für ihr Personal anbieten, um ein Bewusstsein für die Herausforderungen zu schaffen, mit denen Schüler und Studenten mit Behinderungen konfrontiert sind. Diese Maßnahmen tragen dazu bei, Chancengleichheit im Bildungsbereich zu gewährleisten.

Im Gesundheitswesen ist die Barrierefreiheit von entscheidender Bedeutung, um eine umfassende medizinische Versorgung zu gewährleisten. Einrichtungen sollten nicht nur baulich, sondern auch kommunikativ zugänglich sein. Die Bereitstellung von Informationen in leichter Sprache und die Schulung des Personals im Umgang mit Menschen mit unterschiedlichen Behinderungen sind wichtige Schritte. Eine barrierefreie Gesundheitsversorgung bedeutet, dass jeder, unabhängig von seinen individuellen Bedürfnissen, die notwendige Unterstützung erhält und Zugang zu medizinischen Dienstleistungen hat.

Im Verkehrswesen ist es unerlässlich, dass öffentliche Verkehrsmittel und Infrastrukturen für alle zugänglich sind. Dies kann durch den Ausbau von barrierefreien Haltestellen, den Einsatz von Assistenzsystemen in Fahrzeugen und die Sensibilisierung des Personals erreicht werden. Eine nahtlose Mobilität ist für Menschen mit Behinderungen von großer Bedeutung, da sie ihnen ermöglicht, selbstständig und unabhängig zu leben. Der öffentliche Nahverkehr sollte als integraler Bestandteil der Gesellschaft betrachtet werden, der jedem Bürger die Möglichkeit gibt, am gesellschaftlichen Leben teilzuhaben.

Die Architektur spielt eine fundamentale Rolle bei der Gestaltung einer barrierefreien Zukunft. Bei der Planung neuer Gebäude und Renovierungen sollten die Prinzipien der universellen Gestaltung berücksichtigt werden. Dies bedeutet, dass von Anfang an Lösungen entwickelt werden müssen, die die Bedürfnisse aller Menschen berücksichtigen. Darüber hinaus ist die Zusammenarbeit zwischen Architekten, Stadtplanern und der Gemeinschaft von

Menschen mit Behinderungen entscheidend, um einen Raum zu schaffen, der für alle zugänglich und einladend ist. Ein gemeinsames Engagement für Barrierefreiheit und soziale Gerechtigkeit wird letztlich zu einer inklusiveren Gesellschaft führen, in der jeder Mensch die gleichen Chancen hat.

40 Appell an die Leser

In einer Gesellschaft, die sich ständig weiterentwickelt, ist es unerlässlich, dass wir alle die Verantwortung für die Förderung von Inklusion und Barrierefreiheit übernehmen. Jeder Einzelne von uns hat die Möglichkeit, aktiv an der Schaffung eines Umfelds mitzuwirken, in dem Vielfalt nicht nur akzeptiert, sondern auch gefeiert wird. Es ist an der Zeit, dass wir uns gemeinsam für ein Miteinander einsetzen, in dem niemand aufgrund von Herkunft, Geschlecht, Behinderung oder anderen Merkmalen ausgeschlossen wird.

Wir stehen vor der Herausforderung, bestehende Barrieren abzubauen und eine Kultur der Teilhabe zu fördern. Dies erfordert Mut, Engagement und vor allem die Bereitschaft, die eigenen Perspektiven zu erweitern. Jeder von uns kann durch kleine, aber entscheidende Schritte einen Unterschied machen. Sei es im beruflichen Umfeld, im Freundeskreis oder in der Nachbarschaft – es liegt an uns, Vorbilder zu sein und andere zu inspirieren, sich ebenfalls für Inklusion einzusetzen.

Es ist wichtig, dass wir nicht nur über die Notwendigkeit von Inklusion sprechen, sondern auch konkrete Maßnahmen ergreifen. Dazu gehört die Sensibilisierung für Barrieren, sei es physische, kommunikative oder soziale. Wir müssen aktiv zuhören und die Bedürfnisse von Menschen mit Behinderungen verstehen, um ihre Stimmen in die Entscheidungsprozesse einzubeziehen. Das bedeutet, dass wir uns nicht nur auf gesetzliche Vorgaben verlassen dürfen, sondern auch proaktive Schritte in unseren Gemeinschaften und Organisationen unternehmen müssen.

Ein weiterer entscheidender Aspekt ist die Bildung. Bildung ist der Schlüssel zur Förderung von Inklusion und zur Überwindung von Vorurteilen. Wir müssen sicherstellen, dass alle Bildungseinrichtungen inklusiv sind und die Vielfalt unserer Gesellschaft widerspiegeln. Inklusion beginnt im Klassenzimmer und setzt sich im gesamten Lebenslauf fort. Indem wir inklusiven Unterricht fördern und Lehrerinnen und Lehrer schulen, tragen wir dazu bei, ein Bewusstsein für die Bedeutung von Vielfalt zu schaffen und Chancengleichheit zu gewährleisten.

Letztlich liegt die Verantwortung für die Umsetzung von Inklusion und Barrierefreiheit in den Händen von uns allen. Lassen Sie uns als Gemeinschaft zusammenarbeiten, um eine inklusive Gesellschaft zu schaffen, die niemanden zurücklässt. Jeder Schritt, den wir in Richtung Inklusion machen, bringt uns näher an eine Zukunft, in der Vielfalt nicht nur anerkannt, sondern als Stärke gesehen wird. Lassen Sie uns gemeinsam anpacken und die Barrieren überwinden, die uns noch trennen.